Human Buddha

인간석가

3

위대한 신리

들어가는 말

숙제를 마치며

김윤이 金尹伊

붓다는 2500년 전의 인물임에도 지금도 곁에서 고마운 친구로 그리고 명확하고 친절한 스승으로 존재하고 있습니다.

인간적인, 너무나 인간적인 붓다를 처음 만난 건, 사춘기 시절이었습니다. 책을 덮은 후 감동의 진한 여운이 가시질 않았습니다.

붓다가 제시한 팔정도八正道의 길은 삶의 나침반이 되었습니다.

말이나 글로 제게 영향을 끼친 좋은 친구와 스승들이 많지만, 누군가 제게 책을 추천해 달라고 하면, 저는 주저없이 <인간석가>를 추천하곤 했습니다. 하지만 절판이 된 책이라, '도서관에서 빌려서 읽으세요' 혹은 '중고서점에서 잘 하면 구할 수 있습니다.'라고 할 수밖에 없었습니다. 그리고 언젠가 이 책을 다시 출판해서 세상에 내놓아야 겠다고 생각을 해왔습니다. 삶의 우여곡절을 겪으며 이제서야 숙제처럼 책의 개정판을 내놓게 되었습니다.

이 책을 작업하는 동안, 다시 붓다와 깊은 대화를 나누며 마음이 밝아졌음을 느낍니다. 참으로 감사한 일입니다.

붓다의 빛나는 말씀이 널리 퍼져 나가 사람들의 마음에 환한 등불이 켜지는 황홀한 상상을 하며 홀가분하게 숙제를 마칩니다.

진리를 선물하는 것이 (다른) 모든 선물의 공덕을 뛰어넘네.

진리를 맛보는 것이 (다른) 모든 맛보다 좋네.

진리에서 찾는 즐거움이 (다른) 모든 쾌락보다 낫네.

-법구경-

개정판이 나오는데 큰 힘이 되어 주셨습니다.

고 양 순 님 • 김 석 환 님 • 박 대 성 님

윤 상 현 님 • 이 옥 분 님 • 이 승 욱 님

황 정 미 님 • 익 명 님

진심으로 감사드립니다.

보시행을 보고 진심으로 기뻐할 줄 아는 사람들도 보시한 것과 같은 행위자라고 할 수 있으며 공덕을 입을 것입니다.

- <인간석가> 제 4장 연생의 제자들 §전도의 거점 中 -

목차

숙제를 마치며 2
참다운 인간의 모습 6
불자의 교전만이 아님을 확신 9

제 5 장 신리神理를 따르는 사람들

§제타와나(기원정사)의 기증 13
§우기雨期 25
§쉬라바스티로 떠남 64
§붓다의 가두 설법 76
§파세나디의 귀의 99
§베샤카의 귀의 114
§여인의 도 128

제 6 장 카필라 사람들의 각성

§파세나디 왕의 후의厚意 143
§우다이의 출가 164
§카필라 성내 177
§12년만의 귀향 191
§걸식 집단의 출현 196
§가족들과의 재회 205
§해탈에의 길 218
§왕자들의 출가 226

제 7 장 정법의 빛

§ 7일간의 반성 239
§ 붓다의 배려 253
§ 우팔리의 입문 268
§ 가짜 사로몬 279
§ 비구니 승단 291

제 8 장 위대한 열반

§ 제자들의 열반 307
§ 쿠시나가라를 향하여 311
§ 최후의 제자 시브리다 316
§ 붓다의 열반 322

주요 용어 329

참다운 인간의 모습

고교신차高橋信次

솔직하게 말해서 나는 소설같은 것은 거의 읽은 적이 없습니다. 하물며 그 구성, 줄거리의 전개, 인물의 묘사 등에 대해서는 아주 생소한 풋내기입니다. 창작이라는 것은 작가의 인생 경험이 기초가 되어 주제에 대한 면밀한 자료와 현지조사, 오랜 시간에 걸친 구상이 작품의 배경을 이룬다고 듣고 있습니다. 그런데 이 [인간석가]에 있어서는 그러한 과정이 전적으로 생략되었으며 오로지 영적인 시사와 손의 움직임에 따라 절로 쓰여진 것입니다. 이런 의미에서 믿음성이 없고 진실을 전달하지 못한다고 탓할지 모르겠습니다.

그러나 불교나 성경을 공부한 사람들의 말을 들어보면 내 이야기를 통해서 지금까지 몰랐던 사실이 분명해졌으며, 불경의 의미를 잘 이해할 수 있게 되었다고 좋아하고 있습니다. 뿐만 아니라 지금 내 주위에는 마음의 문이 열려 전생윤회의 과정을 증명하는 분들이 많이 나타나서 이 책의 내용이 진실하다는 것을 충분히 뒷받침해 주고 있습니다. 그런 터무니없는 일이 어디 있느냐고 반문하는 분이 있을지 모르겠습니다만 화엄경십지품華嚴經 十地品이나 신양성서 사도행전 제 2장에 그 제자들이 과거세의 말 (방언)을 하는 영적 현상이 기록되어 있는데 그와 꼭같은 현상이 지금 내 주위에서 일어나고 있습니다.

  그래서 나는 뜻을 굳히고 이 책을 쓴 것입니다. 지금까지 출판된 석가전은 석가와 그 제자들의 행적이 주된 내용이며 출가에서 깨달음에 이르는 과정에 대해서는 거의 언급이 없는 것 같습니다. 당연한 일일 것입니다. 불경은 석가가 직접 쓴 것이 아니라 석가가 인도에서 45년간 설법한 것을 나중에 제자들이 문자로 기록한 것이며, 다시 티벳(지금의 네팔)을 거쳐 중국에 건너가서 한문으로 옮겨진 것입니다. 2천 5백 년이나 지나는 동안 불교학자들의 지知와 의意가 가미되어 그 본래의 뜻이 흐려진 것은 당연한 사실입니다. 불교(정법)는 머리로 아는 것이 아니라 마음과 몸으로 깨닫는 것입니다. 석가의 깨달음과 참된 정법은 무엇이었던가, 그 알맹이는 긴 세월 동안 안개 속으로 사라진 느낌입니다.

  가령 불교 용어에 제법무아諸法無我라는 말이 있습니다. '만유萬有의 제법諸法은 인연생기因緣生起의 것이며 자아인 실체가 없음을 말함으로써 집아執我의 잘못을 저지르고 있는데, 이것을 가리켜 무아無我의 설설說로 삼고 있다'는 것이 지금까지의 해석입니다. 의미가 아리송합니다. 나의 해석은 법이란 바로 질서입니다. 대자연은 그 질서에 따라 움직이고 있습니다. 따라서 질서에 자의恣意가 있어서는 안 됩니다. 그렇다고 해서 질서에는 그 밑바닥에 아무 것도 없다거나 의지가 없다는 것은 아닙니다. 질서에는 반드시 의지가 있습니다. 그 의지란 우右에도 좌左에도 치우치지 않는 중도의 마음인 것입니다. 하루에는 낮이 있고 밤이 있으며 결코 한쪽으로 치우치지 않습니다. 공기가 물이 줄었다 불었다 하겠습니까. 수만년 수억년 옛날이나 지금이나 변함이 없습니다. 무아는 중도의 마음을 가리키고 있습니다. 따라서 모든 법은 무아라는 중도를 축으로 움직이고 있으며, 일체의 생멸(실은 생멸하지 않는 것이지만…)은 중도에 의지하고 있는 것입니다.

인간의 생활도 이러한 자연이 가르치는 중도의 정신을 살려 나간다면 조화와 질서 있는 생활이 이루어질 것입니다.

이와 같이 불교 용어 한 가지만 예를 들어도 먼 인도 시대와 지금 사이에는 상당한 거리가 있는 것 같습니다. 물론 석가가 그러한 설법을 했는가 아닌가에 대해서는 지구라는 대자연의 환경 속에서 생활하고 있는 인간 그 자체를 깊이 살펴본다면 대개 짐작이 갈 것입니다.

아무튼 이러한 의미에서 기존의 석가전과는 상당히 내용이 다르며 특히 출가와 성도의 부분은 될 수 있는 대로 상세하게 기술하였습니다. 지금까지 자칫 석가는 인간이 아니라 신의 화신처럼 전해져 우상화된 경향이 있습니다만 인간의 고뇌 없이 어찌 인간이 깨달을 수 있겠습니까. 석가도 한 사람의 인간이었습니다. 그리고 그러한 가운데에서 참다운 인간의 모습을 발견하였으며 붓다가 된 것입니다.

이 글을 통해서 [인간석가]의 전모를 이해하고 그 정신을 생활에 실려 나간다면 필자의 기쁨 더할 나위 없겠습니다.

불자의 교전만이 아님을 확신

윤안輪岸 김해석金海錫

이 [인간석가]는 여느 석가전과는 특이하게 다른 데가 두 가지 있다.

그 첫째가 깨달음의 과정과 내용이 아주 극명하게 묘사되었다는 점이다. 깨달음의 경지는 깨달은 자만이 설명하고 표현할 수 있는 일이다. 저자 고교신차의 깨달음이 붓다의 경지의 것이었는지는 일단은 독자들의 판단에 맡길 수밖에 없다. 하지만 그의 일련의 저서 [마음의 발견] [마음의 원점] [원설·반야심경] 등을 아울러 읽어보면 이에 대한 해답은 자명해질 것으로 안다. 그의 저서며 강연 등이 모두 체험적 대각에서 얻어진 지혜의 용현湧現이 있던 것인 만큼 그의 설법은 우리의 일상생활에 실감있게 전달되고 있다.

그 둘째는 석가전에 난데없이 그리스도와 모세가 붓다의 수호령·지도령으로 등장하고 있는 점이 특이하다. 석가보다 500여년이나 후의 인물인 그리스도가 붓다의 수호령으로 등장한다는 사실은 일반적인 사고방식(물질계의 3차원적 사고방식)으로써는 도저히 납득이 가지 않는 대목이다. 하지만 영계(공계空界)는 시간과 공간을 초월한 불생불사의 세계이고 지상의 육체적 형제와는 달리 비슷한 수준의 영혼들끼리 그룹을 짓고 생활하고 있는 실재계의 실상을 이해한다면 그 궁금증은 쉽게 풀릴 것이라고 여겨진다.

석가, 모세, 그리스도는 영혼의 형제들로서 이 태양계의 아가샤 영단(지구인류를 말함. 우주공간의 다른 천체에도 인류가 살고 있음)을 이끌어가고 있는 대지도령들이다. 그래서 이들이 필요에 따라 이 지구상에 윤번으로 내려와 말법시대를 다스리게 되어 있는데 그 때마다 서로가 서로의 수호·지도령의 역할을 담당하게 된다.

고교신차는 생전의 강연장에는 의례건 영적 현상이 무수히 일어났다. 이스라엘의 그리스도 시대, 인도의 고타마 시대의 장면들이 비일비재하게 재현되었다. 마음의 문을 연 연생의 사람들이 과거세의 말로써 재회의 감격과 당시의 상황들을 소상하게 들려주고 있다.

이 책에 나오는 인명, 지명 등의 고유명사가 오늘날 불가에서 쓰고 있는 것과는 상당히 다른 것도 있지만 가급적 원본 그대로 살려 적은 이유는 전기한 영적 현상에서 받은 인상이 너무나 고압적이고 신약성서 사도행전 2장과 흡사한 장면들이 너무나 감동적으로 신빙성 있게 재현되었기 때문이다.

[마음의 발견]을 처음 읽었을 때와 마찬가지로 이 [인간석가]를 옮기면서도 몇 군데 대목에서 나는 절로 눈물이 쏟아지는 감동에 몸을 떨어야 했다.

[인간석가]는 불자만의 교전이 아님을 확신한다. 이 책을 계기로 하여 기독교, 불교, 무교를 막론하고 만교가 귀일하는 그 일점에 진리는 오직 하나로 있을 뿐이라는 실상에 눈 뜨고 나아가 일상생활이 진리의 나타남인 자연의 중도를 척도로 삼고 성공적인 삶이 되기를 기대해 마지 않는다.

끝으로 이 책의 출판을 가능하게 해준 법우인 재일교포 김정자金貞子(우산가자友山佳子) 여사의 법보시에 깊은 감사를 드린다.

제 5 장

신리神理를 따르는 사람들

§제타와나(기원정사)의 기증

코살라 국의 수도 쉬라바스티에는 큰 부자인 아나타핀데카라는 사람이 있었다. 일명 수닷타라고 하였으며 마하코살라 국왕의 신뢰도 두터웠으며 많은 시민들의 존경을 받고 있었다.

수닷타는 전쟁으로 말미암아 부모를 잃은 고아들과 불우한 처지에 놓인 아이들을 위하여 고아원을 세워 그들의 구제활동에 힘을 쏟고 있었다.

하루는 마가다국에 살고 있는 의형義兄인 가란다의 저택을 방문하였다. 대문을 들어서니 많은 하인들고 소작인들이 분주하게 일을 하고 있었다. 누군가 귀한 손님을 맞기 위한 준비를 서두르고 있는 것처럼 보였다.

빔비사라왕의 일행이라도 맞이하는 것일까 하는 생각이 들었다. 평소에는 그의 얼굴을 보기만 해도 반색을 하고 마중해 주던 그들이었는데 오늘은 공기가 다르다.

잠시 멍하니 서서 분주하게 일하고 있는 그들의 거동을 바라보는데 어깨를 두드리는 사람이 있었다. 뒤돌아 보니 의형 가란다였다. 미소를 지으며,

"이것 참 오랜만입니다. 코살라의 아우님. 오늘은 너무 분주하여 차분하게 환영도 못해드려 미안하게 되었습니다. 먼길에 피로할 텐데 어서 이리로 올라와 편히 쉬어요."

하고 그를 끌었다.

수닷타도 가볍게 고개를 숙여 인사를 드리고 말했다.

"형님, 무슨 잔칩니까. 빔비사라 왕이라도 오시는 겁니까? 온 집안이 분주히 일을 하는데 이것 방해가 되는 방문이 되고 말았나 봅니다…"

"아니, 아니야. 오히려 좋은 때에 와주었어. 왕이 아니라 붓다야. 붓다의 제자들에게 식사 공양을 올리고 싶었는데 마침 오늘이 좋다잖아. 무려 1,700명이나 되는 제자들의 먹을 거리를 올려보내는 것도 보통 일이 아니야."

수닷타는 호기심어린 얼굴로 물었다.

"아바로키티슈바라*를 말씀하시는 겁니까."

"그래, 참 잘 왔어. 진짜 아바로키티슈바라가 나타났다."

아바로키티슈바라란 이미 말한 바와 같이 바라문교의 베다나 우파니샤드에 씌어 있는 과거·현재·미래를 꿰뚫어보는 능력, 즉 깨달은 사람 붓다를 가리키고 있다.

"코살라국의 마하바라문의 예언자들로부터 위대한 슈바라가 출현하였다는 소문은 듣고 있었습니다만 사실이었군요. 이것 정말 좋은 기회를 만난 것 같습니다."

수닷타는 진작부터 그 붓다를 한 번 만나보고 싶었던 만큼 의

형의 말에 가슴이 뛰는 흥분을 감출 수 없었다.

수닷타는 안으로 안내되었다. 둘은 마주 앉아 다과를 나누면서 담소하였다.

"형님, 붓다의 가르침은 어떤 것입니까."

"인간의 고뇌의 원인을 지적하고 그 원인을 제거하기 위해서는 여덟 가지의 올바른 길을 생활에 실천하라고 가르치고 있다. 즉 인간이 생각하고 행동하는 생활 행위에 있어서 팔정도八正道는 온갖 고뇌를 해결하는 유일한 척도라고 가르치고 있다.

팔정도八正道는 선아善我인 거짓말을 할 수 없는 본성이며 그 본성을 좇아 생활하면 인간은 불심을 체득하고 괴로움과 슬픔에서 벗어날 수 있다고 한다.

고뇌의 원인은 위아僞我라고 하는 자기보존의 만족할 줄 모르는 욕망에 기인하고 있다.

나는 붓다의 가르침이야말로 진짜 인간의 길이라고 확신한다. 지금과 같은 마음 편한 생활은 붓다의 가르침을 실천한 결과로 얻어신 것이다."

"그렇군요. 자신에게 거짓말을 할 수 없는 본심은 분명히 누구에게나 있습니다. 그 본심이 소중하다는 것이군요."

"그렇단다. 바라문의 계급만이 신神의 사자라고 하는 가르침에는 잘못이 있다는 것야. 지금까지 바라문 계급만 떠받들어 왔는데 붓다는 인간은 누구나 평등하며 차별이 없다고 가르치고 있다. 나는 이것이 옳은 가르침이라고 생각해. 바라문 출신인 유명한 우루벨라 캇사파 대성선大聖仙도 붓다에 귀의하고 말았다. 훌륭한 일이라고 하지 않을 수 없어. 자기가 받들던 아그니 화신을 버리고 제자를 몽땅 이끌고 붓다에 귀의해 버렸다는 것은 여간 훌륭하고 용기있는 일이 아니야."

"그랬던가요. 우루벨라의 수행장인 가야다나를 버리고 붓다에 귀의하였다는 말씀이군요… 그렇다면 붓다는 진짜겠군요. 붓다는 어느 나라 출신입니까."

"아우님과 같은 코살라 국이지. 카필라 성의 고타마 싯다르타라는 왕자란다. 바라문과는 전혀 관계가 없는 크샤트리아 출신이지. 깨닫기까지 몹시 고생을 하신 모양이야."

수닷타는 이내 대화 속으로 빠져 들어갔다. 일찍부터 바라문 계급에서 슈바라가 나타날 것이라고 들어왔고 또한 그렇게 기대해 왔었는데, 형식과 우월감에 빠진 화석화된 바라문에서는 역시 슈바라가 나타나기는 틀렸었다는 것을 알았다. 수행도 타력적他力的이고 대중 위에 군림하는 자세로써는 이미 신의 가르침을 올바르게 전달한다고는 볼 수 없었다. 교리는 훌륭하지만 그 행行이 갈팡질팡이니 흡사 혼이 없는 인형과 다를 바 없다는 생각이 들었다. 참다운 가르침은 이를테면 종교를 상업으로 삼고 있는 부류에서는 기대하기가 힘들고, 역시 때 묻지 않은 순수한 계층에서 홀연히 나타나 중생 앞에 서게 되는 것이 순리요 진리일 것이다. 붓다는 틀림없는 붓다일 것이다. 그 붓다를 꼭 만나보아야겠다는 생각이 들자 수닷타의 가슴은 설레기 시작했다.

"형님, 붓다는 지금 어디 계십니까. 저도 꼭 한번 만나뵙고 싶습니다."

수닷타의 눈빛에서 진심을 읽은 가란다가 말했다.

"대나무 숲인 웨누웨나의 정사精舍에 계시지. 빔비사라왕의 발원도 계셨고, 나도 마가다에서 위대한 붓다가 법을 설한 장소가 필요하리라는 생각이 들어 지어드린 정사지. 아우님도 쉬라바스티 도시에 정사를 하나 지어 기증함이 어떻겠는가? 중생들이 붓다의 설법을 들을 수 있게 말이다."

"형님 저도 이제 막 그런 생각을 하던 중입니다. 내일 아침 죽림정사에 가서 붓다를 꼭 만나뵙겠습니다.
형님, 마가다까지 온 보람이 있었습니다. 금은보화보다 더 값진 것이 진실한 법을 설하는 붓다와 만나는 것입니다. 법등을 켜는 분이야말로 나라의 보배입니다.
형님 정말 고맙습니다."

수닷타는 붓다의 이야기를 듣고 붓다의 모습을 상상하는 것만으로도 이미 형용할 수 없는 뜨거운 감격이 가슴 속에서 치밀어 오르는 것을 느꼈다. 그리고 이내 그의 뇌리를 분주하게 스친 것은 정사를 세우는 장소, 규모, 방법 등이었다.

 하룻밤을 가란다와 함께 지낸 그는 첫닭이 울자마자 일어나서 죽림정사로 달려갔다. 이슬을 머금은 들풀들이 수닷타의 발목을 흠뻑 적셨다. 짙은 안개가 시야를 가로막고 있었다.

 이른 새벽 죽림에 한 발자국 들어서니 무슨 요술 나라에라도 온 것 같은 착각에 빠졌다. 유현幽玄한 기분과 야릇한 고독감이 몸 속으로 흘러들어왔다.

 수닷타의 일상생활은 많은 사람 속에 묻힌 그야말로 무엇 하나 불편 없는 안락한 생활의 연속이었다. 고독을 느낄 수 있는 시간이란 중대 사안을 결재할 때나, 아니면 잠자리에서 깊은 잠에 빠져드려는 순간 정도의 드문 일이었다. 이처럼 그의 일과에서 혼자 있는 시간은 거의 순간적인 것이었으며 그의 주위에는 주야를 가리지 않고 사람들이 드나들고 있었으므로 안개에 싸인 죽림의 환상적인 정경은 그에게는 신비적이기조차 하였다. 그리고 인간의 고독을 느꼈다.

 대나무 잎들이 밤이슬을 머금고 무겁게 드리워져 있었다. 그는 생각에 잠겼다. 인간은 고독한 존재인가. 아니면 사람 속에 묻힌 존재인가 하고….

 진실한 인간은 도대체 어느 쪽에 속해 있는 것일까.

 문득 앞쪽을 보니 희미하게 사람의 그림자가 나타났다. 눈을 크게 뜨고 자세히 살펴보니 한 사람의 수행자가 자기 쪽으로 걸어오고 있었다. 눈의 착각인가, 그 수행자의 머리 둘레는 환하게 광채가 서려 있었다. 여느 사로몬과는 달랐다. 그는 직감적으로 이 분이야말로 바로 붓다일 것이라는 생각이 들었다. 그런 생각을 하니 가슴이 두근거리기 시작하였다. 그리고 자신의 육신 깊숙한 곳에서 갑자기 치밀어올라오는 것을 느꼈다. 거의 무의식적으로 그 사로몬 앞으로 다가가니 절로 입이 열리고 말았다.

"붓다… 붓다… 슈바라, 슈바라…"

절규에 가까운 목소리가 터져나왔다. 붓다는 여기에 대꾸하듯 입을 열었다.

"오, 마하베이샤여, 이 이른 새벽에 마침 잘 방문하셨습니다. 지금 숲속을 산책하고 있엇는데 인기척이 나기에 이쪽으로 왔습니다.
당신은 코살라 국의 아나타핀데카님이시군요."

수닷타는 어떻게 자신의 이름을 알고 있을까 의아하기도 하였지만,

"예… 예, 저는 아나타핀데카라고 불리는 수닷타이며 가란다는 저의 의형입니다. 붓다님을 만나뵙게 되어서 이렇게 감사스러울 수가 없습니다."

하고 대답을 하고는 땅바닥에 엎드려 두 손을 머리 위에 올려 합장하였다. 붓다는 수닷타의 그 진지한 태도를 바라보며 말했다.

"자 어서 일어나서 정사로 갑시다.

법을 설하는 자에게 보시하면 그 공덕은 크고, 법등을 가슴에 켜는 사람은 천상계에 오를 것입니다.
　그대의 형은 훌륭한 분입니다."

"붓다, 감사합니다.
　저도 코살라국에 정사를 기증하고 싶습니다.
　코살라국의 쉬라바스티의 중생들에게도 정법을 들려주고 싶습니다.
　저의 보시를 받아들여 주시기 바랍니다. 붓다…"

"수닷타여, 법을 설하는 붓다에게 그 환경을 제공하는 분을 대흑천大黑天이라고 하며 그 공덕은 큰 것입니다.
　자손은 번영하고 그 집안 사람들에게 법은 평안이 되어 확산될 것입니다.
　또한 환생할 때에는 천국의 문이 열릴 것입니다."

　수닷타는 위대한 붓다의 말씀들을 가슴 깊이 새겼다. 그는 정사 건설의 협의를 마치자 가란다의 저택으로 돌아왔다.

"형님, 붓다는 모든 것을 꿰뚫어 보았습니다.
　소문 대로였습니다. 상업관계의 용건은 뒤로 미루고 빨리 돌아가서 정사를 세울 터를 찾아보아야 하겠습니다.
　죽림정사의 구조를 배우기 위해서 목수를 보낼 테니 잘 지도해 주시기 바랍니다.
　형님, 그럼 실례하겠습니다."

"정말 훌륭한 보시를 결심하였다. 하지만 귀가는 좀 빠르 잖아. 4-5일 더 묵고 여독을 푼 다음에 돌아가도 늦지 않 잖아."

"형님, 그게 참 신기하게도 조금도 피로를 느끼지 못하겠 습니다. 이것도 붓다를 만나 뵌 공덕이라고 생각합니다. 말 씀대로 그럼 하룻밤 더 묵고 내일 아침 떠나겠습니다."

"그게 좋은 일이다. 오늘밤은 푹 쉬도록 하자."

하지만 둘은 붓다의 이야기로 밤을 새다시피 했다. 이튿날 아침 수닷타는 가란다의 집을 뒤로 하였다.

코살라국으로 돌아온 수닷타는 서둘러 정사 터를 물색하기 시작했다. 여러 곳을 둘러보니 쉬라바스티의 교외가 가장 풍광 좋은 적지로 생각됐다. 알고보니 그 땅은 국왕의 의형뻘 되는 제타 태자太子의 소유였었다. 그래서 그는 곧장 태자를 만나 땅의 일부를 양도해줄 것을 부탁했다. 물론 그는 붓다의 이야기, 법의 위대함과 중생 구제의 필요성 등을 역설하였고 자신의 전재산을 여기에 두입하겠다는 설명까지 달았다. 그런데 어쩐 일인지 수닷타의 열의와는 반대로 태자는 땅을 넘겨줄 의사가 없었을 뿐만 아니라 끈질긴 수닷타의 요구에 종내는 역정까지 내고 말았다.

"수닷타! 너는 진드기 같은 녀석이다. 샤카(석가)족 고타마 싯다르타 때문에 내 영토를 내놓으란 말인가. 나는 코살라국의 파세나디 왕의 의형이다. 사리를 잘 분간해서 말

을 하라구. 고타마가 나에게 땅을 주겠다면 모르지만 너
의 말은 그 반대가 아닌가. 꼭 필요하다면 필요한 땅에 금
은재보를 깔아라. 그러면 너에게 팔겠다. 어때, 그렇게라
도 해볼 텐가?"

태자는 나쁜 사람이 아니었지만 상당한 술책가였으며 밀고 당
기고 하면서 상대방의 속을 떠보는 정치가였다. 전국戰國의 난세
에서는 이러한 무장이 도처에서 판을 치고 있었다. 수닷타는 태
자의 기질은 익히 알고 있었지만 이처럼 완고하리라고는 미처 짐
작하지 못했다. 그래서 그는 이렇게 말했다.

"태자님, 제가 필요한 만큼의 땅에 재보를 깔겠습니다.
내일 가져올 테니 잘 부탁드립니다."

태자는 끈질긴 수닷타의 얼굴을 뚫어져라 노려보았다. 그리고
심술사납게도 이렇게 덧붙였다.

"너도 참 이상한 녀석이다. 그렇다면 어디 한번 해보아
라. 만일 약속대로 이행하지 못하면 너의 목은 달아날 것
이다. 알아들었냐! 수닷타."

하룻밤을 샌 그는 몇 대의 수레에 재보를 가득 실어서 차례차
례 태자 앞에서 쏟아놓기 시작했다. 그 엄청난 광경에 태자도 숨
을 죽였다. 보화가 눈앞에서 산더미를 이루었다. 금·은 뿐만 아
니라 온갖 보석이 눈부신 광채를 발산하고 있었다. 수닷타의 실
력은 짐작하고 있었지만 설마 이렇게까지 엄청난 것이라고는 생

각하지 못했다. 많은 재보를 아까운 빛도 없이 마치 물을 붓듯 땅에 쏟아놓고 있었다. 수닷타의 표정은 냉정 그대로였다. 태자는 두 번 놀랐다. 수닷타는 목숨을 걸고 있었다. 역시 보통 일이 아니었다. 제타 태자는,

"수닷타, 이젠 알았다. 그만 두어라.
너의 죽음을 각오한 마음에 나도 굴복했다.
그 재보는 건물의 비용에 쓰도록 하여라.
네가 필요한 대로 터는 얼마든지 써도 좋다."

하고 말을 마치자 서둘러 성 안으로 들어가고 말았다.

"일체의 집착에서 벗어났을 때 광명은 충만하다."

라고 한 붓다의 법이 어김없이 증명되어 살아났다. 수닷타는 그것을 몸으로 체득하였다. 터가 결정되었으니 이젠 정사의 건설이다. 그는 의형 가란다에게 말을 타고 달려가서 웨누와나(죽림정사)를 지은 목공들을 모아 왔다. 공사의 책임자는 붓다의 분부에 따라 목갈라나로 결정되었다.

붓다가 정사精舍를 건설한다고 하니 거기 소요되는 자재는 전국 각지에서 모아졌는데 중생들은 너도 나도 참여했다. 기원정사는 이렇게 해서 예상보다 빨리 그리고 훌륭하게 완성되어 갔다.

공사가 클수록 사람이 다치거나 죽는 사고도 나게 마련이지만 그러한 인명 사고는 단 한 건도 일어나지 않았으며, 정사 건설에 반대했던 제타 태자까지도 스스로 대문을 기증하였을 뿐만 아니

라 파세나디 대왕도 열렬한 지원자가 되었다. 코살라 국왕의 협력은 전 코살라 국민들에게 당연히 알려졌다.

카필라성의 숫도다나 왕의 귀에도 이 소문은 들어갔다. 왕에게 전한 사람은 아시타 선인仙人의 조카인 카차나라고 하는 수행자였다. 부왕은 싯다르타의 명성이 높아질수록 기억의 심연으로 가라앉아가던 자식의 모습이 다시금 크게 되살아나서 재회의 일념이 불붙었다. 그는 당장에 싯다르타에게 사자를 보냈다. 사자의 용건은 간단했다.

"꼭 만나보고 싶다…"는 것이었다.

하지만 붓다의 회답은 결론적으로 말해서 출가 직후의 그 때와 다름이 없었다.

"만나는 시기는 아직 멀었다…"는 거절이었다.

붓다는 부왕의 소원을 함부로 짓밟고 싶은 생각은 추호도 없었다. 다만, 급속도로 불어나는 귀의자들을 수용하고 설법하는 일에 모든 일과가 뺏기고 있었다. 좀더 주변이 안정된 뒤에야 귀성하여 부왕과 가족들을 만나보아야겠다고 생각하였다. 부왕의 사자에게도 그런 심정을 담아 보냈다. 하지만 부왕은 또다시 붓다에게 거절당한 서운함에 젖었다.

부왕의 속마음에는 아직도 붓다에게 자식에 대한 집착이 있었으며 생활을 함께 하고 싶다는 욕심이 숨어 있었던 것이다.

§우기雨期

오늘날의 인도는 인도양에 돌출한 역삼각형의 반도半島를 이루고 있다. 그 면적은 약 442만 평방키로미터, 인구도 6억에 이른다. 인도는 반도가 아니라 대륙의 하나라고 볼 수 있다. 북北은 세계의 지붕 히말라야 대산맥, 동東은 파도가이 아라칸의 대밀림지대, 서西는 불모지 힌두쿠시 술레이만 산맥이 병풍처럼 서서 자연의 대장벽을 형성하고 있다.

지형이나 지질상으로 보면 인도는 남부의 데칸 고원高原, 중부의 힌두스탄 고원高原, 북부의 히말라야 산계山系의 셋으로 구분된다. 이 세 지역은 서로 기후 풍토가 다르기 때문에 생활 양식이나 언어 등도 수수 잡다하게 갈라졌다. 가장 오래된 주민은 스리랑카와 중부 인도의 밀림지대를 터잡고 있는 미래 종족 프로토-오스트랄로이드이고 잇달아 남부에 주로 정착한 드라비다계가 내주하였으며 기원전 2,000년 경에는 아리아계가 북서부 지방에 진출하고 있다. 또한 티벳, 미얀마계, 몽골로이드계가 동부에 이주하고 있으며 그 인종형태는 다양하기 이를 데 없다.

이 때문에 언어학적으로 인도어는 800종 이상이나 된다. 그러니 오늘날 공인 언어는 70종이고 이 가운데 주요한 것은 15종으로 집약되고 공용어로는 영어가 쓰이고 있다.

언어는 대별하여 유럽어(아리아어), 드라비다어, 문다 제어諸語, 티벳어, 미얀마어 등이 있으며, 이 가운데 가장 많이 쓰이고 있는 언어는 아리아 제어諸語와 드라비다어(스리랑카와 데칸 고원을 중심으로 함)이다.

여러 가지 언어가 한 나라 안에 잡다하게 사용되고 있으므로 아무래도 의사소통이 힘들고 분쟁의 원인이 되기도 한다. 그래서 영국의 식민지가 되기 이전의 인도는 항상 전란에 휩싸여 싸움이 그칠 날이 없었다.

인도 고대사는 아리아인의 편잡 이주에서 시작된다. 기원전 약 2,000년에서 1,500년 전의 옛날이다. 그 이전에는 이집트, 그리스, 이란 등지에서 이동하여 왔다. 편잡은 서파키스탄의 북부에 해당하는데 아리아인은 여기서 우선 농경민족으로서 정착하여 다시 인도의 북부, 서부로 이주해 왔다. 아리아인은 자연 현상 속에 신성神性을 인정하였고 그 후 바라문교의 근본 경전이 되는 리그 베다를 만들었으며 인더스, 갠지스강 하류 지대에 진출하였다.

바라문교에 대해서는 지금까지 상세하게 설명해왔지만 그 근원을 더듬으면 지금부터 1만년 전 아가샤 대왕의 태양을 신으로 받드는 신앙이 지금의 이집트 지역을 중심으로 일어났으며 그 후 아몬(예수의 전신)이 나타나서 이것을 계승하였고 다시 그레오 파로타에 이어졌으며 그 후 아폴론에 전달되어 서西파키스탄을 경유하여 인도에 정착하였던 것이다.

'아미타'의 유래는 어디에 있는가.

아미타의 어원은 '아몬', '아멘', '아미'와 같이 그 신앙이 각 지역으로 전파됨에 따라 그 발음이 조금씩 달라지기 시작하여 인도에 도착했을 때는 '아미타'가 되고 말았다. '아몬'이라는 것은 사람의 이름인데 그 의미는 원래 왕, 신, 태양, 우주신을 가리켰으며 이 때문에 신을 구현具現한 자를 '아몬'이라고 불렀다.

마치 고타마 싯다르타를 '붓다', 혹은 '부처'로 호칭한 것과 같은 경우다. 붓다란 '불佛'이며 불佛은 신의 마음을 구현具現한 사람을 가리키는 것이다.

나무아미타불南無阿彌陀佛은 고대 인도어로는 나모아미붓다라고 한다. '나모'가 '나무'인데 이것은 귀의한다, 귀명한다는 뜻이며 '아미'는 '아미타(아몬)'이고 아몬은 지금부터 약 4천 수백년 전 아프리카에서 도를 설법한 위대한 빛의 대지도령이다.

붓다는 불佛이고 글자 그대로 깨달은 사람 붓다를 가리킨다. 고대 인도어로는 '다보'라고 한다. '나무아미타불'을 직역하면 신불에 귀의한다, 귀명한다는 뜻이다.

아미타여래는 앞서 말한 바와 같이 '아몬'을 가리키며, 아몬은 그 후 이스라엘에서 예수 그리스도로 환생한다.

아미타 신앙에는 으레 서방정토西方淨土가 등장한다. 서방정토西方淨土는 인도에서 보면 서쪽 방향, 즉 아리아인이 서에서 동으로 이주하여 인도에 정착하였으므로 아몬 신의 원류지인 이집트나 이스라엘 방향을 가리키고 있음이다.

중국에서 한국, 일본으로 이미다 신앙이 전래함으로써 서방정토의 방향이 상실되었고 서방정토란 마치 저 세상인 천국을 뜻하는 것처럼 되었는데 실제로는 그렇게 인식되어도 좋을 것이다.

같은 비유는 당천축唐天竺에 있어서도 마찬가지다. 불교가 인도에서 전래하니 불佛의 재소지는 천축天竺이라는 구름 위의 극락을 가리키게 되었다.

인도에 들어가는 길은 세계의 지붕이라고 불리는 히말라야산맥이 버티고 있어서 용이한 일이 아니었다. 이 때문에 시간이 흐를수록 당천축唐天竺은 구름 위에 있는 것이라고 인간의 상상은 발달해 갔다.

　이와 같이 불교든 바라문교든 그 근원은 하나이며 그 근본 교리는 자연自然 즉 신神의 의지를 구현하는 것에 있었다.

　그것이 어느새 형식화되었고 이윽고는 카스트 제도를 낳게 되었던 것이다.

　즉, 리그 베다가 인도에 정착하게 되니 신관神官인 바라문 세력이 권세를 쥐게 되었고 신관(바라문), 무사(크샤트리아), 서민(베이샤), 노예(수드라)라는 네 계급의 엄격한 계급사회가 형성되었다는 것은 이미 말한 바와 같다.

　지금까지의 인류의 역사를 뒤돌아보면 위대한 성자가 나타났을 때는 인간의 마음도 통일되어 조화가 넘치는 사회가 되었지만 그 빛이 승천하고 나면 차츰 수라장이 되어 혼란에 빠지게 된다. 인류는 이를테면 말법末法과 정법正法의 되풀이를 거듭하고 있는 듯한 인상이다. 이것은 도대체 어찌된 일일까.

　어째서 인류 사회는 언제까지나 구제되지 못하고 있는 것일까.

　누구나 의문에 싸인다.

　그 한 가지 이유로 인류의 카르마(업業)를 들 수 있다.

　카르마業란 사물에 집착하는 상념과 행위에 의한 순환을 의미한다.

이 카르마業가 전생의 과정에 있어서 마땅히 수정되어야 하는 것임에도 불구하고 근본적으로 시정되지 않고 윤회하게 되므로 개인적으로나 사회적으로 혼란의 파문은 좀체 사라질 줄 모르고 있다.

원래 카르마業라는 것은 연緣(조건)에 따라 나타남으로써 비로소 인간이 그것을 개닫게 되는 것인 만큼 나타나지 않는 한 이해도 할 수 없고 수정도 불가능하다. 그 나타나는 현상이 크게 발전하면 말법末法이 되고 그만큼 사회도 혼란의 극에 이른다.

더욱이 카르마를 카르마로 인정하지 못한 채로 간과해 버리면 새로운 카르마를 탄생시켜 혼란을 가중시키는 일도 일어나게 된다.

이와 같은 말법末法과 정법正法의 시대는 역사적으로 늘 되풀이되는 과정을 밟고 있는 것은 사실이나 그렇다고 과거에의 카르마가 그대로 스트레이트로 나타나는 일은 없다. 만일 그대로 나타난다고 하면 인류는 이미 옛날에 멸망하였을 것이다. 때문에 그런 일은 없다.

인간은 현상계와 실재계를 왕래하는 윤회 속에 살고 있는 존재이며 그런 과정 가운데 현상계의 카르마는 실재계에서 어느 정도 수정을 받은 다음 다시 이 지상계에 태어나는 것이다. 그런 만큼 미수정의 부분을 어떻게 슬기롭게 고쳐나가는가 하는 것이 우리의 과제인데 수정이 잘 되는 시대를 정법正法이라고 하고 맹목에 빠지는 시대를 말법末法이라고 하게 된다.

말법末法은 이와 같이 심부재心不在의 시대를 가리키고 있지만 혼란의 또 한 가지 이유로서 인구의 증가 문제를 들 수 있다.

100년 전과 오늘을 비교해 보면 4배 가까이나 인구가 증가하고 있다. 1,000년 전과 오늘을 비교해 보면 또한 그 수는 비교를 할 수 없을 정도로 증가하고 있다. 그처럼 향후 50년이나 100년 후의 인구도 증가는 할지언정 결코 감소되는 일은 없을 것이다.

싸움의 불씨는 그 태반이 사상과 생활권의 문제이니 분쟁은 인구 문제와 불가분의 관계에 있다고 할 수 있다. 영토와 식량은 한정되어 있는데 인구가 증가하면 그 증가한 분량만큼 식량증산이 요구된다. 의복과 주거도 늘지 않으면 안 된다.

이해가 상반되면 싸움은 피할 수 없게 된다. 이해란 직접적으로는 생활권이며 생활권의 수레바퀴는 사상이고 정치다. 따라서 사상과 정치가 융화하고 해결되지 않는 한 싸움은 그치지 않게 되는 것이다.

정법正法이 이러한 문제에 깊이 관심을 가지는 이유도 여기에 있다. 하지만 이러한 문제는 시간이 흐름에 따라 시정되어 갈 것이다. 특히 경제문제는 인간의 목적이라기보다 어디까지나 인간의 목적을 달성하기 위한 수단에 지나지 않는 것이므로 인간이 마음의 존재를 깨닫게 되면 절로 해결되는 것이다.

그런데 경제 문제와 얽혀 인구 문제의 근저에는 또 다른 문제가 있다. 그것은 영혼의 과정이 사람마다 다르며 지상의 인구가 증가하고 있다는 사실은 다른 영혼이 새롭게 태어나고 있다는 것을 의미한다.

새로운 영혼은 지상의 생활 경험이 얕다. 경험이 얕으면 지상 생활에 사로잡히는 집착도執着度는 한결 강하다. 지구상에서의 생활 경험이 깊은 인간은 조화의 의의를 이해하는 것도 빠르지만 경험이 얕은 자는 그 척도조차 분간하기 힘들다. 개인의 일생을 살펴보아도 이런 것은 말할 수 있다. 유년기와 소년기는 마음이 순진하고 사회의 물정을 잘 모른다. 이 때문에 자기 중심적이 되기 쉽다. 청년, 장년, 노년에 이르러 비로소 인간 생활의 전모가 이해되고 인간이란 무엇인가 그 실상도 파악하기가 쉽다. 인간의 영혼에 있어서도 연령이나 지식 경험은 일단 제쳐놓고도 이성이나 지성이 발달한 사람과 그렇지 못한 사람이 있을 것이다. 이것은 영혼의 전생 과정이 각기 다르기 때문이다. 말하자면 지상 생활의 경험이 얕은 사람과 깊은 사람의 차이라고 볼 수 있다.

경제문제나 사회문제를 통해서 사회가 조화되고 혹은 안 되고는 위와 같은 관계와 분리시켜서는 생각할 수 없다. 인구가 증가하고 정치적 경제적 혹은 종교적으로 분쟁이 잦아지는 것도 이와 같은 인간의 영혼 단계의 원인이 있는 것이며 정법正法과 말법末法이 시계의 추처럼 되풀이되고 있는 역사적 사실도 이런 데에서 인과 관계를 찾아볼 수 있다.

하지만 언젠가는 인구 문제가 막다른 골목길에 부닥칠 때가 올 것이다. 그건 그렇게 먼 장래의 문제가 아니다. 가까운 장래란 인류의 긴 역사에서 볼 때 시간적 거리를 의미하는 것인데 그런 시대가 오면 지구상의 영혼의 급수가 총체적으로 상승하여 이른바 보살계菩薩界라는 세계가 새로이 생겨나게 되는 것이다. 이런 일은 이미 실재계에서 계획된 미래도이며 현상계는 그 계획대로 진행되고 있는 것이다.

보살계菩薩界란 보살심菩薩心을 가진 자가 저마다 사회의 향도적 위치에 서서 인류를 조화로 이끌어가는 세계다.

붓다가 태어났던 2,500여년 전, 혹은 예수가 사랑을 전파한 2,000년 전, 그리고 오늘날 다시 정법正法이 전도되고 있는데 정법正法의 전도는 장차 도래할 지상의 불국토를 향한 이를테면 기초작업들인 것이며 금세의 인간은 미래 지상의 보살계를 위한 첨병尖兵으로서의 임무를 지고 있는 것이다.

정법正法과 말법末法이 되풀이되고 있는 역사적 사실을 보고 인류는 영원한 유랑의 여행을 하고 있는 존재로 오인하게 되는 것은 이런 이미에서 매우 근시안적인 판단이라고 하지 않을 수 없다.

또한 자기 모순의 투쟁을 통해서 인류의 역사가 발전한다는 변증법적 사고방식도 잘못이다.

인간은 자연에서 태어나서 자연으로 돌아가는 것이며 비록 어린 영혼이라고 해도 이것은 알고 있는 사실이다. 다만 육체라는 옷을 입게 되면 육체에 마음이 가려 사물의 시비是非가 불명해질 따름이다. 육체 생활의 경험을 쌓음으로써 육체의 허망함이 차츰 극명해지고 육체를 지닌 채 마음의 위대성을 이해할 수 있게 된다.

나아가 마음과 육체가 보다 선명해질수록 마음과 육체의 조화가 지극히 멋있음을 체험할 수 있게 되고 색심불이色心不二·색불이공色不異空의 경지에 영혼은 도달한다.

그럼 이야기의 줄거리를 다시 되돌리자.

인도는 예나 지금이나 열대성의 몬순 기후이며 그 시기는 6월에서 10월까지가 우기雨期이고 11월에서 5월까지가 건기乾期이다. 건기乾期는 다시 냉량冷凉과 서열暑熱의 두 가지로 분류되는데 3월에서 5월까지가 가장 더운 계절이다.

우기雨期의 시작은 지방마다 다르고 강우량도 지형과 풍향에 따라 그 차가 심하며 히말라야 산맥을 중심으로 한 네팔과 인도 북부지방은 강우량도 많다. 우계雨季에는 강우량이 2,000밀리 이상이나 되는 곳도 있다.

붓다가 내왕하던 당시의 북인도도 강우량이 많았으며 우기가 되면 전도활동은 할 수 없게 된다. 비구름이 그리드락터 산을 뒤덮기 시작했다. 태양 빛이 구름에 가려지면 지상은 삽시간에 잿빛에 싸인다. 바람이 불고 수목들이 소란을 떤다.

붓다는 큰 바위를 등지고 선정禪定을 하고 있었다. 멀리 떨어져 있는 쉬라바스티의 도시를 투시하고 있었다. 쉬라바스티는 카필라 성 근처에 있다. 이미 말한 바와 같이 목갈라나가 지휘하는 정사情舍의 건설이 한창 진행중이었다. 그 진행 상황을 붓다는 영시하고 있었다.

최근의 연락에 의하면 파세나디 왕을 위시하여 국왕의 의형인 제타도 많은 건축 자재를 희사하여 건축 공사는 순조롭게 진행되고 있었다.

정사情舍의 동쪽에는 동문東門이 만들어졌는데 이것은 제타가 기증한 것으로 전해졌다. 지금 건설중인 정사情舍는 카필라에서 매우 가까운 곳이었던 만큼 붓다로서도 감회가 유달리 깊었으며 정사情舍의 완성을 하루 빨리 보고 싶은 기대감에 부풀기도 했다.

붓다가 가볍게 눈을 감고 쉬라바스티의 도시를 떠올리고 있을 때 사리뿟다가 가까이 다가와서 두꺼운 승의를 붓다의 어깨에 걸쳐 주었다.

"붓다, 비가 가까이 다가오고 있습니다. 오늘은 하산하여 웨누와나(죽림정사)로 돌아가심이 어떻겠습니까."

하고 조심스럽게 말했다. 붓다는 눈을 뜨고 앞쪽을 응시한 채,

"유행에 나갔던 제자들도 다 웨누와나(죽림정사)에 돌아와 있을 것이다. 해가 지기 전에 하산하도록 서둘자."

하고 말을 마치자 곧 일어섰다. 주위는 이미 어둑어둑해지기 시작했다. 무거운 구름이 하늘을 덮고 금방이라도 물줄기를 내리쏟을 것만 같았다.

"이 우기雨期가 지나면 코살라국으로 떠날 것이다.
그 때 동행자를 사리뿟다 자네가 선별하도록 하게.
이번에는 좀 긴 여행이 될 것 같구나."

앞장서서 걸어가던 붓다가 뒤돌아보며 사리뿟다에게 미소를 던졌다.

"예, 옛! 코스타니야와 상의하여 곧 인선하겠습니다.
인선이 끝나는 대로 보고드리겠습니다."

"그렇게 하여라."

사리뿟다로 개명한 우파데사는 붓다의 뒤를 따라가고 있었는데 갑작스러운 붓다의 분부에 놀라면서도 붓다와 나란히 걸어가고 있는 코스타니야와 눈길이 마주치면서 서로 고개를 끄덕였다.

일행이 하산하는 도중에 비가 오기 시작했다. 바싹 말랐던 붉은 땅 위에 기세 좋게 내리는 폭우는 대지를 일순간에 모래먼지로 뒤덮는다. 무럭무럭 피어오르는 모래먼지가 눈과 코와 입 속에 사정없이 들어온다. 얼굴을 감싸지 않고서는 못 견딜 지경이다. 하지만 그것은 일순간의 일이고 이내 빗줄기는 장대가 되고 발걸음은 미끄럽고 보행이 곤란해진다. 이러한 비는 우기雨期에 접어들면 쉴새없이 당하는 일이다. 산길은 금방 폭포가 되고 강이 되고 만다. 평원 지대는 홍수의 수마가 밀려 사람도 짐승도 떠내려가기 십상이다. 건기乾期에는 평온한 초원지대도 우기雨期에는 탁류의 바다가 되기 때문에 이 계절에는 여간 지리에 밝지 않고서는 바깥 출입이 불가능하다.

붓다 일행이 산에서 내려왔을 때는 아직 비가 그렇게 계속 심하지는 않았지만 그래도 굵은 빗방울은 세 사람의 머리와 어깨 위에 사정없이 떨어졌다.

웨누와나(죽림정사)로 가는 길은 훤히 알고 있기 때문에 비의 방해도 그렇게 심하게 당하지는 않는다. 문득 붓다가 말했다.

"석 달 만에 만나게 되는 야사는 바라나시에서 예정대로 벌써 정사情舍에 도착해 있을까."

"붓다, 야사의 제자들로부터 연락이 저에게 있었습니다.

바라나시로 유행갔던 사람들은 벌써 도착하고 있습니다만 야사는 2, 3일 늦게 돌아온다는 것이었습니다. 오늘이나 내일 쯤에 웨누와나(죽림정사)에 도착할 것입니다."

코스타니야가 대답하였다. 크샤트리아 시절의 코스타니야는 안광이 날카롭고 체격도 단단하였다. 보기에도 보통 인물이 아니라는 인상을 풍기고 있었는데 그런 그도 이젠 완벽한 수행자의 풍모를 지니고 누구에게나 평안한 마음을 갖게 햇으며 관상도 말씨도 완연하게 변해버렸다.

'법은 나의 길, 이 길 이외에 나의 길은 없다.'

하고 설법하고 있는 동안에 어느새 수도자인 부드러운 코스타니야로 변모하고 말았다. 마음이 바뀌면 사람도 바뀐다는 말은 흔히 쓰는 말이다. 마음이야말로 제상諸相의 근원이다. 붓다와 함께 12년 동안 정진하여 온 수행의 성과였을 것이다.

붓다의 제자인 바라다니야는 붓다보다 한 걸음 앞서 웨누와나(죽림정사)에 돌아왔다. 그리고 붓다의 귀환을 정사情舍를 지키고 있던 제자들에게 두루 알렸다. 그래서 모두들 정사情舍 밖으로 나가서 붓다를 마중하였다.

노란 승의를 입은 무리가 정사情舍 입구의 길 양쪽에 한 줄로 늘어서서 무릎을 꿇었다. 붓다는 멀리서 이 광경을 가만히 바라보며 대숲 사잇길을 지나 이윽고 여러 제자들 앞에 모습을 나타냈다.

"여러분, 수고가 많았습니다. 비를 맞지 않도록 모두들 안으로 들어갑시다. 어서 정사精舍 안으로 들어갑시다."

한 사람 한 사람 어루만지듯 말하면서 붓다는 정사精舍 안으로 들어갔다. 제자들도 뒤따라 들어갔다. 아사지가 붓다의 흙투성이 발을 재빨리 씻어드리고 상좌로 붓다를 안내하였다. 제자들도 차례차례로 정렬하여 붓다 앞에 정좌하였다.

빗줄기가 점점 더 기세를 돋우어 정사精舍의 지붕 위를 소란스럽게 두들기면서 쏟아지고 있었다. 정사精舍가 있기 이전에는 우로를 피할 수 잇는 곳이라야 암벽의 동굴 뿐이었다. 동굴은 협소하여 모두들 질서없이 비집고 앉았었다. 따라서 우기雨期가 되면 붓다의 설법을 직접 들을 수 있는 기회를 잡기란 여간 힘든 일이 아닐 수 없었다. 하지만 이젠 그런 일은 없다. 삼보에 귀의한 이상 비가 오건 오지 않건 붓다의 설법을 들을 수 있게 되었다.

자연의 환경은 인간에게 틀림없이 수난스러울 수 있다. 하지만 그 환경을 올바르게 정비하여 자연과의 조화를 꾀하면 인간은 자연의 자비를 전신에 받을 수 있으며, 자연의 진의眞意도 심도 있게 이해할 수 있으리라.

우로를 피할 집도 없이 이리 저리 피해 다니는 생활이어서는 인간과 자연의 조화란 기약조차 할 수 없다. 새나 짐승과는 달리 인간에겐 창조하는 자유가 부여되어 있으므로 그 창조력을 구사하여 의식주를 기본으로 삼는 자연과의 조화를 도모하지 않으면 안 된다.

"유행 중에 질병에 걸렸거나 독사에 물렸거나 어디 다친 사람은 없습니까."

붓다는 제자들을 둘러보면서 부드럽게 물었다.

천 수백 명의 사로몬들은 서로의 얼굴을 쳐다보고 붓다의 혈색 좋은 신관을 부러워하면서 모두들 무사하다는 것을 아뢨다.

"여러분들도 긴 유행을 하여 많이 피로했을 것입니다. 쌓인 이야기도 많긴 합니다만 오늘은 푹 쉬는 것이 좋겠습니다. 건전한 육체와 건전한 마음의 조화야말로 법의 근본입니다.
 유행중의 온갖 체험을 양식으로 삼고 이 우기雨期 동안에 보다 넓고 자비로운 자신을 완성하기 바랍니다.
 여러 가지 의문에 대해서는 내일부터 해답해 나가도록 하겠습니다.
 그럼 오늘은 그만 각자 조용히 휴식을 취하도록 하세요."

대강당은 등명으로 환하게 빛나고 있었다.

붓다의 얼굴도 그 등명 빛으로 둥그런 육곽을 그리고 있었지만 그것보다는 붓다 자신의 몸에서 방사되는 부드러운 황금빛 후광이 한결 밝게 돋보였다.

사로몬들은 절로 손이 모아지고 합장하는 것이었다.

§정사情舍 내의 설법

정사情舍 안은 붓다의 환한 광명이 충만하여 생동감이 넘쳤다. 천 수백 명의 사로몬들은 붓다에게 합장하였고 대법당 안은 기침 소리 하나 들리지 않았다.

"사리뿟다, 코스타니야, 피팔리야나, 그대들은 각 조의 책임자를 모아 내일부터의 활동 예정표를 짜고 이 우기 중에 각 지방의 책임자를 결정하기 바란다. 그 협의만을 끝내고 오늘은 전원 휴식을 취하도록 하여라."

붓다는 이렇게 짤막한 지시 사항을 남기고 성큼 일어나서 자기 방으로 들어가 버렸다. 사리뿟다를 비롯한 중요 간부들은 붓다의 지시에 따라 예정표 짜기에 들어갔고 사로몬들은 제각기 자기 방으로 흩어져 갔다.

부엌 일, 청소, 세탁 등 웨누와나(죽림정사)의 생활은 사로몬들의 자발적인 행동에 의해서 이루어지고 있었다. 특별히 이렇다 할 당번이 정해져 있는 것이 아니었다. 열 사람 스무 사람 서로 동아리를 짓고 '나는 부엌일', '나는 청소'를 하는 식으로 매우 자연스러운 형식으로 저마다의 담당 부서가 할당되었다. 신참이니까 화장실 청소나 궂은 일을 시키는 따위의 일반적인 통례와는 달랐다. 그래서 고참이라도 손이 놀 땐 방청소, 부엌의 식사 준비까지 해치웠다.

이것이 여느 교단에서는 찾아볼 수 없는 석가 교단의 특색이었다. 붓다는 인간의 자유를 존중하였고 그 자유를 계율이나 제도로 구속함으로써 불심을 알 기회를 놓치게 하지 않았다. 붓다는 스스로의 경험에 의해서 이런 사실을 깨닫고 있었으므로 형식에 흐르는 일은 극도로 피하고 자중하였다.

사로몬들의 자발적인 행동을 기대함으로써 각자의 창의력과 노력, 인간평등의 가치관을 무언으로 가르치고 있었다.

바깥의 비는 점점 그 기세를 더해가고 있었다. 주룩주룩 소리를 지르며 장대처럼 퍼붓는 빗줄기는 정사精舍를 뒤덮었고 두터운 물의 장벽이 시야를 가로막았다. 길은 강이 되고 격류를 이루었다. 거대한 짐승처럼 광란하고 있었다. 일대 장관이라고 해야 할지 일대 공포라고 해야 할지 자연의 맹위 앞에 인간도 동물도 산천초목도 꼼짝달싹 못하고 기가 꺾인 채 오직 시간의 흐름만을 기다리며 지켜볼 따름이었다.

자기 방으로 돌아온 붓다는 격렬하게 퍼붓는 빗소리에 귀를 기울이면서 아직 정사精舍에 도착하지 않고 있는 야사 일행의 귀로를 걱정하면서 옆으로 누웠다. 이른 새벽 눈을 뜬 붓다는 밤새 쏟아지는 빗소리도 아랑곳하지 안고 선정 삼매에 들어갔다. 삼매에 들어가니 지붕 위에 떨어지는 소란스런 빗소리도 일정한 리듬이 되어 마치 천녀天女의 음악처럼 감미롭게 들렸다. 광란하는 폭우와는 달리 마음의 수면은 평온과 정일의 극을 이루고 있었다. 붓다는 하늘의 음악소리에 귀를 기울이고 있었다. 부드러운 하모니는 지난날 수행중에 동굴 속에서 듣던 바로 그 선율을 닮았다.

그 때도 우기雨期였다. 몸은 말라빠졌고 앞길은 어둡고 암담하기만 하였으며 불안으로 지새던 시절이었지만 일단 선정에 들기만 하면 으레 저 폭우 소리도 천상계의 음악 소리가 되어 싯다르타의 마음을 환하게 어루만져 주었다.,육체의 눈에 비친 폭우의 모습은 성난 맹수처럼 보이지만 마음의 귀로 듣는 비의 선율은 천상계의 음악이었다.

비도 오지 않고 건조기가 지속되면 초목은 고갈하고 지상계의 생물은 사멸하고 만다. 격렬한 빗줄기는 동물과 식물을 일시에 쓸어갈듯 무자비하게 보이지만 그 물에 의해서 지상의 낙원은 보장받을 수 있다.

인간은 현상 뒤에 숨은 이 진실을 이해할 필요가 있다. 붓다는 천상계의 음악에 귀를 기울이면서 조용히 미소지었다.

방문을 두들기는 사람이 있었다.

"들어와요."

붓다는 눈을 감은 채 대꾸하였다. 문을 열고 들어온 사람은 아사지였다.

"아사진가. 간밤엔 잘 잤는가."

"예 붓다. 오랫만에 지붕이 있는 집안에서 잔 탓인지 그만 늦잠을 자고 말았습니다. 카필라 성의 생활과는 달리 평화스러운 마음으로 지내는 일상생활이 그지없이 즐겁습니다. 붓다, 이 은혜 고맙습니다."

12년 전의 아사지는 카필라 성을 경비하던 크샤트리아였다.

체력도 무술도 뛰어났다. 그는 성 안으로 출입하는 상인이나 허드레꾼들을 감시함으로써 타국에서 침입하는 스파이나 게릴라에 대한 경계의 임무를 담당하고 있었다. 따라서 그의 눈은 자연히 날카로웠으며 마음도 늘 감시의 눈초리로 팽팽하게 긴장하고 있었다. 하지만 지금의 그의 생활에는 도무지 적이 존재하지 않는다. 외모를 꾸밀 필요도 없다. 있는 그대로의 그가 거기 있다는 느낌뿐이었다. 태어날 때의 천진무구한 어린이가 거기 있다는 느낌뿐이었다.

"아사지여, 사념과 행위를 바르게 하는 생활은 인생의 가치를 바꾸고 보다 마음을 풍부하게 해 준다.
 일체의 고뇌의 원인을 짓지 않으므로 마음은 평안하고 광명으로 충만하다.
 광명은 전도를 밝히고 하루하루 알찬 수행의 생활이 기쁨으로 스며든다.
 법은 실천 속에서 살아나고 그 곳에서 법등이 켜지고 영원한 생명을 감득시킨다.
 마음에 법등이 없는 자는 잘못된 사념과 행위에 의해서 고뇌의 인생을 보내기 일쑤다.
 붓다 승단의 목적은 물物을 물物로밖에 볼 줄 모르는 그릇된 가치관에 신음하는 중생을 구제하는 데 있다.
 보다 많은 중생에게 마음의 양식을 주는 데 있다.
 그리고 그 광명은 저 태양처럼 너와 나의 구별없이 공평무사한 것이다.

늘 법등을 마음에 밝혀야 하며 결코 자기 만족에 빠지는 일이 있어서는 안 된다."

아사지는 붓다 앞에 무릎을 꿇고 깊이 고개를 묻었다.

"붓다, 태양 같은 마음을 지니고, 미망에 허덕이는 모든 중생에게 평안의 법등을 켜나가겠습니다."

하고 붓다의 법어를 지긋이 받아들였다.

"하온데 붓다, 야사와 목갈라나 등 일부를 제외하고는 모두들 법당에 집합하였습니다. 붓다의 설법을 기다리고 있습니다. 잘 부탁드립니다."

"야사는 아직 돌아오지 않았는가?"

붓다는 아직 돌아오지 않고 있는 사로몬들을 헤아리면서 성큼 일어나서 회장으로 발길을 옮겼다. 붓다의 방과 법당 사이는 낭하로 이어졌다. 장마비는 낭하에까지 날아들어 발길을 적시고 있었지만 붓다가 걸어가는 바닥만은 말라 있었다. 아사지는 붓다를 호위하듯 뒤따르고 있었다. 법당에 들어선 붓다를 본 시로몬들은 당시 인도의 최고의 예를 올리고 맞아들였다.

붓다는 사로몬·사마나들의 모습을 둘러보면서 유행 중에 닦은 각자의 마음의 조화도를 심안으로 확인하였다. 이윽고 붓다는 수긍한 듯 만족스러운 얼굴로 정좌하였다.

"사로몬들이여 고개를 드시오."

회장의 맨 앞줄에는 야나, 우루벨라 캇사파 형제, 데샤파, 사리뿟다, 코스타니야, 아사지, 도라카, 밧데야 등이 앉아 있었다.

마음의 조화도에 따라 제각기 머리에 광명이 빛나고 있었다. 또한 몸 전체가 광명에 싸여 있기도 하였다. 뒷자리에 앉아 있는 사로몬들의 머리 둘레에도 엷은 광명이 비치고 있었으며 회장 전체가 환하고 장엄한 분위기를 자아내고 있었다.

붓다의 등 뒤에는 몇 분의 브라흐만의 광명과 붓다의 광명이 증폭되어 한결 그 후광이 눈부셨다. 어제처럼 사로몬들은 이 눈부신 광명에 손을 모으고 합장하였다.

"법에 의지한 유행遊行으로써 그 동안 조화의 삶을 이룰 수 있게 된 여러분을 보니 나는 참으로 사는 보람을 느낍니다. 더욱 분발하여 정도에 정진하기 바랍니다.
 하지만 이 가운데에는 아직도 구태의연한 육체고행을 버리지 못하고 법을 머리로만 알고 있을 뿐 참다운 안심의 경지를 증득하지 못하고 마음에 무거운 짐을 진 채 고뇌하고 있는 자도 있습니다.
 내가 설법하는 정법은 인간의 길입니다.
 이 정법을 여러분이 사념과 행동의 실생활에 실천할 때 마음의 구름은 벗겨지고 불광佛光의 자비가 쏟아지며 평안과 조화의 세계가 이루어지게 됩니다.
 여러분의 자아 속에는 선한 나(선아善我)와 거짓의 나(위아

僞我)가 공존하고 있습니다. 일체의 고뇌는 거짓의 나(위아 僞我)에 의해서 만들어집니다.

이 위아僞我는 얼핏 자신의 욕망을 충족시켜주는 것처럼 보이지만 실은 크나큰 집착의 짐이 되어 고뇌를 지어내고 있는 것입니다.

고뇌의 원인, 고뇌의 뿌리를 제거하지 않는 한 인생은 고뇌에서 벗어날 수 없습니다.

그러기 위해서는 자기 보존의 욕망을 일으키고 있는 위아僞我를 억누르고 자신에게 거짓말을 할 수 없는 선아善我인 불성佛性을 자각해야 합니다.

사로몬들이여, 비를 맞으며 서 있는 초목을 보십시오.

저 곧게 뻗어올라간 대나무를 보십시오.

그들은 자연의 비바람을 잘도 견뎌내고 늠름하게 성장하고 있습니다.

그들은 결코 자연에 거역하지 않습니다.

동시에 그들은 튼튼한 뿌리를 대지 속에 단단히 박고 있으므로 그 어떠한 비바람에도 끄덕없이 견딜 수 있습니다. 어디 그 뿐입니까.

그들은 서로 양보하고 서로 돕고 있습니다.

이 사실을 똑똑하게 이해해야 합니다.

여러분도 법의 뿌리를 내리고 생활하면 오관五官 번뇌에 사로잡히지 않고 모든 현상을 올바르게 이해할 수 있게 되며 마음 속에 고뇌의 독을 지어내지 않을 것입니다.

그 어떠한 부조화한 현상을 보고 듣건 법에 비추어 판단하면 마음에 동요를 일으키거나 부조화한 행동에 흐르는 일은 없게 될 것입니다.
불퇴전의 마음은 법의 실천에 의해서만 성취될 수 있다는 사실을 알아야 합니다."

붓다의 설법은 법에 귀의하여 정진하고 있는 사로몬들의 마음 속에 든든한 뿌리를 내리게 하고 있었다. 붓다의 설법은 계속된다.

"그러기 위해서는 생활의 기준은 오관五官이 아니라 마음의 중심에 두어야 합니다.
모든 것은 마음이 근본이며 중도中道에서 이탈한 부조화한 마음의 상태에서 말을 하거나 생활 활동을 계속해가면 괴로움에서 벗어날 수 없고 항상 고뇌의 무거운 짐을 어깨에서 내려놓을 수 없게 됩니다. 이러한 인생은 무거운 짐을 지고 언덕길을 오르는 것과 같습니다.
하지만 중도中道의 마음을 이해하고 선아善我의 마음으로 생각하고 생활해가면 마음은 평안하고 그 기쁨이 자신과 일체가 되어 마치 자신의 그림자가 자신에서 떠나지 않듯이 광명이 자신과 일체가 되어 법열의 생활을 이룰 수 있게 되는 것입니다.
또한 여러분은 폭력을 당하거나 모욕이나 원망의 화살을 받으면 거기 마음이 빼앗겨 그만 파도를 일으켜 화를 내고 마는데 이래서는 노여움의 감정에서 해방되기란 도저히 불가능한 일입니다.
용서하는 것도 자비입니다. 노여움에서 해방되는 것은 불

佛의 광명임을 명심하기 바랍니다.
 노여움의 원인을 잘 파악하여 마음 속에 진瞋의 독을 먹어서는 안 됩니다.
 노여움을 노여움으로 보복해서는 안 됩니다. 그래서는 노여움은 절대로 소멸되지 않습니다.
 지금 밖에는 비가 오고 있습니다. 만일 이 정사의 지붕을 잘못 이었다면 비가 새고 집이 쓸모가 없게 될 것입니다.
 이와 마찬가지로 법을 잘 지켜 생활하지 않으면 마음 속에 탐심의 구멍이 생겨 타락의 수렁에 빠지게 됩니다.
 지혜있는 자는 번뇌의 화염에 마음을 태우는 일이 없이 늘 법을 기둥으로 삼고 살아갑니다.
 용기와 노력과 지혜로써 마음속의 위아僞我를 몰아내고 자신에게 거짓말을 할 수 없는 선아善我의 마음으로 생활해나가면 머지않아 광명의 깨달음의 경지에 도달할 수 있을 것입니다.
 지혜있는 자는 번뇌의 화염에 마음을 태우는 일이 없이 늘 법을 기둥으로 삼고 살아갑니다.
 용기와 노력과 지혜로써 마음 속의 위아를 몰아내고 자신에게 거짓말을 할 수 없는 선아善我의 마음으로 생활해 나가면 머지않아 광명의 깨달음의 경지에 도달할 수 있을 것입니다.
 인간은 만족할 줄 알 때 비로소 위대한 보배를 손 안에 넣을 수 있습니다.
 위대한 보배란 여러분이 전생의 과정에서 체험한 모든 인생의 지혜이며 평안의 원천입니다.

그 보고의 문을 열어야 합니다.

일체의 미망은 그 문을 열면서 광명으로 바뀝니다.

이럴 때 인간은 생명의 영원성을 깨닫게 되고 눈앞에 전개되는 현상, 물질은 무상이며 그 무상의 실체는 영원한 생명을 종횡으로 엮고 있는 실絲 줄기 같은 것임을 깨달을 수 있게 될 것입니다.

욕망에 사로잡힌 생활을 멀리하고 정도正道를 걷고자 하는 자는 마침내 지혜의 보고의 문을 열고 깨달음의 경지에 이를 것입니다.

활을 만드는 자는 동시에 곧고 단단한 화살을 만들어야 합니다. 그래야 활과 화살은 비로소 완전한 힘을 발휘할 수 있습니다.

여러분의 생활도 마음을 곧고 굳게 바로잡음으로써 비로소 확립할 수가 있습니다.

그러나 인간의 마음은 항상 욕망을 충족시키려고 합니다. 조화의 마음을 유지한다는 것은 몹시 어려운 일입니다.

하지만 어렵다고 해서 노여움과 탐욕에 마음을 맡겨놓는다면 언제 마음의 평안을 얻을 수 있겠습니까.

입으로만 번드르르한 말을 늘어놓을 뿐 실천이 따르지 않는 자는 퇴색한 향기 없는 꽃과 같은 것입니다.

꿀이 없는 퇴색한 꽃에는 나비도 꿀벌도 찾아오지 않습니다. 꽃은 싱싱하게 피어 있을 때 비로소 나비도 꿀벌도 찾아오게 되는 것이고, 공생·공존하게 되는 것입니다.

실천만이 그 사람을 살리고 그 주변을 밝게 번영시킬 수 있는 것입니다.

여러분은 스스로 아름답고 둥근 마음을 환하게 밝힘으로써 중생들에게 법등을 나누어 주어야 합니다.

우파라, 얀란, 라가라, 파시키츠와 같은 꽃들도 아름답고 향기로 풍부하지만 법法의 향기는 비할 데 없이 그 품격이 높고 숭고한 것입니다.

그 법法의 향기를 발산하는 자신을 각자 확립해 주기 바랍니다.

이 가운데에는 유행중에 불편한 잠자리를 체험한 사람도 있을 것입니다.

잠이 오지 않는 밤은 길고 지루하게 느껴지는 법입니다. 그와 마찬가지로 피안彼岸이라는 지혜의 언덕에 오르지 못한 자는 일상생활이 가파른 산길을 오르는 것처럼 고통스러울 것입니다.

정법正法을 깨닫지 못한 자는 무명의 인생을 걷고 있는 것이므로 고뇌와 미망의 시무한 긴 삶을 견디는 것입니다.

유행遊行중에는 자기보다 훌륭하거나 엇비슷한 수준의 사람과 동행하는 것이 바람직합니다.

왜냐하면 악우惡友와 함께 있으면 자신의 마음자리가 어지럽혀지고 부조화한 엇길로 빠지기 쉽기 때문입니다.

악우惡友는 맹수보다도 더 무서운 장애물이 된다는 사실을 알아야 합니다.

산야에 있는 맹수는 여러분의 육체를 망가뜨릴 수 있을지는 모르나 마음까지 망가뜨릴 수는 없습니다.
 그런데 악우惡友는 여러분의 그 소중한 마음까지 독으로 더럽힙니다.
 주의하고 경계해야 할 것은 악우惡友이며 악우惡友야말로 올바르게 대처해 나가지 않으면 안 되는 존재입니다."

붓다의 설법을 듣고 있던 제자들은 이 대목에 이르자 곁에 앉아 있는 친구의 얼굴을 서로 보면서 고개를 끄덕였다. 단상의 붓다는 이 모습들을 내려다보고 의미 있는 미소를 지었다. 정사 밖의 빗소리는 계속 그칠 줄 모르고 있었다. 때로는 장대 같고 때로는 안개 같은 비가 되기도 하였지만 붓다의 설법이 잠깐 뜸을 들이자 빗줄기는 다시 세차게 퍼붓기 시작했다. 법당의 뒷자리에서 몇 사람의 제자들이 서로 인사를 나누고 있었다. 흠뻑 비에 젖은 야사의 모습이 붓다의 시선에 들어왔다.

 "오오 야사, 돌아왔구나."

평소 의리가 있는 사나이로 정평이 나 있는 야사는 머리와 얼굴만을 훔치고 젖은 그대로 붓다의 앞으로 나아가 깊이 예법을 올렸다.

 "붓다, 오랫만에 뵙습니다.
 제자들과 함께 무사히 돌아왔습니다.
 붓다의 좋은 신관을 뵙게 되니 그저 기쁠 따름입니다."

야사의 얼굴은 기쁨의 눈물과 비로 얼룩졌다.

"잘 돌아왔다. 자 어서 들어가서 옷을 갈아입어라.
그대들도 노고가 많았다."

붓다는 야사와 동행했던 제자들의 노고를 달래는 것을 잊지 않았다.

"카필라의 바라문들도 붓다에 귀의하셨군요.
바바리님도 무척이나 만족하고 기뻐하실 것입니다.
정말로 감사합니다."

야사는 고개를 깊숙이 숙이고 붓다에게 인사를 올렸다. 붓다의 설법을 듣고 있던 법당 안의 제자들은 이 억수같이 퍼붓는 빗속을 뚫고 무사히 귀가한 야사의 일행을 진심으로 환영하였다. 야사는 그 동안 카시국의 바라나시를 무대로 삼고 많은 재가의 중생들과 바라문의 수행자들에게 붓다의 법을 전도해 왔다. 일행은 아사지의 방에서 옷을 갈아 입고 산뜻한 모습으로 회장에 다시 돌아와 자리를 잡고 앉았다. 붓다의 설법은 다시 시작되었다.

"아무리 귀여운 처자식이 있고 많은 재산이 있다 하더라도 만족할 줄 모르고 욕신에 흐르면 괴로움은 그치지 않습니다.
이 육체는 자기 것이면서도 자기 것이 아닙니다.
나이를 먹고 때가 되면 이 땅에 두고 가지 않으면 안 되는 물건입니다.
하물며 귀여운 처자식도 내 소유물은 아니며 재산도 내것이 아닙니다.

이런 모든 것은 전생 윤회의 과정에 인연이 있어서 주어진 것이며 저마다의 연생緣生에 저마다의 사명과 목적이 있다는 것을 알아야 합니다.
영원한 소유물은 그대들의 생명인 마음 뿐입니다.
이 이외에는 어느 것 하나 자기의 소유물은 없습니다.
제아무리 귀여운 자신의 아들이라도 어른이 되면 부모의 생각과는 달라집니다. 당연한 일입니다.
아들은 아들로서의 개성을 지니고 있으며 그 영혼은 부모와는 무관한 별개의 것이기 때문입니다.
하지만 부모는 자식을 키우기 위해서 마치 태양과 같은 무상의 자애심을 아낌없이 쏟고 있습니다.
자식은 자신을 낳아서 길러주신 위대한 어버이의 자비와 사랑에 감사해야 합니다.
이것도 또한 인간의 도리요 의무라고 할 수 있습니다.
감사의 마음은 보은이란 행위로써 열매를 맺습니다.
효도는 자식으로서의 당연한 의무이며 만일 이것이 없어진다면 인간 사회는 무너집니다.
사회의 일원으로 존재하는 이상, 보다 낳은 사회를 위해서 봉사하는 것이 법을 실천하는 길이 되는 것이며, 불국토의 위대한 길이 열리게 되는 것입니다.
사회는 자신의 욕망을 충족시키기 위한 장소가 아니라는 사실을 깨달아야 합니다.
만생만물은 상호협조에 의해서 조화를 유지하고 있으며 그러므로 평화와 안정이 생겨납니다.

지혜있는 자는 지식의 한계를 잘 알고 있습니다.
어리석은 자일수록 지식에 빠져 거만을 떱니다.
바라문 수행자들 가운데에는 베다나 우파니샤드의 경전에 통달하여 지식은 풍부하지만 실천이 없기 때문에 그 지식의 틀 속에서 한 발짝도 빠져나오지 못하여 경전 속을 헤매는 자가 많습니다. 슬픈 일이 아닐 수 없습니다.
참다운 지혜는 마음 속에서 우러나는 반야바라밀다**의 경지에서 솟아납니다.
결코 남에게서 빌린 지식에서는 생겨나지 않습니다.
법의 실천에 의해서 획득된 평안, 감사, 조화의 마음에서 솟아나오는 것입니다.
여러분은 지식에 빠져서는 안 됩니다.
지식의 틀을 아무리 넓혀간들 마음이 풍부해지는 것은 아닙니다.
오히려 그 반대로 미망과 불안과 혼란을 더할 뿐입니다.
지식은 지혜의 현상에 지나지 않으며 지혜 그 자체는 아닙니다."

붓다의 설법은 한층 더 기백이 찼고 핵심에 접근해 갔다. 회장은 깊은 정적에 잠겼고 빛의 파장만이 주변의 공기를 흔들고 있었다. 붓다의 설법은 계속되었다.

"지혜의 용현湧現은 법의 실천에 있습니다.
마음 속에 지어낸 부조화한 구름을 걷어내지 않는 한 무명에서 벗어날 수 없습니다.

구름을 걷어내는 길은 법을 척도尺로써 자신이 사념과 언동을 되밟아보고 잘못을 수정하는 길밖에 없습니다.

즉 반성입니다.

그런 다음 다시는 마음 속에서 구름을 짓지 않도록 늘 정도正道를 걸어가야 합니다.

정도正道를 걷는다는 것은 번뇌의 위아僞我를 지배하는 길을 걷는 것입니다.

여러분의 마음속에 본래부터 있는 자신에게 거짓말을 할 수 없는 마음으로 정진하는 것이 정도正道를 걷는 수행자라고 할 수 있습니다.

마음이 밖으로 향하면 유흥 생활에 빠지게 됩니다.

그 곳은 천길 낭떠러지가 입을 벌리고 있으며 고뇌 뿐인 세계입니다.

악업은 즉시 결과가 나타나지야 않지만 산중에서 피웠던 모닥불의 잿더미 속에 숨었던 불씨가 바람을 만나 언제 산불이 될지 모릅니다.

또한 어리석은 자들은 항상 지위나 명예의 욕망에 사로잡혀 물질, 재보, 정욕에 대한 집착심 때문에 자신을 괴롭히고 있습니다.

사로몬은 지위, 명예에 귀를 기울여서는 안 됩니다.

이타심을 저버려서는 안 되며 자기보존의 욕망을 버리고 항상 평안 속에 안주할 일입니다.

법의 물을 마신 자는 그 마음이 씻겨 있으므로 집착심이 없고 평화 속에 안정되어 있습니다.

그리드락터의 바위산을 보십시오. 저 바위산은 그 어떠한 바람에도 끄덕없습니다. 자연 속에 안주하고 있으므로 바깥일에 흔들리지 않습니다.

수행자도 이와 같이 비난, 모욕, 칭찬 등에 마음이 흔들려서는 안 됩니다.

한쪽으로 마음이 흔들리면 다른 한쪽에서도 마음이 움직이기 때문입니다.

그 어떠한 언동에 대해서도 바르게 보고, 바르게 생각하며, 바르게 말하고, 바르게 일하며, 바르게 생활하고, 바르게 도에 정진하며, 바르게 염念하고 그리고 항상 반성으로 둥글고 넉넉함을 지니고 선정 삼매경을 즐겨야 합니다.

쾌락에 빠지는 탐욕을 버려야 하고, 그 어떠한 난관에 부딪쳐도 그 원인을 규명하여 원인의 뿌리를 뽑아야 할 것이며, 마음속에 법등의 불을 항상 밝히고 있어야 합니다.

하지만 이런 철저한 생활을 하는 사람 중에도 깨달음의 피안에 도달하는 사람은 드물고 무상無常한 물질 세계에 저도 몰래 집착하여 헤매는 사람이 그 얼마나 많은지 모르겠습니다.

여러분은 전생윤회의 과정에서 배운 위대한 지혜(마하바야바라밀다)에 의해서 모든 일에 만족할 줄 알고 남과 다투는 일이 없으며 저 하늘처럼 맑고 넓은 마음의 소유자가 되어야 합니다.

만족할 줄 아는 마음에 의해서 생사의 윤회에서 해탈할 수 있게 될 것입니다.

수행자들이여, 백만 권의 서책보다 평안한 마음 하나가 더 훌륭하다는 것을 명심해야 합니다.

거기에는 오직 자비심이 있을 뿐입니다.

한편 마음 속의 위아僞我를 눌러 이긴다는 것은 전쟁에서 백만 대군을 무찌르는 것보다 더욱 힘들다는 것을 알아야 합니다.

왜냐하면 큰 강둑도 개미 구멍 하나에 의해서 무너지며 위대한 마음은 미망의 구름 한 점에 의해서 캄캄해지기 때문입니다.

지혜있는 자는 우선 이 세상의 카르마의 불(업화業火)에서 도망쳐 나와야 합니다.

이 세상은 노여움과 우치愚癡로 가득찼으며 만족할 줄 모르는 욕망이 소용돌이치고 있습니다.

여러분의 마음이 이 업화業火에 붙잡혀 그 불똥이 붙으면 미망과 번뇌의 불길에서 헤어나지 못합니다.

자신에게 거짓말을 할 수 없는 선한 마음善我이야말로 각자의 주인공입니다.

그 주인공이야말로 영원 불멸의 자기자신입니다.

그 자기자신을 상실하지 않기 위해서도 업화業火에서 멀어져야 합니다.

평안과 조화는 진심으로 자신의 기쁨을 남에게도 미칩니다.

자신을 사랑하는 자는 남도 사랑할 수 있기 때문입니다.

먼저 자기 자신을 다스리지 않으면 안 됩니다.

법을 의지하여 자기 자신을 확립해야 합니다.

업화業火에 불이 붙어도 그 불을 끌 수 있을 만큼 자기 자신을 만드는 일이 시급합니다.
 유행에 나가서 법의 씨를 뿌린들 마음의 개간이 소홀하면 흡사 황무지에 씨를 뿌린 것처럼 수확은 보잘 것 없습니다.
 지혜·노력·용기,
 이것이 자기자신을 확립하고 중생을 미망의 늪에서 피안으로 구출할 수 있는 유일한 무기입니다.
 남에게 의지해서는 안 됩니다.
 남의 탓으로 돌려서도 안 됩니다.
 선·악 어느 쪽의 결과가 나오더라도 그 모든 책임은 자신의 사념과 행동에 있습니다.
 결코 남의 탓이 아니라는 사실을 깨달으십시오.
 여러분의 수행의 목적은 자신에게 이기는 것이지 남에게 이기는 것이 아닙니다."

 붓다는 여기서 일단 말을 중단하고 한숨 돌렸다. 그리고 천천히 제자들을 훑어보았다. 신리神理의 씨앗은 제자들의 마음 속에 뿌려졌으며 이미 마음속에서 싹이 트는 제자들도 있었다. 아직 그 설법의 내용을 잘 이해하지 못하고 소화시키기에 애를 쓰는 제자들도 있었다.

 법당은 붓다의 다음 말이 나올 때까지 깊은 정적에 잠겨 있었다. 붓다의 설법이 계속되고 있을 동안에는 그다지 들리지 않던 바깥 빗소리가 설법이 중단되자 기다리기라도 한 듯 소리를 높이며 무성한 대나무 숲을 두들겨 댔다. 법당 밖은 바람까지 동반한 빗줄기가 광란하고 있었다.

하지만 법당 안은 정적 바로 그것이었다.

그 명암의 대조는 밖은 지옥이고 안은 천상계의 정토에 비유할 만한 것이었다. 또한 광란하는 외계에 싸여 있으면서도 웨누와나(죽림정사)의 법당은 파도 하나 일지 않는 해탈의 심경과도 흡사하였다.

마치 붓다를 보는 것 같았으며 사로몬들 가운데에는 이런 마음이야말로 바로 법이라고 깨닫는 자도 있었다.

한참 만에 붓다는 유행에 대해서 말허리를 이었다.

"목갈라나의 보고에 의하면 쉬라바스티의 정사도 이 우기雨期가 지나면 완성될 것 같습니다. 우기雨期가 걷히는 대로 유행을 하면서 쉬라바스티로 떠납시다. 나이 많은 우루벨라 캇사파 형제와 그의 제자 수십 명은 이 웨누와나(죽림정사)에 남아서 수행에 정진하도록 하십시오."

"예 잘 알았습니다. 저희 형제는 늙었기 때문에 쉬라바스티까지 수행할 수 없을 것 같습니다. 자비에 넘치는 분부대로 선정삼매를 계속하여 심성을 닦아 가겠습니다."

세 사람의 캇사파는 자신들도 좀더 젊었더라면 일행에 끼일 수 있었는데 하는 아쉬움에 잠겼다. 장로격인 우루벨라 캇사파가 앞으로 나왔다.

"붓다, 정사는 저희들이 남아서 잘 지키겠습니다."

하고 최상의 삼배의 예를 올렸다.

"수십 명의 잔류 조는 그대가 결정함이 좋으리라."

"예 알았습니다. 가장 최근에 입문한 수행자들 가운데에서 선별하도록 하겠습니다."

캇사파 형제는 가야다나의 대선인大仙人이었다. 아그니 앞에 불을 피우고 큰 재를 올리는 배화교***의 교조들이었는데 이젠 그런 티는 눈곱만큼도 없었다. 소문으로 들어 알고는 있었지만 이 형제들이 배화교의 교조였으리라는 짐작은 불가능할 만큼 그들은 조화와 평안을 익숙하게 누리고 있었다.

"그럼 캇사파의 지명을 받은 수행자를 제외한 나머지는 전원 코살라 국 유행에 동참하도록 한다. 이 우기雨期 동안에 마음을 바르게 하여 장기 여행에 대비한 체력을 기르도록 하여라.
피팔리야나, 사리뿟다, 아사지, 밧데야, 야사, 바드리가, 코스타니야, 이 분들은 내방으로 모이게."

붓다는 간부들을 모아놓고 유행의 조를 짰다. 각 조의 조장을 임명하고 수행의 방법을 간부들에게 상세하게 지시하였다. 제자들은 누구나 새로 맞게 될 쉬라바스티의 정사를 머리 속에 그리고 있었다.

엄격한 국경출입 통제도 사로몬에게는 어느 나라고 관대했다. 그래서 우기雨期가 걷히면 언제라도 떠날 수 있었다. 회의는 세밀한 부분까지 언급되었다.

10여 일이 눈깜박할 사이에 지나갔다. 줄기차게 퍼붓던 장대비는 어느 새 가랑비로 그 세력이 완연히 꺾였고 그 틈을 기다리기라도 한 듯 쉬라바스티에서 사자가 왔다. 선정 삼매에 잠긴 붓다의 방으로 사리뿟다가 그 사자를 데리고 왔다. 사자는 아난다핀데카가 보낸 사람이었다.

"저는 아나타핀데카의 하인 우라야입니다. 쉬라바스티의 정사가 완공되어 붓다의 왕림을 기다리고 있습니다. 코살라국의 파세나디 임금님도 붓다를 기다리고 계십니다. 왕림의 일정을 잡아주시기 바랍니다."

"우라야, 원로에 수고가 많았습니다. 출발은 두 달쯤 뒤가 될 것입니다. 설법을 하면서 가기 때문에 당도할 날짜를 잡을 수가 없으니 후일에 다시 정해서 연락하기로 하겠습니다."

"예, 잘 알았습니다.
그럼 정사의 배치도를 설명해 드리겠습니다."

하고 그는 붓다 앞에 비단 천에 그린 정사의 배치도를 폈다.

"동문은 터를 내놓으셨던 제타 왕자님께서 직접 보시 제작하신 훌륭한 문입니다. 붓다를 맞아들이기에 잘 어울리는 문이라고 다들 좋아하고 있습니다. 동서남북에 수행자들의 숙박소가 있고 붓다의 거실은 동남에 자리잡고 있습니다. 중앙에는 설법장으로 쓰일 큰 강당이 위치하고 동쪽에 창고가 있습니다."

붓다는 배치도를 훑어보면서,

"음 아주 훌륭합니다."

하고 고개를 끄덕였다. 붓다의 마음은 벌써 쉬라바스티의 서울로 달려가고 있었다.

"그런데 붓다, 이 정사의 이름을 무엇이라고 붙여야 좋겠습니까. 아난다 핀데카님의 부탁이옵니다."

"그렇군요, 고을 이름이 좋을까? 아니면…"

붓다는 당장에는 좋은 이름이 떠오르지 않아 잠시 생각에 잠겼다.

"이건 어떨지. 제타 왕자님의 이름을 따서 제타와나라고 부르는 것이…"

"아핫, 그것 참 좋겠습니다."

이래서 정사 이름은 간단하게 결정되었다. 붓다는 옆에 앉아 있는 사리뿟다의 얼굴을 살펴보았다. 사리뿟다도 그 이름이 마음에 들어 빙긋이 미소를 머금고 있었다.

"우라야, 원로에 피곤할 터입니다.
오늘은 여기서 묵고 평안하게 휴식을 취하도록 하세요.
그쪽 생활과는 달라서 마음에 들지 않는 점도 있을 테지만 푹 쉬는 데는 지장이 없을 것입니다."

"붓다, 감사합니다.
실은 제 누이가 라자그리하에서 살고 있습니다. 붓다께 폐를 끼치게 되면 큰일이다 싶어서 누이 집에서 묵도록 미리 예정해 놓았습니다."

"수닷타(아나타핀데카)[1]는 그대에게 그런 말은 하지 않았을 터인데. 사양하지 마세요. 라자그리하의 누이 집엔 내일 가도록 하세요."

"예, 주인님께서도 붓다께 심부름을 간 이상 붓다의 법을 한 가지라도 더 듣고 마음의 양식으로 삼으라고 말씀하시긴 하셨습니다만…."

"그랬을 테지요. 그럼에도 사양하겠다고 한다면 이곳 소밥이 입에 맞지 않아서일까…"

---

1) 수닷타는 본명이며, 아나타핀다카는 별명으로, 보호받지 못하는 사람(아 나타)에게 자선(핀다)을 베푸는 사람이라는 의미이다.

붓다는 머뭇거리는 우라야의 얼굴을 들여다보면서 입을 벌려 껄껄 웃었다.

"아, 아닙니다. 입에 안 맞다니요.
붓다께 심부름 온 것만으로도 배가 부르고 행복합니다."

우라야는 붓다는 엄숙한 분이라고 예상하고 있었다. 그런데 막상 만나뵈니 자상하고 인정 많으신 농담도 건네와서 당혹감을 감출 수 없었다.

"사리뿟다,
제자들에게 우라야를 숙소까지 안내하도록 하려무나."

"예, 잘 알았습니다."

사리뿟다는 우라야를 데리고 붓다의 방을 나왔다. 먼저 우라야에게 야채 죽을 대접했다. '맛이 좋다'면서 그는 몇 그릇을 비웠다. 정사 내를 안내하면서 사리뿟다는 붓다의 법을 쉬운 말로 자상하게 설명해 주었다. 우라야는 잠자는 것도 잊고 사리뿟다의 이야기에 매달렸다.

우라야는 이튿날 붓다의 설법을 들었다. 그 이튿날도 들었다. 결국 우라야는 사흘 동안이나 정사에서 묵고 지냈다. 이 사흘 동안에 자신이 살아온 잘잘못을 깨닫게 되고 반성의 기회를 잡을 수 있게 되었다. 그는 붓다에게 깊이 감사의 삼배를 올리고 사흘 후에야 웨누와나(죽림정사)를 떠났다.

§쉬라바스티로 떠남

사리뿟다, 피팔리야나 등을 조장으로 한 36개의 조가 짜여 쉬라바스티로 떠나는 여행 일정이 잡혔다.

도중 숙박은 숲속의 야영이다. 지금처럼 여인숙이나 민박같은 것은 처음부터 기대할 수 없는 노릇이었다. 편성된 조가 많았으므로 일정에 따라서는 도중에서 서로 유행 장소가 겹치는 경우가 있을 수 있다. 그 점 면밀한 계획을 세워 서로 중복되지 않도록 조별 행동을 취하게 하였다.

붓다 승단의 회원들은 유행을 떠날 때 식량이나 숙박에 대해서는 걱정할 필요가 없었으므로 그 점에 대해서는 매우 홀가분하였다. 걸식이 정해진 생활이었으므로 식량은 휴대할 필요가 없었다. 가는 곳마다 그곳 풍토에 맞는 음식이 보시되었으므로 영양면에 있어서도 한쪽으로 치우쳐지거나 실조되는 일이 없었다.

당시의 인도 사회에서 승려들은 어느 의미에서는 천국에 가까운 특대를 받았다 해도 과언이 아니다. 이런 사회제도에서 바라문 출신자는 성직자로 환영을 받았으며 종파는 난립하였지만 전통과 인습으로 보호를 받아 바라문교의 세력은 당시의 인도를 압도하고 있었다.

바라문의 가정에서는 이미 말한 바도 있지만 어릴 때부터 성직자의 교육을 받았다. 어릴 때는 사미라고 불렸으며 열 두어 살이 되면 베다나 성전聖典을 장로들로부터 배우면서 집단생활을 체험하였다. 이 생활이 끝나면 가정생활이 시작되어 아이를 낳아 기르고 40대에 이르면 산속으로 들어가 사마나의 수행기를 맞이

한다. 이 수행기에 혹자는 요가의 육체고행에 전념하기도 하고 배화교拜火敎의 아그니(불의신火神)에 종사하여 온갖 수행에 힘을 쏟기도 한다. 마을 제사가 있을 때에는 산에서 내려와서 전통적인 의식을 주관하였고 경우에 따라서는 가정으로 돌아오는 자도 있었다. 또한 사마나의 시기에 부부가 함께 수행에 정진하는 자도 있었다. 이 시기는 부부라기보다는 한 인간으로서의 수행기에 해당하였으므로 원칙적으로 부부생활은 일절 접촉이 금지되었다. 사마나의 단계에서는 걸식 유행은 금지되어 있었다. 따라서 어느 한 집단에 입회하여 수행을 하든지 아니면 집에서 음식을 운반하여 수행하지 않으면 안 되는 매우 까다로운 조건이 붙기도 하는 것이 이 시기의 특색이기도 하였다.

사로몬은 바라문 계급의 최종 단계의 수행기에 해당하며 연령적으로는 60대 이상으로서 바야흐로 본격적인 유행이 된다. 걸식하는 일에서부터 신변의 잡다한 일에 이르기까지 모두 혼자서 처리해야 하며 사회생활과 단절된 수행의 최종기이다. 하지만 붓다 시절에는 누구나 다 일률적으로 그렇게 한 것은 아니었고 마을 장로로 남아 제사를 주제하는 이도 있었고 왕궁을 출입하면서 성전을 가르치는 교육자 노릇을 하는 사람도 있었다. 이러한 장로의 교육을 받음으로써 지식이 풍부해지고 앉아서 인생경험의 폭을 넓혀갈 수 있는 유익한 면도 많았다.

사로몬들이 문간에 서기만 하면 중생은 서슴없이 보시하였다. 조석으로 음식공양을 드리는 것은 신에 대한 큰 공덕으로 여겼으며 그런 보시를 통해서 영생의 안락을 보장받을 수 있다고 교육받아 왔기 때문이다.

바라문의 전통은 오래이며 서방에서 전래되어 왔는데 그 수행의 목적은 아바로키티슈바라(관자재력)였다. 위대한 영적 능력을 지니고 중생을 인도하는 것이 그 목적이었다.

당시는 오늘날과 같은 과학문명은 발달하지 못했고 자연의 어려운 조건을 극복해야 하는 생활이었기 때문에 자연과의 깊은 이해와 교류를 통해야만 비로소 그 어려운 조건에서 해방될 수 있었다. 그래서 신에 빌고 신의 힘에 매달리거나 나아가 신 그 자체가 되어 힘든 자연적 환경을 극복하는 일에 오로지 마음이 집중되었다 해도 과언이 아니다.

하지만 이미 말한 바와 같이 지식만의 깨달음으로써는 아바로키티슈바라(관자재보살)의 경지에 도달하는 것은 불가능하다. 그래서 아그니, 야크샤, 마고라, 킨나라, 나가 등을 믿고 함부로 영력靈力만을 좇는 사도邪道에 빠지는 자가 많았다.

붓다는 함부로 영력만을 추구하는 지도법은 취하지 않았다.

마음의 안정은 아바로키티슈바라(관자재보살)에 이르러 비로소 그 목적이 달성되지만 그렇게 되기까지에는 긴 시간과 수행의 도정을 거치지 않으면 안 된다.

더욱이 수행이라는 것은 끝없이 계속되는 것으로, 이것으로 됐다 하는 졸업이 없기 때문에 팔정도八正道의 실천을 일상생활에 특히 강조했다.

팔정도八正道라는 법에 비춘 생활을 하는 길만이 마음을 안정시키고 조화를 잃지 않는 기초가 된다고 지도했던 것이다.

육체는 영혼이 타고 가는 배임엔 틀림없지만 이것을 소홀히 해서는 인간생활을 기약할 수 없다.

색심色心은 불이不二라고 하는 중도中道의 목적은 마음과 육체의 조화에 있으므로 생활을 떠난 마음 따위는 있을 수 없다.

어려운 자연적 조건을 극복하는 길은 그 조건을 혁파해 가는 것이다. 인간의 노력과 지혜로써 정비해 가는 길이다.

하지만 당시에는 그런 자연의 조건은 바로 신의 조건으로 순일하게 받아들여졌으므로 그 조건을 극복하는 길은 육체를 떠나지 않고서는 불가능한 것이라고 여겼다. 즉, 자연적 조건의 극복은 영적 능력의 개발에 직결되어 있었다. 그런 고로 인간의 마음은 그 과정의 중요한 수행을 태만히 하게 되고 생활을 무시하게 되었으며 함부로 영능만을 좇게 되었던 것이다. 마魔의 밥이 되어 폐인이 된 인간이 허다하게 목격될 수 있었던 것도 이 때문이었다.

한편 지식에 빠져 민중의 머리 위에 군림한 바라문 계급의 설득력이 실추된 것도 계급 의식과 권위에 안주하여 마음을 상실한 데 그 원인이 있었다.

지식에 기울어지는 것도, 또한 영적 능력에 치우치는 것도 중도中道가 아니다.

중도中道란 한쪽으로 치우치지 않는 몸과 마음이 일치된(색심불이) 생활이며 그것은 현실적인 노력과 풍부한 마음의 합작품으로 이루어지는 것이다.

계급제도는 당시의 인도를 지배하고 있었다. 바라문은 수드라나 베이샤의 머리 위에 양반다리를 하고 앉았으며 그들을 무언의 압력으로써 지배하고 있었다. 붓다는 이런 현실에 눈을 뜨고 계급제도를 신랄하게 비판하였다.

수드라의 생활은 가축보다도 더 비참했다. 가축은 축사라는 집이 있지만 수드라는 노숙의 생활을 강요당하고 있었다. 생활은 농가의 일돕기, 베짜기, 온갖 허드렛일을 전담하지 않으면 안 되었다. 그들의 생활은 말馬이나 소牛보다도 더 가혹한 것이었다. 그들만의 자유로운 시간도 없었다. 늘 감시를 받고 지내야 했으며 눈치를 보고 무슨 일이든지 해치우지 않으면 안 되었다.

한편 전쟁은 그칠 날이 없었다. 싸움에 패배한 크샤트리아는 산속으로 숨어들어 수행자로 변신하거나 산적으로 전락하였다. 싸움에 패배하면 그 일가 친족은 몰살당하게 되어 있어서 살아남을 수가 없었다.

붓다를 비롯하여 붓다 승단의 수행자들의 생활은 사로몬이라고 하는 바라문의 최종단계의 수행을 의미하였으며 걸식과 전도 유행傳道遊行이 기본이었다. 승단의 수행자들은 대체로 젊었으며 20대, 30대가 대부분이었다. 늙은 축으로는 우루벨라 캇사파 형제 등 겨우 열손가락으로 헤아릴 수 있을 정도에 지나지 않았다.

바라문의 사로몬이라고 하면 이미 말한 바와 같이 60대 이상의 고령자이게 마련이었으며 그들의 걸식과 유행에 대해서 시민들은 전통적으로 협력을 아끼지 않고 있었다. 즉 사로몬이 문간에 서기만 하면 농가든 상가商家든 아낌없이 보시하였다.

하지만 붓다 승단의 수행자들은 총체적으로 젊었고 바라문들에 비하면 아직 수행 도상에 지나지 않는 사마나 정도의 존재였다. 붓다 자신도 연령적으로 보면 아직 사마나였다. 이 때문에 바라문이 많은 지방에서는 걸식을 구해도 응답해 주지 않는 경우가 많았다. 사마나의 수행은 앞서도 말한 바와 같이 자기 부담이었으며 이 단계에서는 걸식은 드문 일이었다.

물론 승려에 대한 공경심은 돈독하였으므로 공양을 구하면 대개는 응대해 주었다. 하지만 노령의 사로몬을 대하듯이 무조건 환영하는 태도는 기대할 수 없는 노릇이었다.

보시의 사상은 현실과 미래에 걸치는 평안한 생활에 대한 감사요 보은이었다.

평안의 생활은 신의 사자인 바라문의 제사에 공양함으로써 약속받을 수 있는 것이라고 여기고 있었다. 그것도 연령적으로 신에 가까운 사로몬에게 바치는 보시의 공덕이 가장 크고 신성한 것이라고 여겼다. 이런 연유에서 젊은 승려가 대부분인 붓다 승단의 걸식에 대해서는, 경우에 따라서는 거절하는 사람도 있어서 수행생활은 결코 평탄한 것이 못 되었다.

물론 붓다의 불광佛光이 전파된 고을에서는 젊은 수행승이 문간에 서면 붓다의 제자로시 환대를 받기도 하였지만 생소한 지방에서는 농가고 상가고 푸대접을 받기 일쑤였으므로 산속에 들어가서 과실로 허기를 면할 경우가 많았다.

쉬라바스티까지 가는 여정은 걸식과 포교의 연속이었다. 유행 일정은 50일, 36개조의 그룹은 저마다의 코스를 밟아가면서 쉬라바스티로 등정하지만 조에 따라서는 이상과 같은 적지않은 신산한 역경을 감수하지 않으면 안 되었다.

 붓다는 사리뿟다의 조와 함께 날란다 방향으로 길을 잡았다. 이 그룹에는 바바리의 제자였던 마이트레야와 포사라 도테야가 끼어 있었다. 사리뿟다의 지휘 하에 행동하고 있었으며 도중 날란다에서 가두 설법이 계획되어 있었다. 마이트레야, 포사라, 도테야 등은 종을 치면서 마을 사람들을 불러모으는 역할을 담당하였다. 날란다는 사리뿟다와 목갈라나의 출신지이기도 하였으므로 사리뿟다와 그의 제자들은 저마다 부모, 형제, 친구, 지인들을 찾아 다니면서 붓다의 설법이 있다는 것을 알렸다.

 비가 갠 날란다의 숲은 신록이 눈부셨다. 붓다는 제자들과 함께 휴식을 취하고 있었다. 붓다는 옆에 앉아 있는 사리뿟다에게,

 "내일 저녁부터 마을 광장에서 설법한다. 내일 아침은 첫 닭이 울 때부터 걸식을 하고 모두들 마을 사람들에게 설법이 있다는 것을 광고하고 안내하기 바란다.
 마이트레야와 포사라는 설법 장소에서 종을 치고 설법의 시작을 마을 사람들에게 알려주기 바란다."

하고 가까이 있는 마이트레야에게 눈빛으로 다짐을 주었다.

 그녀는 붓다를 똑바로 쳐다보면서 대답하였다.

 "예, 알겠습니다. 바바리님의 설법이 있을 때에도 저희들은 마을 사람들을 모으기 위해서 종과 북을 쳤습니다. 열심히 해보겠습니다."

두 비구니는 겨우 스무 살밖에 되지 않은 앳된 처녀였지만 그 언동은 매우 침착하고 똑똑하였다. 바라문 가문에서 성장한 풍습과 법도가 몸에 배어 그러하리라.

붓다는 이튿날 아침 그 누구보다도 일찍 일어났다. 숲에서 빠져나와 마을로 들어갔다. 이른 새벽이라 사방은 아직도 컴컴하였으며 하늘엔 별들이 반짝이고 있었다. 논밭의 한쪽 구석에 옹기종기 모여 앉은 농가에서 하얀 연기가 여릿여릿 피어오르고 있었다. 붓다가 한 농가 앞을 지나가니 그 집의 주부가 죽이 든 오지그릇을 들고 나왔다. 아마 붓다가 집앞을 지나가기를 미리 알고 기다리고 있은 듯했다.

"바라문님, 바라문님, 저희 집의 보시를 받아주십시오.
제발 이 죽 공양을 그 바리때에 담게 해주십시오."

하고 오지그릇을 받들고 붓다 가까이 다가갔다.

붓다는 멈추어 서서,

"이거, 원, 고맙습니다. 참으로 고맙게 먹겠습니다."

하고 왼손에 들었던 바리때를 내밀었다.

주부는 붓다의 바리때를 받아서 오지 그릇의 죽을 옮겨 부었다. 죽에서는 김이 났다. 모락모락 피어오르는 죽 냄새가 식욕을 불러일으켰다. 붓다는 가만히 주부의 거동을 지켜보았다.

바리때에 담긴 죽은 그 옛날 왕성에서는 한 번도 입에 대본 적이 없는 쌀과 야채와 소금의 조잡한 것이었다.

하지만 농부들의 먹을 거리는 이러한 죽이나 밥, 피, 산과 들에서 나는 야생초 등이었다. 쌀이 섞인 죽을 먹을 수 있는 농가는 그래도 나은 편이었다. 형편이 궁한 경우에는 쌀 한 톨 구경할 수 없었다.

먹을 거리에 대해서는 붓다는 최저의 수준을 넘지 않았고 하물며 육류는 수행중의 6년 동안 입에 대지 않았다. 그래서 아무리 거친 죽이 나와도 즐겁게 식사할 수 있었다.

주부는 죽을 옮겨 담은 바리때를 붓다에게 넘겨주었다. 그녀는 한쪽 무릎을 땅에 꿇고 붓다를 쳐다보았다. 붓다의 얼굴은 아직 젊었다. 그녀는 사로몬인 줄 알고 보시하였는데 찔끔 놀랄 정도로 아직 젊디젊은 수행자였다. 틀림없는 최종단계의 바라문 고승으로 여겼을 만큼 거동은 침착하였고 대지에 거목이 한 그루 서 있는 듯 싶었다.

그녀는 반신반의하면서 쳐다보고 있었는데 갑자기 붓다의 얼굴이 빛에 싸이는 것을 알았다. 빛에 싸이는 순간 그녀는 땅바닥에 얼굴을 묻고 말았다.

"슈바라, 슈바라, 슈바라아님….”

하고 더듬거리며 입술을 떨었다.

"여인이여, 마음의 보시 흔쾌히 받아들이겠습니다. 진심의 보시는 또한 그대에게 행복이 되어 돌아갈 것입니다.

남편을 잘 받들고 자녀를 훌륭하게 키우며 행복한 인생을
걷기 바랍니다."

붓다는 합장하고 있는 부인에게 따뜻한 말을 던지고 마음으로
감사하였다.

"슈바라님, 고맙습니다. 무엇인가 몸에서 무거운 것이 쑥
빠져나간 듯합니다. 참으로 고맙습니다."

붓다는 발걸음을 돌렸다. 부인은 붓다의 모습이 보이지 않을
때까지 그 자리에 서서 합장하였다.

붓다가 사리뿟다의 생가를 떠나 숲속으로 돌아왔을 무렵에는
이미 날은 다 새었고 주위는 밝았다.

붓다는 사리뿟다에게 죽을 나누어 주면서 방금 일어났던 일에
대해서 자상하게 이야기해 주었다. 그리고 진실한 보시의 소중함
을 일깨워주었다.

"사리뿟다여, 바라문의 관습 가운데 음식을 공양하는 마
음은 좋은 전통이야.
 하지만 보시하는 경우에도 진실한 자비심으로 보시하는
사람, 습관에 젖어 당연한 의무처럼 보시하는 사람, 내키
지 않는 마음을 숨기며 보시하는 사람 등 여러 가지이네.
 진심으로 하는 보시는 주변을 밝게 하고 인간의 마음을
결속시키는 존귀함이 있네.
 습관적으로 하는 보시는 보시의 많고 적음이 불평을 낳고

욕망과 집착을 불러일으키며, 내키지 않는 보시는 마음에
독을 만들어 싸움의 씨앗이 될 수도 있네.
　도를 닦는 그대들은 진실한 것 이외에는 빛이 없다는 것
을 알 필요가 있네."

　"붓다, 고맙습니다. 진실한 붓다의 가르침을 스스로 실천
하여 제자들과 중생에게 전달하겠습니다."

　사리뿟다는 붓다로부터 나누어 받은 죽을 먹으면서 보시에도 여러 가지가 있다는 것을 새삼 짚어볼 수 있었다.

　숲은 아침 햇살의 목욕을 하면서 갑자기 활기에 넘쳤다. 우거진 가지 사이를 뚫고 햇살이 대지를 비쳤다. 새들은 목청을 돋구었고 잡초들이 조그만 꽃들을 피워내고 있었다.

　"붓다, 저희들은 오늘 밤의 법회를 위해서 마을을 돌고
오겠습니다."

　사리뿟다는 죽을 다 먹고 나자 젊은 사로몬 몇 사람만 남겨 놓고 숲속을 빠져나갔다. 붓다는 미소 지으며 사리뿟다의 뒷모습을 바라보았다.

　날란다에는 사리뿟다의 스승이었던 아산자 선인의 수행장이 있었다. 사리뿟다는 한때 거기서 수행하면서 지식을 쌓았다. 그 수행장은 스승, 제자할 것 없이 논쟁을 즐기는 자가 많아 부자연스러운 이치를 둘러대는 경우가 많았다. 그는 그 수행이 마음에 차지 않아 목갈라나와 함께 붓다를 찾아 헤맸던 것이다.

마을을 돌면 당연히 아산자 선인의 수행장 사로몬들과 마주치게 되리라. 논쟁을 걸어와도 지금의 사리뿟다는 그들에게 결코 꿀리지 않겠지만, 무엇보다 그런 쓸데없는 논쟁에 쉽사리 휘말릴 리가 없으리라고 붓다는 믿고 있었다.

붓다는 눈을 감고 자신의 사념과 행위에 대해서 조그마한 잘못이라도 없는가 반성하기 시작하였다.

오만한 마음은 없는가, 설법 내용 가운데 잘못은 없는가, 제자들을 대하는 태도는 올바른가, 생활이 타성에 빠져 있지는 않은가, 구석 구석 치밀하게 마음 속의 먼지와 티끌을 찾아보는 것이었다.

쉬라바스티로 향하는 조급한 마음도 없었고 대자연 속에 동화된, 아무 걸림이 없는 평화와 정일의 마음이 거기 있을 뿐이었다.

붓다는 선정삼매에 들어갔다.

숲에 남아 있던 몇 사람의 사로몬들도 붓다를 중심으로 멀찌감치 둘러앉아 저마다 명상에 잠겨 명경지수 같은 마음의 고요를 구하고 있었다.

§붓다의 가두 설법

날란다 시가는 변화하였다. 붓다의 제자들은 사방으로 흩어져서 저마다 종과 북을 치면서 시내를 돌았다. 행인들과 바라문의 승려들도 종소리·북소리에 귀가 붙들려 걸음을 멈추고 궁금한 눈길을 보냈다. 붓다의 제자들은 그들에게 '오늘밤 붓다의 설법이 있으니 이 귀중한 기회를 놓치지 말고 들으시오'하고 외쳤다. 설법 시간이 가까워지자 광장에는 여기저기서 온갖 계층의 사람들이 몰려왔다.

붓다가 설법하기에 앞서 날란다 출신의 사리뿟다가 나서서 붓다의 가르침의 내용과 자신이 붓다에 귀의하게 된 동기며 경위에 대해서 설명했다. 청중은 붓다가 카필라 출신이며 슈바라가 되어 중생에게 도를 설법하고 있다는 소문을 익히 들어 알고 있었으므로 붓다에 대한 호기심은 유달리 컸다. '도대체 붓다는 어떻게 생겼으며 무슨 말을 할까' 바라문 출신 승려들도 큰 호기심을 안고 모여들었다. 청중 가운데에는 바라문의 높은 콧대를 앞세워 만일 붓다가 이치에 닿지 않는 말을 할 경우에는 한번 골탕을 먹이리라 벼르고 있는 자들도 끼어 있었다. 사리뿟다의 소개가 끝나자 마침내 붓다의 설법이 시작되었다.

"중생들이여, 길을 걷는 나그네를 보십시오.
나그네는 선배들이 닦아놓은 길을 밟고 목적지에 갑니다. 만일 선배들이 닦아놓은 길이 없다면 초목이 울창한 산야를 헤치고 전진하기엔 그 고초가 이만저만이 아닐 것입니다. 하지만 선배들의 지혜로 길은 뚫렸으며 밤중에도 횃

불을 밝혀 목적지에 도달할 수 있게 되었습니다.
 인생항로의 길도 이와 마찬가지로 선배들의 가르침이 지혜의 등불이 되어 고난을 피할 수도 있고 보다 밝고 풍요로운 일생을 보낼 수 있게 되었습니다.
 하지만 그런 길이 있음에도 불구하고 중생은 캄캄한 밤길을 헤매는 것처럼 번뇌에 시달려 괴로워하며 삽니다.
 어째서 평안한 인생의 길을 택하지 않는 것일까요.
 중생은 번뇌에 사로잡혀 욕망이 포로가 되고 말았기 때문입니다.
 더욱이 선인들의 가르침이 후세에 온전하게 전달되지 못했을 뿐더러 후세의 사람들이 그 가르침을 왜곡시켜 버렸기 때문에 광명은 없어지고 길도 잃게 되었습니다.
 지知와 의意라는 것은 원래 욕망에 의해서 작용하는 것이므로, 마음이 부재하면 어느 방향으로든 빗나가게 됩니다.
 동물 중에도 발달된 놈으로 원숭이가 있습니다. 원숭이는 잔재주가 있으므로 이것을 역으로 이용하면 원숭이를 쉽게 생포할 수 있습니다. 주둥이가 작은 항아리를 나무 밑둥에 끈으로 단단히 매어두고 그 속에 과일을 담아 놓으면 원숭이가 항아리 속을 들여다보고 과일을 탐냅니다. 마침내 항아리 속에 손을 집어넣어 과일을 움켜쥐고서는 빠져나올 수 없습니다. 과일을 놓으면 쉽게 손을 뺄 수 있는데도 원숭이는 욕심 때문에 그렇게 하지 못합니다.
 이렇게 욕망에 눈이 어두워진 원숭이는 결국 인간에게 잡히고 맙니다.

인간의 괴로움도 이와 마찬가지로 욕심을 버리면 일신의 파멸을 모면할 수 있습니다.
　산야에는 과일이 얼마든지 있습니다.
　그럼에도 불구하고 조그마한 간지가 작용하여 욕망에 사로잡히므로 이러한 비극을 자초합니다.
　지혜있는 자는 물질에 사로잡히는 어리석음을 깨닫고 자신의 주인공인 마음의 목소리에 귀를 기울이면서 올바르게 살아갑니다.
　중생들이여, 육체의 오관五官에 걸리는 일체의 사물은 무상無常한 것임을 명심하고 선아善我인 마음의 법도에 따라 생활해야 하며 남을 위해서 봉사해야 합니다.
　그런 올바른 마음이 행동으로 옮겨졌을 때 인간은 누구나 깨닫게 되며 조화로 충만한 평등의 사회가 구축됩니다.
　대자연은 우리들 누구에게나 삶의 조건을 차별없이 평등하게 부여해 주고 있습니다.
　평등하지 못한 것은 인간의 마음이 욕망에 사로잡혀 높은 담장을 쌓고 온갖 계급을 만들어버렸기 때문입니다…"

　붓다의 설법에는 늘 방편이 쓰이고 있다. 당시의 인도 사람들은 글자를 모르는 문맹자가 많았으므로 여러 가지 비근한 예를 들어가면서 신리神理를 해설했다.
　모인 청중은 붓다의 열성어린 설법에 감동되어 누구 하나 도중에 자리를 뜨는 자가 없었다. 붓다의 제자들도 청중 속에 섞여 붓다의 설법을 한 마디라도 놓칠세라 열심히 새겨듣고 있었다.

이윽고 붓다의 설법이 끝나고 질문 시간이 되었다. 그러자 바라문 수행자 하나가 흥분한 어조로 대들었다.

"고타마여, 당신의 제자들은 모두 슈바라니 붓다니 하면서 고타마를 존경하고 있지만 그런 칭호는 세인을 미혹시킨다. 어느 나라에 가든지 '나야말로 진짜 슈바라다, 붓다다'하고 뽐내는 자칭 붓다가 너무나 많기 때문이다. 나는 바라문 출신의 사로몬이지만, 성직자도 아닌 무사 계급 출신의 고타마가 슈바라나 붓다를 사칭하는 것은 신에 대한 모독이라고 생각한다. 고타마 당신의 입으로 직접 여기에 대한 해답을 듣고 싶다. 어떤가?"

바라문 수행자는 성난 얼굴로 붓다를 쏘아 보았다. 붓다는 그의 말을 가볍게 받아넘기듯 웃으면서 대꾸했다.

"바라문 출신의 사로몬이여, 하늘의 태양은 당신을 위해서만 있는 것인가? 크샤트리아, 베이샤, 수드라에게도 태양은 있는 것이리고 생각하는데 내 말이 틀렸나?"

"…"

"그리고 태양의 크기와 빛의 양도 인간의 신분의 차이에 따라 각기 다른 것인가?"

"태양은 하나다. 그런 말은 하지 않아도 다 알고 있는 일이 아닌가."

"하지만 당신이 주장하는 것은 흡사 바라문 계급에만 태양이 있고 나머지 사람에겐 태양이 없다는 소리처럼 들리지 않는가?
　대자연은 누구에게나 평등하다.
　인간은 출생이나 계급에 따라 성자가 되는 것은 아니다. 요컨대 얼마나 정도를 좇고 중생을 고뇌에서 구제해 주는가에 의해서 성자가 되는 것이 아닌가?
　소문으로 들은 이야기를 그대로 받아들이면 틀린 견해와 판단을 내리기 쉽다. 우선 직접 눈으로 확인하고 판단해야 한다. 그렇지 않으면 남의 이야기를 듣고 질투심을 불러일으켜 자기 자신을 어두운 굴속으로 끌어들이고 만다.
　저 나뭇가지에 매달린 망고의 열매를 보시오. 저 망고의 맛을 당신은 먹어보지도 않고 알 수 있는가?"

붓다가 가리키는 망고 나무를 쳐다본 수행자는 붓다의 물음에 대꾸할 말을 찾지 못하고 입을 다물 수밖에 없었다.

"어때, 저 망고의 맛을 여기서 쳐다봄으로써 당신은 알 수 있겠는가?"

붓다가 재차 수행자를 다그쳤다.

"으음, 저 모양새를 보니 좀 더 시일이 지나야 맛이 들 것 같다. 그런데 그게 어쨌다는 건가"

"따서 직접 먹어보면 맛은 분명해질 것 아닌가?"

"그야 당연한 이야기지.
따서 먹어보면 누구든지 맛을 알 수 있지."

"사로몬, 내가 하고 싶은 말은 내가 설법하는 법을 실천하라는 뜻입니다. 그러면 법의 맛을 알게 될 것이 아닌가. 소문이나 논리로써 이러쿵 저러쿵 말하기 이전에 우선 실천해 보란 말입니다. 그러면 망고의 맛이 단지 신지 알게 될 것이 아닌가. 법을 실천해 보고 그런 연후에 이것은 가짜다, 이것은 진짜다, 하고 알 수 있게 되는 것입니다.
 지식으로 습득한 학문을 생활에 실천하여 체험함으로써 지혜로 승화시키는 것이 슈바라에 이르는 길이 아닌가…."

바라문 수행자는 벙어리가 되고 말았다. 무지한 자신을 깨닫고 붓다의 말에 고개를 숙였다. 그는 그 길로 붓다 승단에 귀의하고 말았다. 이번 가두 법회로 많은 바라문 수행자들이 귀의하였다. 또한 여러 계층의 사람들이 붓다이 설법에 눈을 뜨고 생활 속에 정법을 살려나가겠다는 결심을 다지게 되었다.

붓다의 일행은 이와 같이 많은 중생에게 법을 설하면서 파타리가마를 지나 밧지국의 바이샬리 마을에 당도했다. 웨누와나(죽림정사)를 떠난 지 벌써 보름이나 지났다.

하지만 사는데 정착지가 없고 처해있는 그 곳이 바로 수행장이라는 것을 깨닫고 있는 붓다로서는 결코 긴 여행이라고 할 수 없었다.

제자들 가운데에는 웨누와나(죽림정사)야말로 자신의 수행장이라고 여기고 '이번에 웨누와나(죽림정사)에 돌아가면 지금까지 저지른 여러 가지 사념과 행위의 잘못을 철저하게 반성 수정하리라'하고 웨누와나(죽림정사)에 대한 향수에 젖는 자도 있었다.

붓다는 말했다.

"사로몬들이여, 그대들의 수행장은 웨누와나(죽림정사)에만 있는 것이 아니다. 만일 그렇게 생각한다면 이미 웨누와나(죽림정사)에 집착하고 있는 것이 된다.
그대들이 가는 곳마다 그대들의 수행장이라고 명심하지 않으면 안 된다. 지금 있는 바이샬리도 그대들에게 '지금'이라는 귀중한 시간을 안겨준 훌륭한 수행장이다.
'지금'이라는 시간에 자신을 바로잡아라.
'지금'이라는 시간에 자신을 바로잡지 않으면 앞으로 갈수록 더욱 큰 짐이 되어 항상 고뇌와 동거하게 되리라.
장소에 따라 그대들의 마음이 흔들리고 변한다고 한다면 이윽고 하루 해는 저물고 한 치 앞을 내다보지 못하는 캄캄한 암흑의 인생이 기다리고 있다는 사실을 알아야 한다.
장소나 시간에 관계 없이 '지금이 최고의 시간'이라는 점을 명심하여라.
내일이 있다는 마음을 버려라.
내일이 있다는 생각이 마음을 해이하게 하고 오늘을 허송하게 한다.
이러한 자들이야말로 어리석고 못난 인생을 보내고 만다.
그대들 모두가 그대들의 짐이다.
그러한 붓다의 마음 안에서 살아야 한다."

"붓다, 감사합니다. 저희들은 잘못 생각하고 있었습니다.
'지금 있는 장소', '지금이라는 시간'을 최고의 수행장으로 삼고 법에 정진하겠습니다."

목갈라나의 제자들은 고개를 숙이고 감복했다. 일행 중에 나체족의 수행자들이 끼어 있었다. 그 가운데 하나가 붓다에게 질문했다.

"고타마, 당신의 이론은 다른 수행자로부터 듣고 이미 알고 있었으나 직접 설법을 들은 것은 이번이 처음이다.
우리의 스승은 일체의 살생을 금하고 있는데 그 살생에 대해서 고타마는 어떻게 생각하고 있는지 가르쳐 보쇼…"

너무나 거만하고 불손한 태도였으므로 사리뿟다의 제자들은,

"리차브[2]족의 수행자여, 당신은 당신의 스승에게 늘 지금과 같은 태도로 대하고 있는가? 붓다는 우리들의 스승

---

[2] 리차브, 또는 리샤바나타는 자이나교의 초대 티르탕카라(구원자)로, 자이나교의 시초라 할 수 있다. 리차브는 '승리자'를 의미하는 지나(Jina)의 한 예시이며, 그를 따르는 사람들이 자이나교도(Jain)라 한다. 자이나교는 기원전 6세기경의 바르다마나(마하비라)에 의해 창시된 것으로 알려져 있지만, 리차브(Rishabhanatha)가 24명의 티르탕카 중 첫번째 티르탕카라로 자이나교의 기틀을 마련했다.

이다. 정중한 말과 공손한 태도로 질문하는 것이 수행자
의 도리가 아닌가?"

하고 십여 명의 거친 나체족 수행자들에게 주의를 시켰다. 하지만 리차브 족의 수행자들은 그런 충고에는 귀를 기울이지 않고 적의에 찬 눈초리로 붓다의 대답을 재촉하고 있었다. 붓다는 미소를 지으면서 대답했다.

"사리뿟다, 그리고 수행자들이여,
 진실을 바로 익혀 차별 없는 평등한 견해를 확립하고 있는 수행자는 겸허하고 뽐내지 않으며 결코 잘난 체하지 않고 법을 마음의 양식으로 삼고 성장해 가고 있다.
 진실을 바로 익히지 않은 수행자는 자신이 믿고 걸어온 길만이 절대적이라고 생각하여 맹신, 광신, 미신의 생활에 빠져 있다.
 그리고 마음 속에서 일어나는 의문에 대한 해답도 얻지 못하고 조그마한 지식의 테두리에서 벗어나지 못한다.
 그런 바보 같은 수행을 그대들도 경험해 왔지 않은가.
 벨라의 제자들이 벨라를 스승으로 받들고 존경하는 것이나 그대들이 이 나를 스승으로 존경하고 있는 것이나 거기에는 하등의 다름이 없다.
 올바른 법을 이해하고 그 지식을 가지고 생활했을 때 진실의 지혜가 마음 안에서 우러난다.
 그리하여 보다 가치있는 진실한 법을 알게 된다.
 망고의 맛도 직접 먹어봄으로써 비로소 알게 되리라.

설익은 망고를 먹으면 쓴 맛이 입을 혼미하게 하여 진짜 맛을 알지 못하게 된다.

때를 기다려 잘 익은 망고를 입에 넣었을 때 비로소 망고의 진미를 알 수 있다. 그 때서야 비로소 '망고는 참으로 맛있다'라고 할 것이다.

이해할 때까지 기다리는 것도 자비이다.

함부로 감정적이 되어 '망고는 맛있다'하고 사람에게 강요하는 것은 잘못이다."

"붓다, 알았습니다. 제가 무자비였음을 잘 알았습니다."

사리뿟다는 붓다의 설교를 가슴에 새겨 후에 다른 제자들 사이에 유사한 문제가 일어났을 때 즉각 해결할 수 있는 소중한 열쇠로 간직하였다.

붓다의 눈은 마하벨라의 제자들에게 옮겨졌다.

"마하벨라의 제자들이여, 무익한 살생은 정법이 아니오. 이 땅에 생을 얻어 살아가는 모든 생명 그 자체는 그들에게 부어된 권리요.

하지만 나체 수행자들도 살아가기 위해서는 육체를 유지하지 않으면 안 되지요. 어떻게 해서 그 육체를 유지하고 있는지 한번 말씀해 주시길 바랍니다."

붓다는 겸손하게 나체 수행의 장로격인 바바리타에게 물었다. 붓다가 늘 하는 질문이다. 바바리타는 대답했다.

"유행에서 얻은 감자죽, 산야에 자생하는 과실을 먹고 육체를 유지한다."

"그렇겠지요. 그런데 혹 과실을 썩히거나 공양 죽이 많아서 버리는 일은 없는가요?"

"그야 있지. 너무 많은 때는 과식은 육체를 망치기 때문에 버릴 경우도 있다. 썩어서 버린 과실도 있었다.
그런데 그런 바보같은 질문을 고타마는 왜 하는가.
우리는 이해할 수 없다."

바바리타의 얼굴은 시뻘겋게 달아오르고 말꼬리는 노여움으로 떨고 있었다.

"바바리타여, 성을 내어서는 안 됩니다.
마음 속에 파도를 일으키면 내 말도 올바르게 듣지 못하게 됩니다. 감정을 가라앉혀서 들어야 합니다.
그대들이 살생에 대해서 질문하였기 때문에 나는 거기 대답하고 있을 뿐입니다.
감자는 감자의 생명을 지니고 있습니다. 죽은 죽으로서 역시 생명을 지니고 있습니다. 쌀도 감자도 이 대자연의 흙을 모체로 영양을 흡수하여 태양의 은총에 의해서 싹이 터서 공기를 숨쉬면서 성장하여 초록으로 자연을 장식하고 있습니다. 이리하여 쌀도 감자도 항상 순환을 거듭하면서 우리들에게 생명을 제공하고 있습니다.

그대들의 피와 살이 되고 있는 감자나 죽도 그대들을 위해서 자신들의 생명을 희생하고 있다는 사실을 잊어서는 안 됩니다. 과실도 마찬가지로 그대들의 살과 뼈가 되기 위해서 그들의 유일한 생명을 버리는 것입니다.

그대들이 그들의 생명을 헛되게 하면 그들의 생명은 개죽음과 같은 결과가 될 것입니다. 음식물을 소중히 여기고 항상 감사하는 마음으로 만족할 줄 아는 생활을 할 필요가 있습니다. 그러기 위해서는 한 낱알의 쌀도 헛되이 해서는 안 됩니다. 농부들의 피땀의 결정체라는 사실도 잊어서는 안 됩니다.

그대들이 나체 수행에서는 모기나 파리들의 살생을 금하고 있는데, 쌀도 감자도 살아 있는 생명체라는 사실을 잊지 말아야 합니다.

또한 그대들 나체 수행승들이여,

올바르게 듣고 올바르게 보고 올바르게 말하는 것은 수행승으로서는 당연한 덕목이지만 그대들이 마음 속에 생각하는 것은 자유로운 것인가, 만일 자유라고 한다면 마음 속에서 일어나는 고뇌는 어떻게 해서 제거하고 있는가요?

오관五官 가운데 눈·귀·입이 아무리 조화되어 있다 하더라도, 가장 중요한 마음 속에서 온갖 사악한 것들을 생각한다면 그 생각은 고뇌가 될 것입니다.

마음 속에 생각하는 것이 곧바로 행동한 것과 마찬가지의 결과가 된다는 사실은 그 마음속의 고뇌가 증명하고 있지 않은가요?

아무리 외형을 올바르게 하더라도 알맹이를 잃은 외형으로서는 진리의 길을 찾기가 불가능한 것입니다."

붓다의 제자들은 물론 나체 수행자들도 마음이야말로 가장 중요한 생명의 본질이라는 것을 깨달았다. 바바리타는 말했다.

"슈바라, 감사합니다.
슈바라의 가르침이야말로 진실입니다.
저희는 무살생을 주장하는 자이나교야말로 신의 가르침이라고 생각하여 오늘날까지 나체가 되어 일체의 집착에서 벗어났다는 착각에 빠져 있었습니다.
하지만 그것은 외형이었을 뿐 마음 속은 언제나 파도가 잠잘 날이 없었습니다.
마음은 눈에 보이지 않는 세계이기 때문에 소홀히 해왔습니다. 그래서 고뇌에서 해탈할 수가 없었던 것입니다.
집착을 버렸다는 것은 나체의 외형이었습니다.
고타마님이야말로 진실의 슈바라입니다.
참으로 고맙습니다. 제발 저희들을 제자로 거두어 주시기 바랍니다. 아무리 힘든 허드렛일이라도 주저하지 않겠습니다. 저희들을 제자로 입문시켜 주십시오."

도를 찾아 노력해 온 사람답게 바바리타의 이해는 빨랐다. 그가 이렇게 말하자 그와 함께 생활해 온 나체승들은 일제히 땅바닥에 엎드려 붓다에 귀의하겠다는 초발심을 맹세하는 것이었다.

"바바리타여, 내가 설하는 법을 잘 이해하여 실천하는 사람은 누구나 다 동지요, 친구입니다.
잘 이해하십시오. 잘 실천하십시오.
언젠가 그대들도 마음의 세계를 열 것입니다."

"슈바라, 감사합니다. 법을 잘 이해하여 잘 실천하겠습니다. 고타마 슈바라의 가르침을 지키겠습니다."

당시 바라문 계급 출신의 수행자들은 깨달은 자를 '슈바라'라고 불렀다. 관자재력觀自在力을 구유한 신의 화신이라고 보았던 것이다.

하지만 붓다는 즉석에서 제자로 받아들이는 것을 피했다. 왜 피했느냐 하면 지금의 붓다는 쉬라바스티로 가는 도중이기도 하려니와 나체승의 자이나교의 교주는 리차브 족 왕자였으며 바이샬리 출신이었기 때문이다.

비록 설법하는 내용이 다르다고는 하지만 붓다의 법을 알고 생활하게 되면 누구나 정도正道를 좇아 종전의 교파를 미련없이 버리게 된다는 것을 붓다는 누구보다도 잘 알고 있었다.

특히 리차브 족은 성질이 급한 사람이 많았으므로 제자들의 변심을 알았을 때에는 적지않은 풍파가 일어나리라는 것을 우려하지 않을 수 없었다.

진심으로 붓다의 법을 깨달은 날에는 그들 스스로의 힘으로 교단을 바로잡아 갈 것이라는 예상도 붓다는 이미 하고 있었다.

붓다가 예측한 대로 그 후 수년이 지나서 붓다의 제자 마하카샤파(대가섭:피팔리야나)가 이곳에서 포교를 하게 되었을 때 바바리타의 일단은 바이샬리의 붓다 승단에서 중심적 인물로 활약했던 것이다.

붓다 일행은 코살라국으로 들어갔다. 붓다는 코살라국의 첫 마을에서 많은 중생들 앞에서 설법했다.

"중생들이여, 이 대자연의 은혜에 감사하십시오.
하늘은 비를 내려 땅을 씻기고 자애로운 어머니 대지는 식물에게 영양을 공급하여 자연을 아름답게 장식합니다.
이 은혜로운 대자연 속에서 중생들은 살고 있습니다.
이 대자연의 은총 속에서 우리들은 목숨을 유지할 수 있습니다. 대자연은 누구에게나 차별 없이 평등합니다.
마음 있는 바라문은 평등하고 보편적인 이 대자연의 법을 알고 있습니다.
이 법에는 바라문도 없고 크샤트리아도 베이샤도 수드라도 없습니다.
오로지 평등한 인간만이 존재합니다.
차별은 인간이 만들었을 뿐입니다. 인간이 직업, 지위 등으로 제멋대로 차별을 만들어 내었습니다.
대자연의 가르침은 인간의 지식이나 뜻에 의해서 변종될 수 없는 전인류 구제의 길이라고 할 수 있습니다.
인간은 기도나 제사로서 구제될 수 없습니다.
마음 속에서야말로 위대한 신의 자비가 존재하며 마음 밖에는 결코 신이 없다는 점을 명심해야 합니다.

중생들이여, 여러분의 마음이야말로 영원한 자기 자신이라는 것을 아십시오.

그 마음은 이 대자연처럼 모든 것에 평등한 중도中道인 것입니다.

가난하게 살아가도 역시 인간이요, 부자로 살아가도 역시 같은 인간입니다. 생활이 어려운 자들은 아무리 가난하여도 그 마음까지 가난해서는 안 됩니다. 가난으로 말미암아 남의 물건을 탐내거나 남을 속여 이를 취하려 해서는 안 됩니다. 가난하게 살아도 서로 돕고 조화해 가며 만족할 줄 알고 밝게 사는 사람이야말로 진실로 부자인 사람입니다.

부자라 해도 남을 업신여기고 뽐내며 위아僞我 중심의 생활에 빠져 가난한 자에게 베풀 줄도 모르고 만족할 줄 모르는 사람이야말로 마음이 가난한 사람입니다.

모든 중생들이여,

마음 이외의 일체의 현상은 무상無常합니다. 제 아무리 좋은 물건을 소유해도 그것은 영원한 소유물이 아닙니다. 금은재보 등 모든 것은 다 무상無常하다는 것을 알아야 합니다. 이 무상無常한 깃에 마음을 빼앗겨 스스로를 혼란에 빠뜨려 괴로워하고 있습니다. 일체의 고뇌는 스스로의 생활 가운데에서 만들어 내고 있습니다.

인간은 무명無明이기 때문에 물질에 집착하고 정욕에 정신을 잃고 스스로 괴로움의 소용돌이 속에서 허덕이고 있습니다.

자기가 뿌린 괴로움의 씨앗은 자기가 거두어들이지 않으면 안 됩니다.
 그대 한 사람, 한 사람의 마음 세계는 남이 아닌 바로 자기 자신이 주인이요, 위대한 왕이라는 사실을 아십시오. 지배자로서의 그 책임은 막중하고 지엄합니다.
 그러므로 자신의 마음밭에 뿌린 씨앗은 절대로 남이 거두어 들일 수는 없습니다. 원인과 결과에 대한 책임은 모두 자기 자신에게 있습니다.
 중생들이여,
 생활하는 가운데 마음속에 고뇌의 씨앗을 뿌리는 일이 없도록 하십시오.
 고뇌의 씨앗이란 탐욕의 씨앗, 노여움의 씨앗, 비난의 씨앗, 질투의 씨앗, 오만의 씨앗, 허영의 씨앗, 만족할 줄 모르는 욕심의 씨앗, 지배와 독점의 씨앗입니다.
 모든 중생들이여,
 이 씨앗들은 마음의 구름이 되어 신의 광명을 차단하고 맙니다. 모든 불행의 씨앗이라는 사실을 알아야 합니다.
 어제 뿌린 고뇌의 씨앗은 오늘의 괴로움이 되어 마음 속에 무성하게 성장하고 있습니다.
 고뇌에서 벗어나기 위해서는 그 뿌리를 제거하는 길밖에 없습니다. 베어내는 것만으로는 다시 새로운 싹이 돋아 고뇌에 허덕이게 됩니다. 그 뿌리를 뽑아내기 이전에는 고뇌에서 탈출할 수 없습니다.
 고뇌의 뿌리를 뽑는 길은 실천 뿐입니다.

정도正道를 좇는 생활 뿐입니다."

법열의 감격으로 오열하는 울음소리가 좌중 여기저기에서 들려왔다. 붓다의 말은 빛과 박력으로 청중들을 끌어안는 신의 파장을 담고 있었다. 같은 말이라도 붓다가 말할 때와 다른 사람이 말할 때는 그 영향력의 차이가 엄청나게 컸다. 강렬한 신념과 자비의 정열이 붓다의 말 속에는 넘쳐흘렀다.

쉬라바스티로 가는 여행은 하루도 쉬지 않고 강행되었다. 여행 도중 곳곳에서 붓다의 설법은 계속되었으며 그만큼 붓다에 귀의하는 중생의 수도 늘어났다.

한편 붓다에 반감을 품고 붓다의 설법을 달갑게 여기지 않는 자들도 많았다. 바라문의 수행자들이 대다수 그러했다. 바라문교는 이미 1,800년의 역사를 가졌으며 당시 중생들의 생활 가운데 뿌리를 깊게 내리고 있었다.

그 바라문교도 여러 갈래의 파벌이 있어서 제사도 형식화되었고 화석화된 종교로 전락하고 있었다. 신앙하는 태도도 타력화되어 권력과 독점욕이 그들의 마음을 지배하고 있었다. 그런 신앙 가운데에서 진실한 도를 구한다는 것은 거의 불가능한 일이었다. 바라문 계급이면서도 바라문교에 만족하지 않고 신난한 고행의 길을 거쳐 신에 접근하려는 자도 많았다. 하지만 가장 중요한 마음의 가치를 깨닫지 못하고 부조화한 상태에서 마음을 비웠기 때문에 본인도 모르는 사이에 킨나라, 마고라, 아그니, 야크시, 야크샤 등의 지옥령이 빙의하여 그들의 입과 눈을 빌어 이 세상 것이 아닌 세계를 말하고 보여줌으로써 타력신앙으로 중생들을 끌어들이는 그릇된 자가 많았다. 그 결과 '나야말로 위대한 슈바라다' '나야말로 붓다니라'하고 사칭하는 자가 많았다.

특히 전통을 자랑하는 바라문은 이와같은 수행자에 대해서는 심한 비판을 서슴없이 가했다. 베다나 우파니샤드를 중심으로 곧장 논쟁을 벌였고 외도한 수행자를 궁지에 몰아넣음으로써 콧대를 높이는 바라문이 많았다.

지知만이 발달하여 말만 앞세웠지 마음의 수양에 힘쓰는 수행자는 없다시피 한 바라문이었으므로 크샤트리아 출신인 고타마의 가르침을 믿고 쉬라바스티의 부호 수닷타가 제타와나에 막대한 재산을 보시한 것을 못마땅하게 여기고 비판하는 소리가 높았다. 마하바라문의 사제司祭들은 수닷타에게 말했다.

"수닷타여, 대부호여, 바라문의 전통인 신을 받들어 왔고, 그 신의 가피를 입고 많은 중생이 구제되어 왔는데 어디서 굴러온 말뼈다귀인지도 모르는 자에게 막대한 보시를 한다는 것은 반드시 두파칠분頭破七分의 벌을 받게 될 짓입니다.

당신 부모도 바라문의 신을 믿었고 당신도 그 속에서 컸습니다. 오늘의 대부호로 존재할 수 있는 것도 바라문의 신이 내려준 홍복의 은덕입니다. 개종은 조상에 대한 불효이며 바라문 신에 대한 모독입니다. 재산과 목숨을 소중히 하고 싶으면 외도로 들지 말아야 합니다.

당신에겐 훌륭한 따님이 있습니다. 데르사님, 우다라님, 그 따님의 앞날을 위해서도 외도를 믿어서는 안 됩니다.

잘못된 신앙은 자손에게도 해가 됩니다."

이에 대해서 수닷타는 반발하지 않고 부드럽게 대꾸한다.

"예, 예, 마하잇시님, 언제나 저뿐 아니라 아이들 장래까지 걱정해 주셔서 감사합니다.
 이번의 기증은 다른 뜻은 전혀 없고 오로지 저 자신의 기쁨으로 하고 있는 것입니다. 바라문의 신을 버린다는 것은 생각조차 하지 않고 있습니다. 다만 카필라 성의 왕자였던 고타마님을 모시는 숙소에 지나지 않으며, 신을 모시는 장소라니 그런 엄청난 일을 저 따위 인간이 어떻게 감당이나 할 수 있는 일입니까.
 저희는 고타마님의 이야기를 듣고 싶어서 설법당을 지었을 따름입니다. 마하 잇시님도 제발 와 보시기 바랍니다. 신을 모신 구석은 전혀 없습니다. 설법을 들을 수 있는 장소일 뿐입니다."

이렇게 수낫타는 마하 바라문의 공격을 가볍게 피했다. 마하 바라문은 할 말을 잃었다.

수닷타가 라자그리하의 마을에서 붓나의 설법을 듣고 인간이 살아가는 가치관에 눈 떴을 때의 그 감동은 지금도 생생하기만 하다. 이 감동이 붓다에게 정사 기진寄進이란 형태로 나타났던 것이다. 많은 고통받는 중생을 구제하기 위해서 법을 듣게 하고 인간이 가는 길에 법등을 밝혀주고 싶은 일념만이 그의 마음을 사로잡고 있었다. 그 첫 단계가 지금 눈앞에 완성된 것이다.

완공된 제타와나(기원정사)를 바라보면서 수닷타는 얼굴 가득히 웃음을 피웠다. 어깨를 나란히 하여 수닷타의 말을 듣고 있던 마하바라문 출신인 대선大仙은 대꾸할 말을 잃고 제타 왕이 기증한 동문의 웅장함을 쳐다보면서 복잡한 마음을 달랠 길이 없었다. 하지만 이 대선도 언젠가는 우루벨라 캇사파 형제처럼 붓다에 귀의하게 되리라고 수닷타는 짐작하고 있었다.

수닷타도 어릴 때부터 바라문의 사제 행사에 대해서 의문을 품고 있었으므로 바라문교 수행자들의 허구적인 삶을 안타깝게 여기고 있었다. 왜냐하면 그들 대부분은 성직자란 전통적인 틀 속에 안주하여 자기 완성이 없었고, 지식은 풍부하였지만 행동과 실천이 따르지 않아 깨달음과는 거리가 먼 것이었기 때문이다.

같은 태양 아래 같은 인간으로 태어났음에도 성직자의 자격이 부여된 바라문 출신이라는 한 가지 이유만으로 다른 계급 출신을 경멸하고 우월감에 도취된 수행자들도 매우 많았다.

태양은 만인에게 평등하며 차별없이 자애의 빛과 열을 내려주고 있다. 그 자비 속에 숨쉬고 있는 인간이 가문에 의해서 차별 대우를 받는 다는 것은 참으로 잘못된 일이라고 수닷타는 생각하고 있었다.

그 무렵 붓다의 일행은 쉬라바스티의 시가로 들어오고 있었다. 사자使者의 연락을 받은 목갈라나, 수닷타들은 붓다의 일행을 마중하러 나갔다. 초라한 승복을 걸친 붓다의 모습을 보고 수닷타는 부끄러웠다. 대부호인 자신의 화려한 복장과는 너무나 대조적이었기 때문이다. 하지만 붓다를 위해서 특별히 만든 캇시산 비단 승복을 하인을 시켜 가져왔으므로 조금은 마음이 놓였다.

"붓다, 원로에 노고가 많으셨습니다. 저희 일동은 붓다를 진심으로 기다리고 있었습니다. 이것은 붓다께 드리는 조그마한 선물이온데 거두어 주시면 감사하겠습니다."

수닷타는 정좌한 붓다에게 승복을 바쳐 올렸다.

"수닷타여, 법의 위대함을 깨닫고 도를 설법하는 자에게 공양하는 행위는 자자손손에 광명이 되며 그 공덕은 미래 영겁인의 마음 속에 길이 남을 것입니다. 마중 고맙습니다."

수닷타는 만면에 웃음을 띠며 아뢴다.

"붓다, 감사합니다. 입고 계시는 승복이 매우 더러워진 것 같으니 제발 갈아입으시기 바랍니다."

"수닷타여, 호의만을 받아드리겠습니다. 비록 승복이 더러워졌을 망정 마음은 비단으로 싸여 있습니다.
사람은 겉모양으로 품위가 정해지는 것이 아닙니다,
행동에 의해서 정해지는 것입니다.
그대의 따뜻한 후의만을 받겠습니다."

"붓다, 황송합니다. 지금부터 제따와나(기원정사)로 모시겠습니다. 부디 이 가마를 타시기 바랍니다."

"친절한 배려 고맙습니다. 하지만 나는 건강하고 몸이 불편한 사로몬이 있으니 나 대신 태워주면 좋겠습니다."

붓다의 자비에 찬 말씨에 수닷타도 목갈라나도,

"예, 붓다, 그렇게 하겠습니다."

라고 했는데 그들의 눈은 물기로 반짝거렸다.

§파세나디의 귀의

붓다의 일행이 동문에 이르렀을 때 많은 중생은 붓다를 한 번 배알하고자 통로 양쪽에 아름다운 꽃가루를 뿌리며 기다리고 있었다.

중생의 마음이 법으로 안정을 되찾고 진실한 인간성에 눈뜨며 평화롭고 건강한 일상생활을 누릴 수 있도록 붓다는 마음으로 기도했다.

붓다는 제타 왕의 영접을 받아 정사 안으로 들어갔다.

"붓다, 제타 왕입니다."

수닷타는 붓다에게 왕을 소개했다.

"슈바라, 원로에도 불구하고 잘 오셨습니다. 슈바라의 큰 덕에 대해서는 이 수닷타를 통해서 잘 듣고 있습니다. 이렇게 만나뵙게 될 날을 큰 즐거움으로 기다려 왔습니다."

"왕이여, 이 넓은 정원을 승단에 기증해 주신 것을 마음으로 감사드립니다. 이 곳을 코살라국의 거점으로 삼고 중생에게 도를 설법하겠습니다."

붓다는 제타 왕에게 고마운 뜻을 전했다. 대코살라국의 왕자인 제타는 보기에 유순한 얼굴을 하고 있었지만 마음 속은 깐깐하게 엄한 것이 있음을 느끼게 했다. 정실의 아들인 아우 파세나디가 코살라국의 실권을 쥐고 있는데 비해서, 형인 자신은 둘째

부인의 아들이란 이유로 조그만 성의 성주로 만족해야 하는 현실이 늘 그의 마음을 불만스럽게 하고 있었다. 그는 불만스러운 운명을 말없이 인내하고 있지만 언젠가는 이런 권력에 대한 집착이 참으로 어리석다는 것을 깨닫게 될 것이다.

붓다가 법을 설하는 기쁨은 바로 이러한 집착에서 헤어나지 못하는 사람을 구출하여 안심 입명의 인생을 즐길 수 있게 하는 데 있다. 붓다는 머지 않아 제타 왕의 마음에 평안이 깃들 것을 짐작하고 있었다.

제타와나(기원정사)의 생활은 목갈라나와 수닷타의 계획에 따라 방 배당, 설법 일정 등이 잡혔다. 하지만 장마철이 아닐 때는 웨누와나(죽림정사)에서 그랬던 것처럼 옥외에서 수행하는 일이 많았으며 정사를 쓰는 날이 적었다.

어느 날 수닷타의 소개로 파세나디 왕이 붓다를 찾아왔다. 많은 수행원을 거느리고 행차한 그 위세는 제타 왕과는 크게 달랐다. 하지만 대국의 왕이면서도 얼굴은 부드럽고 기품이 넘쳐 흘렀으며 도를 찾는 구도 정신은 그 누구보다도 강하게 보였다.

왕은 붓다 앞에 이르자 절을 하고 정좌한다.

"샤카(석가) 족의 왕자, 고타마 붓다의 자자한 명성은 익히 듣고 있었습니다.
 오늘 이렇게 붓다를 직접 만나게 되니 기쁩니다.
 빔비사라 왕도 붓다에 귀의하였다고 듣고 있습니다.
 코살라국에는 많은 마하 바라문들이 엄격한 수행을 하고

있지만 깨달은 자는 없습니다.
 젊은 나이에, 더욱이 크샤트리아인 고타마가 어떻게 깨달을 수 있었는지 그 점이 궁금합니다."

 그는 대국의 왕이라는 신분을 의식하면서 정중하게 질문하였다. 무엇보다도 붓다와는 비슷한 나이였으므로 고타마가 어떻게 해서 깨달을 수 있었는지 그 점이 궁금했다.

 "대왕이시여, 깨달음은 나이와는 상관 없습니다.
 올바른 마음과 행을 쌓아감으로써 깨닫게 되는 것입니다. 그러므로 아무리 소국의 왕자라 해도 그 사람을 얕보면 안 됩니다. 훗날 성장하여 대왕이 될지도 모르니까요.
 마찬가지로 비록 아무리 작은 사미라 할지라도 얕보면 안 됩니다. 그 사미가 법을 잘 알고 마음과 행동이 법에 어긋나지 않을 때에는 눈 먼 중생을 제도하는 관자재보살이 될지도 모르기 때문입니다.
 성냥개비 같은 작은 불을 얕보면 안 됩니다.
 그 작은 불이 큰 불이 되면 이 큰 도시도, 이 아름다운 대자연의 초목도 태워버리는 큰 힘을 지녔기 때문입니다.
 사미도 장차 사로몬이 되어 마음을 청정하게 하고 정도를 잘 지키면 높은 깨달음을 얻을 수 있게 되는 것입니다. 깨달음을 열고 신리를 알게 되면 고뇌에 허덕이는 중생을 구제할 수 있게 됩니다.
 법이라든가 도라는 것은 현실에 만족할 줄 알고 노여움, 헐뜯음, 원망, 어리석음이라는 감정이 얼마나 무서운 독인가를 깨닫고 그런 독 덩어리인 무거운 짐을 몽땅 버리는 것입니다.

한편 정법을 펴는 자를 비방하거나 방해하면 그 죄는 지우기 힘들만큼 큽니다. 왜냐하면 그런 일은 바로 신의 마음을 모독하는 짓일 뿐 아니라, 자신 안에 있는 신성과 불성을 더럽히는 일이기 때문입니다."

파세나디 왕은 붓다의 설법을 듣고 마음이야말로 참으로 경계해야 할 두려운 존재라는 것을 깨달았다.

왕은 평소에 바라문 수행자들로부터 두파칠분頭破七分의 벌이 있다는 것을 들어 알고 있었다. 바라문의 신을 비방하고 바라문 수행자를 박해하면 머리가 찢어지는 아픔을 이기지 못해 미쳐 죽게 된다고 듣고 있었다. 왕은 바라문의 경전을 공부해 왔다. 그래서인지 붓다가 말하는 정법의 내용이 금방 잡힐 듯 이해가 빨리 되었다. 붓다의 말은 적고 간단했지만 그 한 마디는 천금의 무게가 실려 있어서 왕의 마음을 사로잡았다. 붓다는 설법을 멈추고 파세나디왕의 마음 속을 가만히 살펴 보았다.

파세나디 왕이 고개를 들었다.

"붓다여, 나라의 지도자로서 명심해야 할 마음의 자세와 행동에 대해서 가르쳐 주십시오."

붓다는 지난 날 라자그리하 성에서 빔비사라 왕으로부터 같은 질문을 받은 사실이 머리에 떠올라 슬며시 웃음이 나왔다.

"대왕이시여,
 무엇보다도 중생을 자신의 자식처럼 사랑해야 합니다.
 신분을 따지지 말고 모든 사람을 평등하게 대해야 하는 점을 잊지 마십시오.
 권력이나 무력의 힘은 인간의 행동을 한동안은 억제할 수 있습니다만 마음의 자유까지 짓누를 수는 없습니다.
 그러나 올바른 마음의 법도에 따른 통치를 해나간다면 국민은 자연스레 순종할 것이며, 나라는 평화로울 것입니다.
 아무리 어린아이라도 소중히 다루십시오.
 장차 그 아이가 올바르게 성장할 때, 악의 마음을 이기고 올바른 중도中道의 길을 걷게 되기 때문입니다.
 중생의 희생 위에 자신의 행복을 구축하는 것은 자신을 멸망의 길로 몰고 가는 짓입니다.
 고뇌하는 이에게 사랑의 손길을 뻗어주고 고통받는 자에게는 고통을 제거해 주며 병든 자에게는 자비의 마음으로 아픔을 덜어주어야 합니다.
 비록 임금이라 하더라도 그 지위를 특별한 자리라고 생각해서는 안 되며 또한 측근자들의 잘못된 말에 귀를 기울여시는 안 됩니다.
 번뇌의 고통을 멀리하고 인간다운 길을 걸어야 하며 깨달음의 경지에 도달할 수 있도록 노력하는 것이 중요합니다.
 그러기 위해서는 먼저 자신의 마음부터 바로잡지 않으면 안 됩니다.
 불이 강렬하게 타고 있는 곳엔 생물은 살지 않습니다.

정욕의 불꽃이 이글거리는 곳에 정도正道는 존재할 수 없습니다.

노여움으로 마음이 불타고 있으면 바른 이성이 작용할 수 없을 뿐 아니라, 올바른 충고가 충고로 들리지 않고 오히려 불길에 기름을 붓는 형국이 되고 말 것입니다.

정욕에 마음이 빼앗기면 사물의 도리를 분간하지 못하고 몸과 나라를 망치게 됩니다.

또 지식만 앞서고 행동이 따르지 않는 것은 그림 속의 망고처럼 그 맛을 영원히 알지 못합니다.

지식은 행동과 실천을 거쳐야 지혜로 승화하는 것이며, 씨앗은 비옥한 흙을 만나야 싹이 트고 성장할 수 있는 것입니다.

여러 험난한 길을 헤치며 여행 하듯이 살아가는 데도 여러 장애물을 헤쳐 나가야 하는 인간은 끊임 없는 정진精進이 필요합니다.

길을 걸어가는 과정에 고락苦樂은 필수적인 것으로 알고 있습니다만 사실은 정도正道에서 벗어났을 때에만 고苦가 찾아오는 법입니다.

고苦를 낳는 원인은 남에게 있는 것이 아니라 자기 자신 안에 있습니다. 이런 사실을 대개 알지 못하고 있습니다. 남에게 책임을 전가시키는 것이 마음 편하기 때문이지요. 하지만 괴로워하고 있는 것은 다름 아닌 자기 자신이라는 사실을 알아야 합니다.

고苦는 그 뿌리를 뽑아버리지 않는 한 다시 싹이 돋아납니다. 이 고苦의 뿌리를 뽑아버리는 데는 지혜와 용기와 노력이 필요합니다.

지금까지 살아오는 동안에 만들어 낸 온갖 고苦의 뿌리를 뽑아버리고 앞으로 다시는 고苦의 씨앗을 뿌리지 않는 것이 인생을 평화와 안정으로 이끌어가는 길이 됩니다.

이 정사의 건물도 단단한 땅 위에 든든한 초석이 놓이고 그 위에 굵은 기둥이 서서 지붕을 받들고 있습니다.

그렇기에 비바람을 견딜 수 있고 우리가 안심하고 거주할 수 있게 되는 것입니다.

마음이 안심하여 살 수 있는 데에도 든든한 정법의 기둥이 필요합니다.

정법의 기둥이란 자기 중심의 마음을 바로잡고, 남이 있으므로 자신이 있을 수 있으며 대자연 속에서 상부상조하고 있듯이 서로 조화하는 것입니다.

그러기 위해서는 남의 말을 올바르게 들어야 결코 감정으로 받아들여 곡해해서는 안 됩니다.

또한 어떠한 말을 들어도 노여운 마음, 비방하는 마음, 원망하는 마음, 불평하는 마음, 정욕적인 마음, 허영된 마음, 오만한 마음을 불러일으켜서는 안 됩니다.

이러한 마음들은 바로 마음에 독을 먹이는 것이며 새로운 고뇌의 씨앗을 뿌리는 짓이 됩니다.

생각하거나 말하는 모든 것이 마찬가지 결과를 낳습니다.

올바르게 말하기는, 부조화한 마음을 가지고서는 불가능한 일입니다.

말은 상대방에게 의사를 전달하는 것이므로 부조화한 말은 자신의 마음 속에 독을 먹일 뿐만 아니라 상대에게도 독을 먹이게 됩니다. 특히 조심하셔야 합니다."

파세나디 왕은 붓다의 자신만만한 설법을 조용히 경청하고 있었다. 반박해 볼 구석이라곤 전혀 없었다. 설법은 들으면 들을수록 마음이 정화된다. 그 불가사의한 감흥의 확대에 왕은 스스로 놀랐다. 붓다는 제자가 내어놓은 물을 한 잔 마시고 목을 축였다. 한 숨 가다듬고 설법을 계속했다.

"위대한 왕이시여, 마음속에 품은 생각이 옳지 않다는 것은 곧 마음속에 고뇌의 씨앗을 뿌리는 것과 같으며 직접 행동한 것과 마찬가지 결과를 초래한다는 점을 명심해야 합니다.

자애에 넘치는 마음은 광명의 세계에 상주하게 되며 그 행위는 대조화로 이어지는 지름길이 됩니다.

마음속에는 자기 자신에게 거짓말을 할 수 없는 선아善我의 의식과 자기 중심적인 부조화한 위아僞我의 의식이 공존하고 있습니다.

일체의 고苦는 위아僞我가 만들어내고 있는 것입니다.

선아善我의 마음은 자식을 사랑하는 부모처럼 자애에 넘치는 행동으로 나타납니다.

그것은 태양으로 하여금 아무런 보답도 요구하지 않고 만생만물을 키워가는 대조화의 근원인 신불神佛의 마음과 상통하고 있습니다.

남에게 잘 보이려는 허영심은 마음에 독을 먹이는, 형체 없는 이기심 외에 아무 것도 아니라는 사실을 알아야 합니다. 허영심을 갖는다는 것은 참으로 어리석고 초라한 마음의 모습이라고 할 수 있습니다.

 마음 속에 생각의 자유는 그 어떠한 위대한 왕의 권력으로써도 구속할 수 없습니다.

 자애에 넘치는 선정을 펴나간다면 중생의 마음에 양심을 소생시켜 참다운 평화를 구축할 수 있을 것입니다.

 반대로 욕심을 가지고 중생을 다스린다면 조화는 기대하기 어렵습니다.

 생각하고 사념하는 마음은 선악 어느 쪽이든 자유로이 왕래할 수 있는 것인데 진정한 자애심은 중생의 마음을 감동시켜 감사와 보은의 행동을 유발할 것입니다."

붓다의 한마디 한마디는 파세나디의 심금을 울렸다. 중생을 위한 길이라고 생각하였지만 그가 지금까지 펴온 정치는 어느 것 하나 왕이라는 사심이 개입되지 않음이 없었다. 그럼에도 그것으로 통했고 중생도 신하도 기꺼이 왕에게 충성을 바쳐왔다. 왕이 곧 국가요 법이었으므로 중생과 신하는 왕의 분신이요 수족이있다. 왕의 의지는 중생의 의지였고 왕의 생각은 바로 중생의 생각이었음에도 그 행사권은 늘 왕에게만 있었다. 따라서 왕에게 적의를 품고 반역을 꾀하는 자는 중생의 적이기도 하여 죽임을 당해도 반론의 여지가 없었다. 당시의 왕은 중생에 대한 생살여탈生殺與奪의 권리를 쥐고 있었으며 그 힘은 절대적이었다. 왕의 의지로 통하지 않는 것이 없었다. 하지만 그 일방적인 통행은 항상 강제성을 띠고 있었다.

  파세나디의 집정은 평화를 골격으로 삼고 있었지만 그것은 어디까지나 자기에게 적의를 품지 않는 자에 한정되어 있었으며 적의를 품는 자는 가차없이 처단하였다. 인간으로서의 파세나디와 왕으로서의 파세나디 사이에는 해결하기 어려운 모순이 있었는데 그는 그 모순을 왕의 입장에서 해결해 나가려고 했다. 하지만 지금 이렇게 붓다의 설법을 듣고 있으니 자신이 그동안 선이라고 생각하면서 얼마나 많은 죄를 지었던가 하는 것을 비로소 깨닫게 되었다.

  "위대한 왕이시여,
  인간이 진실에 눈 떴을 때 그 죄는 용서받을 수 없습니다. 인간은 무명無明하기 때문에 그 잘못을 모르고 있을 따름입니다. 잘못을 알았으면 두 번 다시 같은 잘못을 저지르지 않도록 힘써야 합니다. 그런 사람들이야말로 진실로 용기있는 자라고 하겠습니다."

붓다는 왕의 마음 속에 싹트는 개심의 정을 읽고 있었다.

  '… 아아 붓다는 내 마음속까지 죄다 읽고 앞으로 걸어가야 할 정도를 가르쳐 주었다. 참으로 고마운 일이다…'

파세나디 왕의 얼굴은 진지하게 상기되어 있었다.

  "위대한 왕이시여,
  마음 속에 사념하는 것은 선악 어느 쪽으로도 통하게 되어 있으므로 중생의 행복을 염원하는 선심은 중생의 마음에 바로 평안을 심어주는 것입니다.
 올바르게 사념하는 마음이 중요하다고 하겠습니다.
 타력이 아니라 자력인 자애의 마음으로 염원하는 행동은 광명이 되어 백성의 마음에 평안으로 나타납니다.
 올바르게 사념했으면 실천하는 것이 지도자로서의 덕목이라고 하겠습니다.
 일에 있어서도 올바르게 일하는 자세가 중요합니다.
 날마다 하는 일도 수행도 중요한 과정이니 거짓 없고 불평 없고 노여움 없이 살아가야 하는 한편, 일은 살기 위한 수단이라는 사실을 깊이 인식하십시오. 일을 수행할 수 있는 자신의 건강과 일터를 제공해준 환경에 대해서 진심으로 감사해야 합니다.
 진심의 감사는 행동으로 나타나게 되는 것이며 행동이 따르지 않는 감사는 옳은 감사라고 할 수 없습니다.
 중생을 위해서 봉사하는 행위야말로 위대한 왕이 취해야 할 으뜸의 정도正道입니다.
 인간은 앞으로 나아가는 것만이 좋다고 할 수 없습니다. 지난 일을 되돌아보는 것도 그것 못지 않게 중요합니다. 잘못된 길을 걸어오지 않았던가 살펴보지 않고서는 목적도 불투명해집니다.
 그러기 위해서는 지금까지의 사념과 행위를 철저하게 반성해 보아야 합니다.
 정법은 인간의 지식과 의지로서는 함부로 바꿀 수 없는

대자연의 모습을 무언으로 보여주고 있습니다.
 정법은 중도中道이며 치우치지 않는 조화의 마음이 기준입니다. 그것은 선아善我의 마음이요, 또한 선의의 제 3자의 마음입니다.
 자신의 행동과 사유를 하나하나, 바로잡아 가야 합니다.
 반성은 잘못의 원인을 제거하고 자신의 마음을 더욱 풍부하게 하는 것입니다.
 이와 같이 상념과 행동을 바르게 하고 마음 속의 집착을 없애고 광명으로 채워갈 때 선정에 들며 마음과 육체는 조화를 이루어 반야(지혜)의 세계에 들 수 있게 됩니다.
 명상에 의한 선정은 신불神佛과의 대화라고 할 수 있습니다. 오만과 노여움, 시기, 질투 등 마음의 왜곡을 바로잡지 않은 상태에서 선정에 들면 그런 마음에 상응한 세계와 통하여 그 곳의 부조화한 악령들에게 내 마음을 지배당하게 됩니다. 이것은 매우 위험한 일입니다.
 올바른 정심正心 이외에는 광명 세계에 거주할 수 없다는 점을 아셔야 합니다.
 여기 설법하는 여덟 가지 정도를 마음과 행동의 잣대로 삼고 생활하는 사람이야말로 진실한 수행자라고 하겠습니다. 일체의 고뇌에서 해탈하기 위해서는 이 팔정도八正道의 실천 이외에는 방법이 없습니다."

 붓다의 설법을 경청하고 있던 파세나디는 무엇인가 큰 짐을 내린 기분이 되어 가슴 언저리에 형용할 수 없는 따뜻한 기운이 서려오는 것을 느꼈다.

"붓다,
　나는 마음의 고향에 돌아와 마음의 어버이를 만난 기분입니다. 평안과 행복에 포근히 싸인 느낌입니다.
　앞으로도 나를 인도해 주시기 바랍니다. 잘못 없는 정치를 하는 것이 나의 의무라고 생각합니다…"

왕은 수닷타를 돌아보며,

"수닷타여,
　참으로 훌륭한 스승을 나에게 인도해 주었네. 코살라국에 위대한 보물을 안겨주었네. 진심으로 감사드리네…"

하고 고마워했다.

"천만의 말씀입니다. 위대한 왕이시여!
　제가 할 수 있는 일을 다했을 뿐이옵니다."

"아니, 그 어떠한 재보보다 소중한 것을 안겨주었네. 그대는…"

붓다를 다시 똑바로 쳐나본 왕은 갑자기 '붓다'하고 소리 지르며 무릎을 꿇고 최고의 예를 올렸다. 붓다는 입을 열었다.

"대왕이시여, 이 세상에는 어두운 음지에서 햇빛 밝은 양지로 나오게 되는 사람도 있는가 하면 거꾸로 밝은 양지에서 어두운 음지로 전락하는 사람도 있습니다.

인생 항로는 암중모색이요 한치 앞을 내다볼 수 없는 암흑이라고 할 수 있습니다.
하지만 마음 속에 법등을 켜고 광명 세계에 상주하면서 무상無常한 현상계에 집착하여 방황하고 괴로워하는 중생들을 구제하는 사람도 있습니다.
이 육체조차도 자기 것이 아닙니다.
만일 자기의 소유물이라고 한다면 자기 뜻대로 젊음을 영원히 유지할 수 있어야 할 것입니다.
하지만 이 육체도 언젠가는 죽음의 현실을 피할 수 없고, 추악한 모습으로 변하여 더러는 매장되어 썩고, 더러는 한 줌 재가 되어 대지로 돌아가게 됩니다.
지위가 높은 임금이나 신분이 천박한 노예나 죽음 앞에서는 무력하고 인력으로는 어찌할 수 없는 노릇입니다.
무상無常한 것이기 때문입니다.
행복을 마음 밖에서 찾으면 괴로움이 됩니다.
금은재보, 지위, 명예, 정욕들은 모두가 무상無常한 것이며 이런 것들에 의해서 진정한 행복은 얻을 수 없습니다. 목적이 달성되면 다시 다음 차례의 욕망이 생겨나며 이와 같은 악의 순환은 그칠 날이 없습니다.
원래 마음은 이 대자연처럼 무한대로 넓고 큰 것입니다.
욕망으로 마음이 밖을 향하면 만족과 안정을 잃게 됩니다.
하지만 행복을 마음 속에서 찾을 경우에는 끝없는 만족을 얻을 수 있을 것입니다.
이미 마음 밖의 집착에서 벗어났기 때문입니다.

법을 잣대로 삼고 생활하면 그 어떠한 것에도 마음이 흔들리지 않고 안정을 얻어 깨달음의 경지에 들 수 있습니다. 이 때야말로 참다운 불국토가 이루어지는 것입니다."

파세나디는 기뻤다. 지금까지 수많은 마하바라문이 지도를 받아보았지만 기쁨은 없었다. 제사나 기도로서는 무엇 하나 얻어지는 실적이 없었다. 어딘가 이상하다, 어딘가 잘못되었다, 하고 의심이 갔고, 제사에 정성을 쏟아도 자신의 마음도 만족할 수 없었을 뿐만 아니라 중생의 마음도 다스릴 수가 없었다.

하지만 붓다의 법은 살아 있는 정치요 왕도로 통하고 있지 않은가. 올바른 법과 그 실천만이 조화의 왕국을 일으켜 세울 수 있는 지침이라는 것을 왕은 새삼스럽게 깨달았다.

§베샤카의 귀의

제타와나(기원정사)에 붓다가 기거하게 되자 코살라국은 갑자기 활기를 띠기 시작했다. 붓다의 소문이 나라 안에 퍼지니 귀의歸依해 오는 사람들도 날로 늘어났다.

그 중에서도 파세나디 왕과 제타가 의좋게 붓다에 귀의한 사실은 바라문 수행자들에게 적지않은 충격을 안겨주었다. 두 사람은 이복異腹 형제여서 우의도 별로 좋지 않았고 양국간의 교류도 의례적인 범위를 벗어나지 못하고 있었기 때문이었다. 동생 파세나디는 형 제타를 속으로 늘 못마땅하게 여겼을 뿐만 아니라 빌미만 잡으면 형의 영토로 쳐들어가서 성가신 존재를 제거해 버렸으면 하는 생각이 떠날 날이 없었다. 그러나 붓다가 옴으로써 두 사람 사이는 옛날의 어린 시절로 돌아가게 되었고 마음 속의 무거운 짐은 햇빛을 쬔 얼음덩이처럼 녹아버렸다.

이 기적 같은 현실을 목격하고 바라문 수행자들은 모두 붓다의 큰 법력 앞에 두려움을 느꼈다. 나아가 붓다의 출현으로 자신들의 입장과 제사가 무용지물이 되지 않을까 걱정 되기도 했다. 하지만 파세나디는 결코 바라문족을 멸시하거나 냉대하는 일이 없었다.

바라문족의 경전인 베다나 우파니샤드에도 인간의 도리가 담겨 있고 붓다가 설법하는 중도의 정신과 조금도 다름이 없다는 것을 알고 있었기 때문이다.

다만 바라문교는 오랜 전통 속에서 화석화되었을 뿐만 아니라 어려운 학문으로 전락하여, 바라문 수행자들은 그 경전에 얽매인

일종의 권력자층을 형성하여 특권의식을 휘두르게 된 점이 흠이었다. 따라서 이 점만 없앤다면 경전 그 자체에 잘못이 있는 것도 아니고 오히려 붓다가 강조하는 법이 바로 바라문 그 자체라고 해도 무방했던 것이다.

붓다는 말했다.

"인류는 모두 형제다. 누구나 평등하다.
카스트 제도야말로 인간을 엇길로 몰고 인간을 타락시킨다.
마음을 밖으로 돌리지 말라. 안으로 돌려라."

파세나디는 붓다의 법을 믿었다. 나라의 정치도 붓다의 자비를 근본 정신으로 삼고 펴나가야 하는 것이라고 굳게 믿었다. 그러므로 그는 모든 중생과 마찬가지로 바라문 계급에 대해서도 평등하게 대했으며 눈곱만한 차별도 하지 않았다. 파세나디의 태도는 일부 바라문 수행자들의 불만을 샀지만 대부분은 그의 정치에 찬동하였을 뿐만 아니라 파세나디의 인격이 날로 선명하게 부각되는 것이 큰 복으로 느껴졌으며 그럴수록 붓다의 덕망은 높아졌다.

광대한 제따와나(기원정사)는 웨누와나(죽림정사)보다 숲이 더 우거졌고 아름드리 거목들이 주위를 에워싸고 있었다. 낭은 밝고 기름졌으며 초록의 풍경은 아름다웠다.

붓다의 설법은 낮에도 있었지만 주로 밤에 있었다. 재가 신도들은 낮에는 밭과 들에 나가 일을 했고 밤이라야 틈이 났기 때문이다. 해가 지고 밤이 되면 시원하여 살 맛이 났다. 설법을 하는 쪽이나 이를 듣고 흡수하는 쪽이나 다시없는 쾌적한 시간대였다.

설법장은 여러 마을에서 청중들이 들고 오는 등불들로 마치 밤하늘의 별처럼 아름답게 빛났다. 오늘날 불교행사에 촛불을 켜는 습관은 이때의 풍습이 이어진 것이다.

당시의 등불은 열매의 기름을 이용한 것이었는데 등불에는 두 가지 뜻이 있었다. 첫째는 어두운 밤을 밝히는 것이고 둘째는 붓다의 법을 마음의 법등으로 삼고 영원히 밝히겠다는 소망이 담긴 것이었다.

오늘날의 촛불은 무엇을 의미하는 것일까. 불교행사의 관습으로 그것이 없으면 불사가 성립되지 않기라도 한단 말일까.

야외의 등불에는 빛을 찾는 여름 벌레들이 모여든다. 윙윙 거리면서 등불 둘레에 떼거리를 지어 날아든다. 수백 수천의 벌레들이 불에 그슬리고 타 죽는다. 하룻밤 동안에 무수한 벌레들의 시체가 설법장에 깔렸다. 붓다는 새벽마다 반드시 벌레들의 명복을 빌고 있었다.

조그만 생명에도 살 권리가 있고 길이 있다. 아무리 작은 미생물이라 할지라도 나름대로의 사명과 역할을 부여받고 태어나 일생을 마친다. 벌레의 일생은 짧고 덧없다. 빛을 찾아 죽음을 재촉하는 그들의 모습을 보고 붓다는 비애를 느끼지 않을 수 없었다.

자연의 무상無常은 전세계에 걸쳐 있다. 누구도 이를 거부할 수 없다. 아무리 크고 현명한 생물이라도 대자연을 지배하고 있는 무상無常이란 틀을 깨트릴 수 없다.

무상無常을 극복하는 길은 법을 깨닫는 길 뿐이다.

영원한 생명의 실상을 깨닫는 길 뿐이다.

단상에 정좌한 붓다는 등불에 드러난 중생의 얼굴들을 둘러보면서 쉬라바스티에서 갖는 첫 설법을 시작했다.

"중생들이여,
이 등불에 모여드는 벌레를 보십시오. 그 짧은 목숨에도 불구하고 빛을 찾아 열심히 살고 있습니다. 불 가까이 가면 몸이 탄다는 두려움도 알 턱이 없고 그들은 죽어가고 있습니다. 낮에는 새들의 밥이 됨으로써 자신의 몸뚱이를 공양하고 있습니다. 어떤 것들은 흙 속에 썩어 식물의 영양분으로 자기를 희생하고 있습니다.
동물들도 또한 배설물을 대지에 뿌려 식물의 비료가 되고 식물은 동물의 양식을 제공합니다.
이와같이 서로 상대를 살리면서 자신도 살고 피와 살과 뼈가 되어 상부상조하고 있습니다.
만물은 서로 관계를 맺고 조화를 이루며 살아갑니다. 어느 것 하나 단독으로 존재할 수 없다는 것을 알아야 합니다.
그런데 인간들은 이 자연의 법칙을 모르고 자신의 존재만을 주장할 뿐 서로 양보하면서 너불어 사는 길을 잊고 있습니다.
대자연을 보십시오.
자연은 삶에서 인간의 정도正道를 무언으로 가르치고 있습니다. 조화라는 덕목을 가르치고 있습니다.
만일 이 지상에 비가 오지 않는다면 어떻게 되겠습니까.

초목은 말라 죽고 동물은 먹을 거리를 잃고 인간도 살아갈 수 없게 됩니다.

 비는 대지를 씻고 거름을 땅 속으로 녹여 보내 식물의 성장을 돕습니다.

 산에서 흐른 물은 내가 되고 강이 되어 대지를 적시면서 바다에서 합류합니다.

 아무리 오염된 물이라도 대해에서 정화되고 태양의 광열로 증발하여 다시 비가 되어 지상에 내려옵니다.

 이 윤회 운동은 영원히 변함없이 되풀이되고 있습니다.

 중생들이여, 자신의 존재를 똑바로 보십시오.

 온갖 재료와 조건을 갖추고 지상을 낙원으로 만들 수 있는 능력을 부여받은 인간이 자기 중심으로 흘러 싸움과 시샘의 불길을 지피면서 자멸의 길로 치닫고 있습니다.

 과연 이래서 될 말입니까.

 자연은 묵묵히 조화를 이루며 공생하고 있는데 인간만이 단독으로 살아가려고 안달입니다. 계급 제도로써 인간을 차별하고 있습니다. 자기 집단의 번영만을 생각하고 다른 집단의 멸망 따윈 안중에도 없습니다.

 이래서 될 일입니까?

 권력과 폭력으로 약자를 짓밟고, 거짓말을 하고, 도둑질을 하고, 화를 내고, 불평하고, 남을 비방하고, 원망하고, 시기, 질투하고, 정욕에 빠져 욕망의 포로가 되고 말았습니다… 이래서 과연 괜찮은 일일까요?

 이러한 일들로 말미암아 인간은 스스로 고뇌의 씨앗을 뿌리고 허덕이고 있습니다. 뿌린 씨앗을 거두어 들이는 자는 남이 아닌 바로 자기 자신입니다.

　중생들이여, 그대들의 육체는 자기 것처럼 생각하고 있는데 사실은 자기 것이 아닙니다. 만일 육체가 자기 것이라면 자기 뜻대로 살아주어야 할 것입니다. 하지만 자기 뜻대로 살지 못하고 있습니다. 질병에 시달리고 싶지 않아도 질병에 걸리기도 하고 나이를 먹고 싶지 않은 데도 육체는 어김없이 늙어빠집니다.

　아무리 좋은 영양식을 섭취해도, 아무리 훌륭한 보약을 입에 넣어도 죽음은 반드시 찾아옵니다. 아무리 많은 재산을 쌓아도 죽을 때 가져갈 수 없습니다. 지위가 높고 명예가 있어도 죽음 앞에서는 아무 힘도 되지 못합니다.

　사랑하는 처자식도 죽음은 비정하게 갈라놓습니다.

　대자연은 무상無常합니다.

　일체가 무상無常의 틀에서 벗어나지 못합니다.

　하지만 중생들이여, 걱정할 일이 아닙니다.

　그대들의 육체를 지배하고 있는 마음은 영원하고 불멸합니다.

　개성을 지닌 영혼은 영원부궁하며 죽음을 모릅니다.

　자연계의 무상無常이란 틀에서 티끌만한 구속도 받지 않습니다.

　뿐만 아니라 영혼인 마음 속에는 오랜 과거세의 생활경험인 위대한 지혜가 저장되어 있으며 언제든지 쓰일 수 있게 되는 날을 기다리고 있습니다.

현세에서 겪는 인생경험보다도 훨씬 더 크고 풍부한 반야般若(지혜)가 내장되어 있습니다.

지금 우리가 누리고 있는 생활환경은 우리들 각자가 영혼을 더욱 풍부하게, 더욱 크게 키우기 위한 학습장에 다름 아닙니다.

그러므로 지금의 처지를 고집하거나 뽐내거나 자기를 비하해서는 안 됩니다.

가난한 자도 넉넉한 자도 자신의 영혼을 더욱 향상시키기 위해서 존재합니다.

인류가 모두 형제요 평등하다는 것은 바로 이를 두고 한 말입니다.

빈부의 차가 가치의 기준이 아닙니다.

마음의 크기, 마음의 풍부함에 따라 가치가 결정됩니다.

넉넉한 자는 가난한 자를 돌보고 베푸십시오. 가난한 자는 인생의 가치를 깨닫고 마음을 크게 가지십시오. 서로 이해하고 올바르게 일함으로써 대자연의 대조화와 동화할 수 있습니다.

지혜에 눈뜨고 자비의 마음을 근본 삼아 서로 봉사하는 정신이 살아나면 보은과 감사의 고리는 더욱 강화되어 밝고 풍족한 사회가 열릴 것입니다.

중생들이여, 인생은 짧고 유한합니다.

이 짧은 인생항로를 추악한 투쟁과 독점의 욕망으로 얼룩지게 해서는 안 됩니다.

법을 좇아 영원한 보행을 계속해야 합니다.

여러분의 마음 속에는 신불神佛의 자애가 찬연하게 내재되어 있습니다.

그 위대한 자애를 각자 생활 속에 살려나가십시오.

반야바라밀다般若波羅蜜多는 그런 선의의 생활이 지속될 때 절로 열리게 되며 전생의 자신도 만나볼 수 있게 되고 현세를 더욱 값지게 살 수 있습니다.

아라한의 경지란 바로 그러한 심경心境에 이른 자를 말하는 것인데, 누구나 법에 따른 생활을 하면 아라한의 경지에 도달할 수 있습니다."

붓다의 설법은 쉽지만 힘이 있었고 청중의 마음을 붙잡고 놓아주지 않았다.

광장은 빛으로 가득찼다.

주위는 밤의 어둠이 겹겹이 에워싸고 있었지만 설법장만은 등불의 밝음이 붓다의 법어의 파장에 실려 둥근 원을 그려 나갔다.

그 밝은 파문은 청중들의 얼굴을 환하게 비추었고 단상의 붓다를 황금색으로 떠받치는 듯 했다. 붓다의 이마에는 굵은 땀방울이 맺혀 진주처럼 반짝거렸다. 피로를 모르는 붓다의 얼변은 끊임없이 이어졌다.

붓다의 설법을 한 번 들은 사람은 그 박력과 충격으로 헛된 꿈에서 깨어난 신선한 감동을 받았으며 그 감격은 오래도록 가슴에서 사라지지 않았다.

감동의 파장은 입과 입을 타고 번져 나갔다.

그래서 붓다가 가는 곳마다 인산인해를 이루었고 붓다의 이름은 태풍같은 속도로 퍼져나갔다.

이때 베샤카는 한번만이라도 좋으니 붓다를 직접 한 번 만나보고 싶었다. 그녀는 이미 붓다의 설법을 들은 적이 있었으며 그때 받은 감동이 전신을 흔들고 있었다.

처음 붓다의 이름을 알게 된 것은 수닷타가 쉬라바스티의 교외에 제따와나(기원정사)를 기진寄進했을 때였다. 그녀는 큰 부잣집 외동딸로 어릴 때부터 부모를 따라 신神을 굳게 믿고 있었다. 많은 고용인을 거느리고 있었지만 노예의 신분을 멸시하거나 차별하지 않았다. 베샤카의 부모는 수닷타와 친했다. 베샤카는 아버지의 허가를 얻어 수닷타의 집을 방문했다. 목적은 붓다를 알기 위해서였다.

"저는 베샤카입니다.
이렇게 수닷타님을 처음 뵙게 되어서 참으로 기쁩니다."

여러 명 하인을 거느리고 수닷타를 방문한 그녀는 얼굴 가득히 미소를 지었고 흰 옷으로 정장한 자태는 기품과 지성으로 넘쳤다. 이미 서른이 넘은 나이지만 독신의 순결함과 싱싱한 젊음을 잃지 않고 있었다.

"참 잘 오셨습니다. 아가씨의 아버님으로부터 연락을 받고 기다리고 있었습니다. 아가씨댁 가문과는 할아버지 때부터 알던 사이입니다. 오래 만나뵙지 못하고 있습니다만… 아버지께서는 여전히 안녕하시겠지요?"

"예, 다들 건강합니다. 아버지께선 퍽 늙어버렸습니다. 그래서 요즘은 제가 가업을 돌보고 있습니다."

"어허 그것 참 장한 일이십니다. 귀댁엔 아드님이 없는 대신에 아가씨가 믿음직스럽더군요. 부모님도 퍽 든든하시겠습니다. 그런데 오늘은 무슨 일로…"

수닷타는 그녀가 찾아온 용건에 대해서는 아무 연락도 받지 못했던 것이다. 다만 '딸이 찾아가니 잘 부탁한다'는 쪽지만 받고 무슨 상거래라도 있는가 추측하고 있었다.

"수닷타님이 붓다께 기진寄進하신 제타와나(기원정사)를 밖에서 보았는데 참으로 훌륭했습니다. 감탄이 저절로 터져 나왔습니다. 수닷타님은 부모가 없는 아이들을 돌보고 계신다는 것을 아버님으로부터 들었습니다. 저도 수닷타님과 같은 마음이 따뜻한 사람이 되려고 작심하고 있습니다."

"아니 아니, 지나친 과찬을 말씀을…
칭찬받을 만한 짓은 아무것도 하시 잃있습니다."

수닷타는 겸손하게 웃으며 입을 다물었다. 베샤카는 수닷타의 고매한 인품에 매료되었다. 하지만 이런 큰 장자님을 지도하고 계시는 붓다는 얼마나 더 훌륭한 인물일까 궁금했다.

"수닷타님, 저를 붓다님께 인도하여 주시겠습니까…"

그녀는 단도직입적으로 찾아온 목적을 털어놓았다.

수닷타는 머뭇거리면서,

"위대한 붓다님을 만나뵈온다… 그것 참 좋은 일입니다. 꼭 만나뵙도록 해드리겠습니다. 하지만 지금은 제타와나(기원정사)에 계시지 않습니다."

하고 그녀가 찾아온 목적이 붓다에 있었음을 알고 속으로 웃었다.

"언제 돌아오시는지요?"

"글쎄…"

수닷타도 확답을 할 수가 없었다. 팔장을 끼고 잠시 생각에 잠겼다가 말했다.

"붓다가 제타와나(기원정사)에 오시면 상의해서 연락드리기로 하면 어떨까요."

"참으로 고맙습니다. 수고를 끼쳐드려서 죄송합니다."

"그런데 붓다의 설법을 들은 적이 있습니까?"

"예, 먼 발치에서… 쉬라바스티의 공원에서 들어본 적이 있습니다."

"어떤던가요, 붓다의 설법을 들으니…?"

"예, 설법을 들으니 제 마음이 동요했습니다. 그리고 편안해졌습니다. 그래서 저는 이 분이야말로 틀림없는 붓다라고 생각했습니다."

"아하, 그거야말로…"

"저는 수닷타님의 소개로 만나뵈옵고 싶었습니다. 그래서 오늘까지 기회를 엿보고 있었던 것입니다."

"아니 아니, 몸둘 바를 모르겠습니다."

수닷타는 이마에 손을 갖다 대고 웃으며 말했다.

"당신 같은 분이라면 소개 같은 것은 필요없을 텐데 굳이 제 소개를 필요로 하다니요!"

"저 위대한 붓다에게 알지도 못하는 아녀자가 불쑥 나타난다는 것이 무례하고 두려워서요."

"듣고 보니 그렇기도 하군요."

"저도 수닷타님처럼 붓다를 비롯한 정사 수행자들에게 식사와 옷가지를 보시해야겠다고 마음 먹어 왔습니다."

"그것 참 좋은 생각입니다. 법을 펴는 분이야말로 나라의 보배입니다. 우리는 이러한 분들에게 법을 널리 펼 수 있도록 도울 필요가 있습니다. 당신같은 마음가짐이 소중합니다. 서로 중생 제도를 위해서 봉사합시다."

수닷타는 이렇게 말하고 베샤카의 얼굴을 유심히 살폈다. 한 가녀린 여성이 어떻게 이런 가상한 생각을 할까 놀라웠다. 대개의 여성은 남의 보호와 사랑 받기를 바라고 매사 소극적이면서도 제 욕심만을 채우려 하는데 이 여성은 다르다. 남자처럼 적극적으로 사고하고 계획하여 그것을 실천에 옮기려고 하지 않는가. 외동딸로 태어나 경제적으로 윤택한 환경에서 성장하면 어쩌다가 매우 비상식적인 행동을 취할 경우가 있는데 베샤카에겐 그런 징후는 전혀 보이지 않았다. 진지하고 침착했으며 말씨나 표정으로 보아 일시적인 감정이나 충동으로 자기를 찾아온 것 같지는 않았다.

이 어지러운 전란의 시대에 많은 고용인을 부리며 여자가 혼자 살아간다는 것은 쉬운 일이 아니다. 이것만 보아도 베샤카는 남자 이상의 실력과 계획성을 지닌 뛰어난 여성이 틀림없다고 수닷타는 생각했다. 대화하는 도중에는 그녀는 이따금 눈을 아래로 깔고 자신의 마음을 확인하는 듯했다. 두 손을 무릎에 얹고 조용히 말하는 교양있는 태도도 호감이 갔다. 수닷타가 입을 열었다.

"당신 아버지는 지금까지 많은 불쌍한 사람들을 구제해 왔습니다. 그 아버지에 그 딸이군요. 앞으로 잘 해봅시다."

수닷타는 베샤카의 손을 잡고 맹세하듯 꼭 힘을 주었다. 그녀도 역시 수닷타와 같은 훌륭한 장로를 만나게 된 것을 진심으로 감사했다. 그녀는 수닷타를 만난 것이 오늘이 처음이지만 어쩐지 초면같지가 않았다. 오랜 지기처럼 느껴졌고 친형제 같은 느낌이 들기도 했다. 손을 잡아도 조금도 어색한 기분이 들지 않았고 오랜 동지같은 친근감이 들기도 했다. 그녀가 친근감을 느끼는 가장 큰 원인은 수닷타가 붓다에게 정사를 기증하였다는 사실에 연유하는 것 같았다. 이 사건은 백 마디 설명이 필요없을 만큼 수닷타의 인품을 극명하게 드러내 보였으며 처음부터 신뢰와 공감을 갖게 하기에 충분하였다. 베샤카는 기뻤다. 수닷타의 얼굴을 쳐다보면서 마음 속으로, '저도 힘껏 하겠습니다' 하고 맹세하였다.

　베샤카는 그 후 미가라마다鹿母精舍[3]를 기증하게 된다. 그리고 사로몬들이 수행하는 데 숨은 공로자로 땀흘린다. 그 활동은 결코 수닷타에게 뒤지지 않는 것이었으며 붓다의 승단에서 특기한 인물로 부상하게 된다.

　베샤카는 수닷타와 헤어진 지 수십일 후에 염원하던 붓다를 만나게 되었다. 수닷타로부터 붓다를 만날 수 있다는 전갈이 왔던 것이다.

　그녀는 뛸 듯이 기뻤다. 채비를 서둘러 붓다가 기거하는 쉬라바스티의 정사로 달려갔다.

---

3) **미가라마다**: 제타와나(기원정사) 동쪽에 자리했던 강당의 이름. 녹강당鹿講堂, 녹모강당鹿母講堂, 녹자모강당鹿子母講堂, 녹자모당鹿子母堂이라고도 함.

§여인의 도

제타와나(기원정사)는 수닷타의 헌신과 많은 동참자들의 봉사로 훌륭하게 건립되었다. 웨누와나(죽림정사)보다 몇 배나 더 큰 규모였다. 붓다 승단의 태반이 옮겨와도 여유가 있었으며 새로운 출가자도 받아들일 수 있었다.

웨누와나(죽림정사)에서 멀리 서쪽에 떨어진 지금의 티벳 가까이 위치하였는데 기후는 온화하고 나직한 구릉이 기복한 아름다운 곳이었다. 카필라 성까지는 하루 남짓 걸으면 닿을 수 있는 거리였다.

붓다 일행이 이주를 완료하고 며칠이 지나자 카필라에서 여러 사람들이 차례차례로 찾아왔다. 직접 붓다와 만나지는 않았지만 멀리서 붓다를 바라보고 깊은 감회에 젖어 돌아갔다. 그들은 붓다가 엄청나게 달라진 것을 보고 크게 놀랐다. 그리고 서로 소곤거렸다. 언젠가는 붓다에게 귀의하여 자신들의 마음을 돌아보아야겠다고.

붓다는 제타와나(기원정사)의 생활에도 곧 익숙해졌다. 혼자 방 안에 앉아 조용히 참선하면서 자신의 내면을 살피는 것이었다.

설법에 잘못이 있으면 중생도 승단의 수행승들도 정법에서 이탈한 방향으로 빗나가게 되기 때문에 설법이 있은 다음에는 반드시 반추하고 음미하는 것이 습관화되었다. 음미가 끝나면 다음 설법의 내용을 정리하여 특히 강조할 점을 점검한다. 원래 붓다의 설법은 처음부터 결정되어 이야기의 순서를 정한 것은 아니었다. 청중들의 얼굴들을 훑어보면서 그 표정에 맞는 설법을 하기 때문에 솔직히 말해서 무슨 말이 튀어나올지 예측불허였다. 설법은 언제나 임기응변이었으며 청중의 기근機根에 맞추어 풀어가는 것이었으므로 설법의 내용을 가려 뽑는다 해도 머리 속에 이것저것 찾아헤매는 일은 없었다. 따라서 설법에 잘못이 없을 땐 금방 명상의 선정禪定에 드는 것이 상례였다.

여기서 설법의 중요성에 대해서 잠시 언급을 해야겠다.

설법은 지식의 나열로써는 아무리 논리적으로 훌륭하다 해도 가슴에 감동을 줄 수는 없다.

왜냐하면 사람의 마음은 다 같은 것이며 희로애락의 공감은 체험을 통해서만 실감있게 살아나는 것이기 때문이다.

또한 지식에는 사람마다 단층이 있는 것이지만 체험으로 얻은 진실에는 단층이 없기 때문이다.

붓다는 이 점을 잘 알고 있었으므로 그의 설법의 내용은 머리를 써서 얻은 게 아니고 주로 체험으로 얻어진 것이었다. 6년의 고행은 이런 의미에서 대단한 힘이 되었다.

"붓다, 수닷타님이 오셨습니다."

사리뿟다가 와서 보고했다. 붓다는 명상을 풀고 말했다.

"어서 안내하게."

곧 사리뿟다의 안내를 받아 수닷타와 한 여인이 붓다의 방에 들어왔다.

"붓다, 이 여성은 산너머 이웃 마을에 사는 큰 부호입니다.
붓다를 꼭 뵙게 해 달라고 해서 이렇게 왔습니다."

수닷타는 정중하게 소개했다. 수닷타의 뒤에 선 여인은 고개를 깊이 숙인 채 좀처럼 얼굴을 들지 않고 있다.

"아아 그래요. 잘 오셨습니다.
자 얼굴을 들고 편히 앉으십시오."

붓다는 친절하게 응대한다. 여인은 소탈한 붓다의 말에 천천히 고개를 들고 붓다를 눈 부신듯 바라보면서 입을 뗐다.

"고맙습니다. 저는 베샤카라고 합니다. 붓다의 소문은 여러번 들어왔는데, 그 때마다 마음이 맑아져 감사하고 있습니다. 오늘은 제 소원이 이루어져 붓다를 이렇게 가까이서 뵙게 되니 참으로 감격스럽습니다."

베샤카는 겸손하게 수닷타에게 목례하고 비로소 얼굴에 미소를 띠었다. 밝은 햇살이 여인의 얼굴을 돋보이게 하였다. 엷은 화장을 한 얼굴이 복숭아빛으로 홍조를 띤 것으로 보아 조금 긴장한 모양이었다. 베샤카는 애써 냉정을 가다듬고 있었지만 역시 붓다의 면전이라 마음이 긴장되어 상기되고 말았다. 베샤카는 약간 흥분한 목소리로 말을 계속한다.

"붓다님의 설법을 듣기 위해서 우리 가족들은 쉬라바스티로 이사하였습니다. 먼 발치에서 붓다님의 설법을 듣고 마음이 평안해졌을 뿐만 아니라 기쁨이 가슴 깊숙한 곳에서 솟아오르고 있습니다. 가능하다면 저도 붓다님을 위해서 보시를 하고 싶어서 이렇게 찾아왔습니다."

붓다는 이미 베샤카의 마음 속을 읽고 있었다.

"정말 기특한 분입니다. 잘 오셨습니다. 당신 기분은 잘 이해하겠습니다. 그런데 먼저 한가지 물어보겠습니다. 당신은 어린 시절부터 외동딸로 태어나 응석받이로 자랐습니다. 부모님과 많은 하인들에게 무슨 일로 보은을 하고 있습니까?"

말은 부드러웠지만 내용은 엄숙한 것이었다. 그녀는 가슴을 한 대 얻어맞은 기분이었다.

"예, 붓다님의 말씀을 듣고 열심히 효도를 하려고 노력하고 있습니다.
하인들에게는 감사하는 마음으로 보답하려고 합니다."

"그렇다면 좋습니다. 언제나 그런 마음을 잃지 않도록 하세요."

"감사합니다."

베샤카는 다음 말이 나오지 않는다. 붓다가 하고자 하는 말은 승단에 바치는 보시도 좋지만 그 이전에 할 일을 다 하라는 것이었다. 베샤카로서는 가장 아픈 데를 지적당한 꼴이 되었다. 그녀는 주저주저하면서 방문의 목적을 말했다.

"저는 붓다님의 제자들에게 매일 공양으로 보시하고 싶습니다."

"왜 그런 마음을?"

"멀리까지 탁발하러 다니는 수행승들에게 가까이서 쉽게 식사를 할 수 있게 해준다면 그만큼 수행의 시간이 많아지고 헤매는 중생을 더 많이 제도할 수 있지 않겠습니까."

"그것 참 고마운 일입니다.
그렇다면 그 보시는 받아들이기로 하겠습니다."

"고맙습니다. 그리고 또 환자와 간병인들에게도 약과 식사를 제공하고 싶습니다."

"그건 또 어째서?"

"제가 환자들을 위해서 할 수 있는 일은 약과 식사 제공뿐이지 다른 일은 못 합니다. 환자들이 빨리 회복되어 중생을 제도해 주었으면 하기 때문입니다."

"그 보시는 그대의 마음에 더 큰 평안과 광명을 채워줄 것입니다."

"붓다, 감사합니다. 그리고 또 한 가지 청이 있습니다.
 언젠가 큰 비가 오던 날 많은 비구들이 나체로 강가의 둑을 걷고 있었습니다. 저는 처음엔 나체승들인가 하고 생각했습니다. 강가 주위에 사는 창녀들이 젊은 비구들에게 '젊을 때 놀아야지 늙으면 놀지 못해요. 우리와 함께 놀다 가요. 그런 수행은 늙어서 하면 되잖아요.'하면서 유혹하고 있었습니다. 저는 놀랐고 슬펐습니다.
 창녀 앞을 나체로 지나는 일이 없어야겠습니다.
 비올 때 입을 옷을 보시하고 싶습니다."

베샤카의 눈빛은 진지했다. 붓다는 그녀의 말을 절실하게 받아들였다. 인간들이 진실로 마음을 비우고 보시심을 가지게 되면 이 세상은 그대로 불국토가 될 것이다. 베샤카의 청을 거절해서는 안 되겠다고 생각했다.

옆에서 듣고 있던 수닷티는 베샤카의 아름답기 그지없는 마음씨에 감복했다. 지신이 한 보시는 초라하게 보였다. 보시의 내용은 재물의 많고 적음에 있는 게 아니라 진실의 다과에 있다.

진심이 담긴 보시일수록 많은 사람에게 감동을 주고 마음을 정화시킨다. 자신의 보시도 결코 헛 것은 아니었다. 인간에게 기쁨과 희망을 주고 밝은 사회의 기초를 다지고 있다. 이후도 붓다의 가르침이 더욱 넓게 더욱 깊게 전파되도록 최선의 노력을 아끼지 말아야겠다고 다짐한다.
 붓다가 입을 열었다.

"베샤카여, 그대의 보시로 많은 제자들이 진심으로 감사할 것입니다. 그 공덕은 그대 마음 속에 광명으로 채워질 것입니다. 환자들은 약을 먹으면서 그대를 생각할 것이고 건강이 회복되면 될수록 그대에게 감사할 것입니다."

"붓다, 저는 보답을 바라서 보시하는 게 아닙니다.
 보시하고 싶기 때문에 보시하는 것 뿐입니다.
 그리고 제가 할 수 있는 것은 겨우 이 정도 뿐입니다."

"베샤카여, 바로 그것입니다. 그것이 좋은 것입니다.
 저 태양을 보세요. 항상 빛과 열을 보내 주지만 보답은 바라지 않고 있습니다.
 그처럼 인간의 감사는 바라지 않아도 광명이 되어 남을 것입니다.
 그대의 정원에는 아름다운 화초가 만발할 것입니다.
 그 아름다운 화초는 이윽고 낙화하지만 계절이 오면 그 씨앗은 다시 아름다운 꽃을 피워 정원을 장식합니다.
 그대가 뿌린 보시의 씨앗은 그대 가슴 속에 평안이 되어 영원히 남게 된다는 뜻입니다."

"붓다, 감사합니다.

그리고 또 한가지 청원을 들어주시기 바랍니다.

붓다의 승단을 위한 정사情舍를 하나 짓고 싶습니다.

쉬라바스티의 북쪽에 매우 경관이 좋은 장소가 있는데 수행장으로서는 더 없이 좋은 곳으로 생각하고 있습니다.

우리 마을 사람들에게도 붓다의 설법을 듣게 해주고 싶습니다. 유복한 가정에서 태어난 제가 마땅히 해야 할 일이라고 생각합니다.

붓다, 부디 제 소원을 들어주시기 바랍니다."

붓다는 베샤카의 이 청도 받아들였다. 붓다는 목갈라나를 불러 정사 건설의 일을 베샤카와 의논하도록 지시했다. 베샤카의 헌신으로 그 뒤에 미가라마다(녹모정사鹿母精舍)가 완성된다. 그곳은 이름 그대로 사슴이 놀고 바람도 잠잠하며 수행장으로서는 둘도 없는 적지였다.

베샤카는 자신의 뜻이 모두 이루어졌으므로 밝은 마음으로 돌아갔다. 이렇게 베샤카는 제타와나(기원정사)에서 붓다의 설법을 듣고 더욱 정법과 보시에 심신을 바친 나날을 보낸다. 가업은 소홀해지긴 커녕 염려와는 달리 더욱 번창해 간다. 주인이 진심으로 대하니 히인들도 더욱 열심히 일하게 되어 그녀가 집을 비워도 아무 지장이 없었다. 어느날 그녀는 붓다의 개인 지도를 받게 되었다.

"붓다, 저 같은 여자가 존귀한 분의 개인 지도를 받는 것은 실례라고 생각합니다만 여자의 '도'를 가르쳐 주신다면 감사하겠습니다."

"베샤카여, 그대는 여인이면서도 많은 하인들에게 자비를 베풀고 있습니다.
 마음이 서로 통해서 나태하지 않고 불평·불만도 없으며 올바르게 일하고 있습니다.
 하인으로서의 할 일을 잘 지키고, 저 태양 같은 마음으로 모두 평등하게 일하고 있기 때문에 장사도 번창하고 있지 않습니까.
 대다수 여자들이 무슨 일에든 곧잘 화를 내고 만족할 줄 모르는 욕심을 가지고 있지만 더러는 가난한 자에게 자비를 베푸는 사람이 있습니다.
 또 한편으로는 마음이 둥글고 넉넉하며 화도 내지 않고 모든 것에 만족할 줄 알면서도 가난한 자에게 자비를 베풀 줄 모르는 사람도 있습니다.
 그런가 하면 넓고 둥근 마음을 가지고 깨달아 노여움을 모르고 욕심이 없으며 만족하고 남의 행복을 기뻐하며 가난한 자에게 아낌없이 자비를 베푸는 사람도 있습니다.
 이 세 가지 유형 중에 정법正法(도)을 좇는 삶을 들자면 마지막 여자일 것입니다.
 법을 마음의 양식으로 삼고 생활하고 있는 여인은 자신의 위아僞我를 지배하여 일체의 집착에서 벗어나 평안 속에 안주합니다.
 남녀는 강剛함과 유柔함으로써 서로 조화를 이루는 평등한 존재입니다.
 남녀의 육체는 평등이라고 할 수 없지만 마음은 평등합니다.

진리는 남녀의 성별에 관계없이 균등하게 부여되어 있기 때문입니다.
여자는 가정에서 광명을 채우는 중요한 역할이 있습니다.
여성은 결혼하면 아이를 낳습니다. 아내는 가정에서 아이를 돌보고 키웁니다. 훌륭한 아이를 키우는 데는 부부의 대화와 신뢰가 최고입니다. 서로 돕고 양보하면 마음이 넓고 건강한 아이로 키워집니다.
이런 가정이 많으면 많을수록 지상의 조화는 촉진됩니다.
시집가면 남편의 부모에게 효도를 해야 하는 의무가 있는데, 어떠한 이유가 있어도 마음 속에 불평과 노여움의 씨앗을 뿌려서는 안 되며 인욕忍辱의 두 글자를 잊지 말고 밝고 넉넉한 생활을 누려야 합니다.
마음 속의 괴로움은 자신이 만들어 낸다는 점을 명심해야 합니다.
말과 행동을 통해서 제 마음에 들지 않는다 해서 노여움, 시기·질투, 원망의 마음을 품게 되면 그 씨앗은 마음의 밭에서 싹이 터서 숲을 이루고 그 속에 빠져 길을 잃고 헤매게 됩니다.
조화를 잃은 가정은 종내 분쟁을 일으키고 파괴로 치닫게 됩니다. 그러므로 가정에 대립이 있어서는 안 됩니다.
남편의 일을 잘 이해하여 내조하고 스스로 교양을 쌓아가는 것이 여인의 '도'입니다.
가족과 하인에게 깊은 자비심으로 친절한 마음과 행동으로 대해야 합니다.

집 밖에서 벌어들인 남편의 수입은 자신의 욕망을 충족시키기 위해 쓸 것이 아니라 긴급 사태에 대비해서 저축할 필요가 있습니다.

부부는 가정이라고 하는 사회 속의 협동 생활자이며 결코 우연으로 결합된 사이가 아닙니다. 긴 전생윤회의 과정에서 깊은 인연의 끈으로 결합된 것입니다.

부부는 한 집에 살면서 사회 전체에 조화를 가져옵니다. 그런 만큼 부부는 서로 화목하며 마음으로 사랑하고 사랑받는 관계를 지속해야 합니다.

또한 그런 연생의 끈으로 결합된 관계이기도 합니다.

부부의 연생을 더욱 전진시키기 위해서는 정법正法을 잘 이해하고 실천해야 합니다. 그렇게 함으로써 더욱 가치있는 고차원의 조화로 나아갈 수 있습니다.

얼굴이 예쁜 여인은 금방 자만에 빠집니다.

진실로 아름다운 것은 올바른 마음을 가지고 생활하는 여인입니다.

미인이기 때문에 여인은 오만해지고 남을 얕보며 우월감에 빠집니다.

이런 여인이 남자를 유혹해도 정법正法을 실천하고 있는 사람은 그 유혹에 빠지는 일은 없을 것입니다. 유혹에 마음이 흔들리는 남성은 어리석고 못난 얼간이입니다.

오만과 우매에 사로잡힌 남녀는 부질없는 정욕의 포로가 되어 몸을 추스리지도 못하고 불행한 일생을 마칩니다.

어리석은 여자는 자신을 더욱 아름답게 보이려고 날뛰며,

허영심에 빠져 그것을 충족시키려고 고생합니다.
 이런 여성은 남자의 노리개가 되기 십상이고 괴로움에서 벗어날 날이 없습니다.
 여인의 어린 시절은 부모의 보호 아래 그 자유가 빼앗기고 어른이 되어 시집가면 남편에게 그 자유가 빼앗기고 늙어서는 아이들에게 자유가 빼앗깁니다.
 여인에게는 이러한 세 가지 장애물이 있습니다.
 또한 여인은 남자와는 달리 태어나도 주위에서 기뻐하지 않습니다.
 혼인 문제로 부모에게 걱정을 끼치며 늘 마음 속으로 타인을 경계합니다.
 남의 집에 시집가면 출산의 고통이 기다리고 있고 남편을 두려워하며 삽니다.
 이 때문에 자재自在의 경지는 좀체로 얻기 어려워 마음은 늘 불안합니다.”

 베샤카는 여기까지 여인에 대한 설법을 듣고 나서 그 동안 깨닫지 못했던 자신의 성격에 대해서 눈이 확 뜨였다. 듣고보니 여인에게는 여인 특유의 업業이라는 것이 있으며, 그것은 남성의 그것과는 매우 이질적인 것이었다. 제아무리 남성을 부려 화려하게 일을 한다 해도 여성이란 성 탓인지 무의식 중에 그것이 고개를 쳐들어 무슨 일을 하든 결국은 남성의 보호 아래서 생활하고 있다. 상업차 여행을 할 경우에도 남성이면 혼자 집을 떠날 수가 있지만 여인은 다르다. 반드시 몇 사람의 남자가 그녀의 신변을 보호해야 여행이 가능했던 것이다.

또한 여자 특유의 응석이라는 것이 있어서 남자와 같은 어려움을 참고 이겨내고 싶어도 그것은 처음부터 불가능한 일이었다. 여자는 언제나 보호를 받으며 살아간다. 또한 보호받기를 무의식 중에 요구하고 있다. 그리고 남을 사랑하기보다는 사랑받고 싶은 기분이 더 강하다. 만사가 수동적인 만큼 마음은 평등이면서도 여성이란 성 때문에 남자와는 다른 연약성의 업業을 몸에 입게 된다고도 할 수 있다.

베샤카는 붓다의 지엄한 진리의 설법을 음미하고 있었다. 그리고 여성이라는 그 성을 뛰어넘기 위해서는 어떻게 해야 좋을까를 생각했다. 그 동안 그녀는 남자도 못하는 일을 해왔다. 자부심도 강했다. 하지만 붓다 앞에서는 그런 일도 자부심도 흔적 없이 사라져 버리고 역시 존재하는 것은 베샤카라는 한 여성뿐이라는 사실을 깨달았다.

"여자의 성을 뛰어넘는 길은 없습니까."

베샤카는 주저하면서 물어보았다. 하지만 붓다는 거기에는 대답하려고 하지 않았다. 미소를 머금고 베샤카의 얼굴을 내려다 볼 뿐이었다.

베샤카는 큰 부잣집 외동딸로 태어난 만큼 남성을 얕보는 오만에서 벗어나지 못했다.

붓다의 앞에서는 머리를 조아리고 진솔하게 듣는 마음이 되어 있지만, 하인이나 다른 남성 앞에서는 역시 대등하게 혹은 그 이상의 고자세로 명령조의 어사와 매정한 말을 내뱉기가 일쑤였다.

물론 그녀는 하인들을 자비심으로 대했지만 그 자비심이 때로는 우월감과 혼합된 자기 만족이라는 사실을 모르고 있었던 것이다.

여자의 성을 어떻게 뛰어넘을까를 생각하기 전에 그녀에게 시급한 일은 그런 우월감을 정리하고 자신의 현주소에서 떠나 우선 한 인간으로 돌아가는 일이었다.

제 6 장

카필라 사람들의 각성

§파세나디 왕의 후의厚意

　가까운 곳에 있는 붓다의 소문은 카필라에서는 금기사항이었지만 무사들 사이에서는 새로운 소문들이 꼬리를 물고 들려와 성내는 갑자기 활기가 넘쳤다. 소문이란 바로 붓다가 곧 카필라로 돌아온다는 것이었다. 소문의 출처를 더듬어가니 붓다의 설법을 들은 무사들이 제멋대로 날조하여 귀로 전달된 것이었다.

　요즘 무척이나 눈물이 많아진 숫도다나왕의 귀에도 이 소문은 들어갔다. 하지만 사자를 보낼 때마다 실패로 끝났고 새삼 귀성의 소문을 밝혀보아야 또 헛탕을 칠 것이 뻔한 근거 없는 뜬소문이라고 생각했다. 하지만 출가한 뒤 흘러간 12년이란 세월은 역시 길었다. 붓다를 만나고 싶은 마음은 누구보다도 강력했고 붓다 생각만 하면 가만히 앉아 있을 수 없는 숫도다나였다.

　아무 근거 없는 뜬소문으로 생각하면서도 그것을 진짜로 바꾸는 노력을 다시 한번 시도해보는 것도 헛일만은 아닐 성 싶었다.

　붓다가 남기고 간 외아들 라훌라는 아직 열 두 살밖에 되지 않았다. 장차 이 라훌라에게 카필라의 성주로 뒤를 잇게 하고 싶지만 자신의 나이는 이미 70이 되었으니 그 자신이 서지 않았다.

　고타마 싯다르타를 귀가시키려고 그 동안 얼마나 많은 사자를 보냈던가. 하지만 사자를 보낼 때마다 어떻게 된 영문인지 사자마다 싯다르타의 포로가 되어 출가해 버린다. 사자의 사명조차 팽개쳐 버리는 자가 대부분이었다.

　12년 전의 코스타니야 일행을 위시해서 그 수는 상당하다.

유능한 무사들이 차례차례로 출가해 버렸기 때문에 카필라에서도 인재의 부족을 느끼는 실정이었다.

왕은 한 꾀를 냈다. 그 꾀는 코살라 국왕 파세나디에게 간청하여 싯다르타를 귀가시키는 일이었다. 왕은 자기 꾀지만 스스로 묘안이라고 무릎을 치며 확신에 찼다. 곧 측근과 무장들을 소집했다. 그리고 그 일책을 펴보았다. 대개 왕의 의견과 일치하였고 그 외에는 다른 방법이 없다는 결론을 내렸다.

"그렇다면 코살라 국왕에게 사자로 갈 적임자를 선발해야겠다."

왕은 중신들의 얼굴을 훑어보며 계속했다.

"상대는 대국의 왕이다. 결례를 해선 안 되니까 이쪽에서도 상당한 인물을 뽑지 않을 수 없다.
수구로다나, 무슨 좋은 안이 없는가."

"예, 그렇습니다. 이 일은 역시 이 사람이 제일 좋은 적격자라고 생각합니다만…"

수구로다나는 고개를 숙인 채 묵묵히 이야기를 듣고 있는 암리트다나를 가리켰다. 암리트다나는 고개를 들어 왕과 좌중을 둘러보면서 확고한 어조로 말했다.

"그 큰일을 제가 맡겠습니다. 저도 역시 붓다의 설법을 배청하고 싶습니다. 아니, 샤카(석가)족의 한 사람으로서 아무래도 붓다의 설법을 이 카필라 성에서 듣고 싶습니다. 샤카(석가)족 모두에게도 듣게 하고 싶습니다. 그러기 위해서는 그 전에 코살라국의 대왕이 붓다를 맞아들여 설법을 듣게 하고 그 기회에 꼭 붓다의 설법을 듣고 싶습니다. 임금님 부디 저를 사자로 보내 주십시오."

그는 왕의 아우였다. 왕으로서도 이론은 없었다. 실제로 암리트다나보다 나은 적임자는 없다는 생각도 들었다. 숫도다나는 당장에 대답은 하지 않았다. 중신들의 의견을 우선 타진하는 듯 여러 사람들을 둘러보았다.

"저는 찬성입니다."

먼저 수구로다나가 손을 들었다.

"저도…"

"저도 이견이 없습니다."

차례차례로 중신들이 의사를 표시했다. 암리트다나가 사자로 선정되는데 누구도 반대하는 이가 없었다.

"암리트다나, 싯다르타는 그대의 조카이기도 하니까 이 대임 꼭 완수하기 바란다. 붓다의 귀성은 샤카(석가)족 모두의 희망이라는 점을 특히 파세나디 왕에게 전달하기 바란다. 또 나는 늙었다. 살아 있을 동안에 붓다를 만나고 싶다. 이 심정도 파세나디왕에게 꼭 전달해 주게.
그럼 잘 부탁한다."

숫도다나는 이마를 짚으며 암리트다나에게 기대를 걸었다.

"모든 걸 저에게 맡겨주십시오.
반드시 뜻이 이루어지도록 최선을 다하겠습니다."

그는 천천히 고개를 끄덕이며 자신이 있음을 표시했다.

"싯다르타에게도 사자를 보내야겠다. 거기는 우다이가 적격자라고 생각한다. 우다이는 무장이기도 하고 싯다르타에게 감화되어도 삭발이야 않겠지. 지금까지의 사자들은 모두 머리를 자르고 사로몬이 돼 버렸지만 말이다.
모두들 사로몬이 돼 버려 돌아오지를 않으니 말馬이고 뭐고 도무지 남아 있는 게 있어야지…."

왕은 큰 소리로 웃었다. 하지만 우다이도 실은 왕의 기대를 저버리고 붓다에게 매료되어 사로몬이 되고 만다. 다만 며칠 후에 승복을 입고 왕 앞에 나타난다는 점이 앞서 갔던 사자들과는 다른 점이긴 하지만….

"우다이, 너는 틀림이 없겠지…"

"예에. 웨누와나(죽림정사)에 사자로 간 제 동생과는 달리 저는 반드시 돌아옵니다. 저는 무사입니다."

우다이는 가슴을 펴 보이며 웃었다. 이렇게 붓다의 귀성을 위한 사자가 결정되었다. 둘은 여장을 갖추고 이튿날 성을 떠났다. 두 사람은 말을 타고 이따금 농담을 주고받으며 여행길을 재촉했다. 둘의 가슴에는 이번에야말로 붓다를 귀성시키고야 말겠다는 굳은 결심이 불타고 있었지만 카필라 성이 멀어질수록 우다이는 어쩐지 가슴이 흔들리기 시작했다. 왕의 앞에서는 자신 있게 가슴을 펴 보였지만 과연 이 큰 임무를 완수할 것인지 불안해지는 것이었다. 사자는 자기 혼자만이 아니라 왕의 아우인 암리트다나도 옆에 있기 때문에 그로서는 큰 부담을 느끼지 않아도 될 터인데도 어쩐지 마음이 편치 않았다.

우다이는 대범한 성격의 소유자였으므로 좀체로 신경이 과민해지는 일이 없었는데 이번 일만큼은 목적지가 가까워질수록 신경이 쓰이는 것을 어쩔 수가 없었다.

"여행하는 기분이 괜찮군요."

우다이는 앞서가는 임리트다나에게 말을 걸어 과민해지는 신경을 누르려고 했다.

"그래. 다른 나라의 여행과는 달리 코살라국의 여행이니 안심이 돼서 좋다. 날씨도 좋고 참으로 상쾌하구나."

암리트다나는 우다이 쪽으로 머리를 돌려 웃어 보였다.

카필라와 코살라는 선조 대대로 동맹관계가 지속되고 있는 사이다. 그래서 국경을 넘어 코살라국에 들어가도 카필라의 무사인 것을 알면 뒤를 밟거나 심문하는 일이 없었다. 당시의 코살라국은 대국이었고 만일 전쟁을 하면 카필라 정도의 소국은 상대도 안 되었다. 국토와 무력도 카필라의 몇 배가 넘었다. 전쟁은 오늘날 같은 무기가 없었으므로 언제나 백병전이었기 때문에 무사들의 많고 적음이 승부를 갈랐다.

물론 소국은 소국 대로의 전술이 있었다. 지리의 이점을 활용하거나 전술 전략으로 적의 손실을 크게 하여 전의를 잃게 하면서 위기를 모면했다. 그러나 여기에도 한계가 있으며, 소규모 전투에서는 이겼다 해도 전면전이 되면 소용이 없었다. 코살라국은 북인도의 열국 중에서도 대국이었으며 소국인 카필라는 코살라국의 그늘 밑에서 숨쉬고 있었다고 해도 과언이 아니었다.

두 사람은 이미 코살라국에 들어와 여행중이었다. 도중에 암리트다나가 우다이에게 지시했다.

"우다이,
그대는 파세나디 왕에게 부탁의 임무가 끝나는 대로 제타와나(기원정사)에 가서 붓다에게 귀성을 간청하도록 하게."

"알겠습니다."

암리트다나는 싯다르타의 숙부이기 때문에 형인 숫도다나의 걱정을 생각하면 그만 흥분하여 명령조가 된다. 그러면 또 대화는 깨지게 마련이니 우다이 혼자 가는 것이 상책이라고 계산했던 것이다. 하지만 이 계산은 오산으로 끝난다. 오히려 우다이와 함께 갔더라면 우다이의 출가는 막을 수 있었을지 모른다.

두 사자는 완만한 언덕길을 넘었다. 숲을 지나고 내를 건너 쉬라바스티에 도착한 것은 해가 서쪽에 기울고 석양이 성 안의 건물을 붉게 물들이기 시작할 무렵이었다. 그들은 동쪽 성문으로 갔다. 동문은 외래자의 입구였기 때문이다. 성은 견고했으며 높은 성벽에 여기 저기 보이는 망루에는 경비병이 서 있다. 말을 탄 두 사람을 망루의 경비병이 내려다 본다.

"웅장한 성이군요."

"그렇구나. 역시 파세나디 왕의 성은 크고 견고하다. 공략할 틈이 없다. 잘못 달려 들었다간 전멸이다. 아무리 큰 사다리라도 올라가기 전에 모두 당하겠다."

"이런 성을 함락시키는 전략은 없을까요."

"군량을 차단하고 때를 기다릴 수밖에 없다. 아니면 군량을 실은 짐수레에 숨어 성내에 잠입, 야습으로 안에서 성문을 열게 하여 일시에 여들어가는 수밖에 없겠지."

"용기가 필요하겠지요."

"그대라면 어쩌겠는가."

"그래야 한다면 해치우겠습니다."

"진정인가."

"물론입니다."

그리고 둘은 쾌활하게 웃으며 동문 입구에 섰다. 암리트다나는 출발할 때 코살라 국왕이 발행한 목찰에 카필라 성의 이름이 새겨진 입국증을 위병에게 내밀었다.

"카필라 성의 사자다. 왕께 안내해 주기 바란다."

위병은 이미 상사의 지시를 받은 듯 말했다.

"예, 기다리고 있었습니다. 이쪽으로 오십시오."

이 곳에는 카필라와 코살라 양국 간의 친선과 정보교환을 위해서 설치된 기관이 있었다. 이 외교기관을 통해 두 사람의 사자가 카필라에서 온다는 것이 파세나디 왕에게 이미 전달됐던 것이다. 이런 기관은 카필라에도 설치되어 있었으며 그 역할은 친선과 정보 교환이 주이며 때로는 스파이 행위까지도 했다.

곳곳에 건장한 병사가 경비하고 있는 궁전은 상상 이상으로 엄중했다. 벽도 낭하도 얼핏 보기에는 이상한 구석이 없었지만, 일단 전쟁이 나면 그 벽에서 화살이 날아왔고, 창이 튀어나왔으며, 계단의 뒤쪽에는 많은 병사들이 은신할 수 있는 장소도 설계되어 있을 것만 같았다. 또한 붉은 사암으로 건조된 성벽의 내부에는 외적의 방화에 대비한 높은 벽이 이중 삼중으로 솟아 있었다. 카필라의 성곽보다 견고한 구조였으며 또한 분위기도 엄숙했다.

암리트다나로서는 첫 방문이었지만 카필라와 비교해 보고 절로 감탄이 나왔다. 더욱이 그를 놀라게 한 것은 성내 궁전의 응접실이었다. 원통형의 기둥, 벽과 천정, 바닥에는 루비와 마노로 장식이 돼 온갖 색채를 발산하고 있었다. 한마디로 호화의 극을 이루고 있었다. 넓은 응접실은 수백 명이 들어앉을 만큼 웅장했다. 입구에는 의식용 복장을 한 경비병이 서 있었는데 체력과 무술이 뛰어난 선별된 병사들답게 눈빛 속에 날카로움이 숨어 있었다. 두 사람은 한동안 주위를 둘러보면서 왕의 입실을 기다렸다.

이윽고 시종을 거느리고 파세나데왕이 미소를 띠며 응접실에 들어왔다. 암리트다나와 우다이는 대왕에게 올리는 최고의 경례를 드리고 나서 말했다.

"대왕님, 저는 카필라 성 숫도다나왕의 사자로 암리트다나입니다. 옆에 선 이 사람은 무장 우다이입니다. 앞으로 잘 부탁드립니다."

세공 조각을 한 큰 의사에 등을 기대고 위세 좋게 자세를 가다듬은 파세나디 왕은 말했다.

"먼 길을 오느라 수고가 많았다. 내가 바로 파세나디야."

나무랄 데 없는 대국의 왕다운 느낌의 파세나디였지만 남들이 말하는 것처럼 딱딱한 구석은 없었고 소탈한 인품이라고 암리트다나는 여겨졌다.

"뵙게 되어서 영광으로 생각합니다.
언제나 옥체 건강하심을 경하드립니다."

"그대는 숫도다나 왕의 동생이라고 했지?"

"예, 그러합니다."

"숫도다나 왕은 건강하신가?"

"형은 늙어서 지금은 연약하고 눈물도 많아졌습니다. 싯다르타 왕자의 귀성만이 사는 보람으로 알고 있습니다."

젊은 파세나디 왕은 고개를 끄덕이며 말했다.

"그럴 테지. 나는 붓다의 설법을 듣고 인간으로서의 가치를 알 수 있게 되었다. 왕이 해야 할 사명도 알았다.
샤카(석가)족이 위대한 성자를 탄생시켰으니 존경한다. 코살라국과는 특히 인연이 깊은 카필라 성의 왕자이므로 나도 자랑스럽다. 붓다는 출가한 후로 카필라에 돌아가지 않는다고 하지만 무사 신분으로 최고의 깨달음을 얻었으니 참으로 존경받을 만한 성자라고 생각한다. 위대한 성자를 출생시킨 샤카(석가)족에게 경의를 표한다."

"고맙습니다. 저희 샤카(석가)족은 싯다르타 왕자의 설법을 들어 본 적이 없습니다. 형을 비롯하여 모두들 섭섭하게 생각하고 있습니다."

"그건 그럴 테지…"

파세나디는 어느 새 사자들의 의도에 말려들고 있었다. 암리트다나로서는 여기서 어떻게 하든지 파세나디 왕의 마음을 움직여 목적을 달성해야겠다는 생각이 들어 특히 싯다르타의 귀성이란 대목을 강조하는 것이었다. 하지만 파세나디로서는 붓다가 쉬라바스티를 떠나면 다시 없는 보물을 잃게 되는 터, 코살라국으로서는 붓다가 나라의 보배와 같다. 카필라에 대해서 동정은 하지만 카필라 귀성의 이야기는 듣고도 못들은 척해야 겠다고 파세나디는 생각했다.

"그런데 사자는 무슨 일로 왔는가."

"예에… 실은 대왕에게 청원이 하나 있어서 왔습니다. 다름 아니오라 파세나디 대왕께서 싯다르디 왕자에게 귀성을 권유해 주십사는 것입니다. 이것은 숫도다나 왕을 비롯한 카필라 일족 모두의 희망이고 간청입니다. 위대하신 대왕님의 힘을 빌리고자 합니다."

모른 체하고 넘기려던 참이었는데 막상 정면으로 들고 나오니 파세나디로서도 얼른 대답하기가 궁했다. 파세나디는 옆에 앉은 시종들의 얼굴을 둘러보면서 생각에 잠겼다가 단호하게 말했다.

"심정은 알겠지만 그 부탁은 들어줄 수 없네. 붓다는 나의 훌륭한 스승이며 또한 나라의 보배야. 어찌 샤카(석가)족 혼자만의 것이겠는가. 전 세계 모든 사람들의 위대한 스승이 붓다다. 카필라로 돌아 가라고 내 입으로 어찌 말 하겠는가. 물론 숫도다나의 마음은 동정한다. 하지만 그런 부탁은 무리야."

이번에는 암리트다나가 할 말이 없어졌다. 파세나디가 붓다를 최고로 평가하는 것은 샤카(석가)족의 명예요 고마운 일이긴 하지만 이대로 물러서서는 사자로서의 목적을 이룰 수가 없다. 그는 마룻바닥의 모자이크 무늬를 내려다보면서 어떻게 말을 이어갈까 궁리하면서 또한 싯다르타 왕자의 명성과 실력이 엄청나게 크다는 사실을 실감하는 것이었다. 그는 말을 조금 바꾸어 보았다.

"대왕님, 형이나 샤카(석가)족이 싯다르타 왕자의 귀성을 바라고는 있지만, 그대로 카필라에 영주하기를 바라는 것은 아닙니다. 대왕님의 말씀대로 싯다르타 왕자는 샤카(석가)족만의 몸이 아닙니다. 숫도다나왕도 이제 나이가 많아서 앞으로 몇 년이나 더 살지 아무도 모릅니다. 그래서 살아 생전에 단 한 번만이라도 좋으니 얼굴을 보고 설법을 들어보았으면 하는 것입니다. 부디 이 소원을 이룰 수 있게 보살펴 주십시오."

당초의 목적은 붓다를 귀성시켜 샤카(석가)족으로 복귀시키는 것이었지만 파세나디로부터 한 대 맞고 나서는 어찌할 바를 몰랐다. 그리고 또한 파세나디가 한 말도 논리가 정연하였으며 무엇보다도 이 자리에서 파세나디의 힘을 빌리지 못하면 그야말로 영원히 싯다르타와 만날 수 없게 된다. 형인 숫도다나가 불쌍하게 생각됐다. 그래서 한발짝 물러서는 자세로 파세나디에게 간청했던 것이다.

"알았다. 그런 정도라면 알겠어. 나로서도 붓다를 혼자 독점할 수야 없지. 내게도 잘못이 있었다. 그쪽 마음은 잘 알았다. 곧 내가 붓다에게 설득해 보겠다. 그래서 카필라를 다녀오도록 해 보겠네."

머리 회전이 빠른 파세나디가 기꺼이 승낙을 하자 암리트다나의 입에서는 안도의 한숨이 절로 새어나왔다.

"대왕님 감사합니다. 잘 부탁드리겠습니다."

"그래 그래 알았어. 내일 아침 제타와나(기원정사)로 가서 붓다를 만나겠네. 그대들은 그 때까지 여장을 풀고 이 궁전에서 쉬고 있게. 체면 차릴 필요는 없어. 하인들에게 무엇이든지 필요한 것은 시키게."

"감사합니다. 대왕님."

둘은 고개를 깊이 숙여 대왕께 감사했다. 암리트다나와 우다이는 곧 별실로 안내되었다. 사자로서의 목적이 반은 성사된 데 만족하면서 그 날 밤은 흥분하여 새벽녘까지 대화로 지샜다.

이튿날 아침 파세나디는 약속을 지키기 위해서 붓다의 처소를 찾아갔다.

"붓다, 파세나디 왕의 내방입니다."

사리뿟다가 방 밖에서 붓다에게 고했다. 붓다는 선정 삼매에 들어 있었기 때문에 사리뿟다의 말이 아득한 곳에서처럼 들려왔다. 현실로 돌아오는 데 시간이 걸렸다.

"사리뿟다인가. 왕이 오셨다고?"

"예, 그렇습니다."

"사리뿟다, 방에 들어오너라."

"예에."

사리뿟다가 큰 체구를 기역자로 구부려 방 안으로 들어왔다. 붓다는 선정의 자세로 사리뿟다를 맞이했다.

"어때, 사리뿟다,
웨누와나(죽림정사)와 이곳 중 어느 쪽이 더 좋으냐?"

"예, 저로서는 어느 쪽이든 다 수행장일 뿐입니다. 웨누와나(죽림정사)는 그 곳대로 좋은 점이 있고 여기는 여기대로 좋은 점이 있습니다.
제가 가는 곳 모두가 제 수행장입니다. 감사합니다."

붓다는 사리뿟다의 속마음을 읽고 있으면서도 확인하듯 물어보는 것이다. 인생 도처가 수행장이라는 이 생각은 특히 지도자가 자각해야 할 사항이다. 건물의 좋고 나쁨은 상관없다. 인간은 환경의 지배를 받기 쉽고 환경에 따라 온갖 카르마業를 짓게 된다. 제타와나(기원정사)는 웨누와나(죽림정사)와는 달리 기후도 좋고 모든 게 갖추어졌으며 위생적이었다. 그런 만큼 영혼의 수행장으로서는 둘도 없는 좋은 환경이었다. 하지만 승단의 수행자들은 그런 환경에 빠져 나태해져서는 안 되며 이 점 철저한 자재력이 필요했다. 그래서 새삼 사리뿟다에게 물어본 것이었다.

"사리뿟다, 파세나디 왕은 어디 계신가."

"법당에 계십니다."

"혼자인가?"

"예, 말을 타고 오셨습니다. 말은 동문에 매 두었습니다."

붓다는 기뻤다. 파세나디 왕이 궁전에서 나와 혼자 제타와나(기원정사)에 온다는 것은 상상도 못한 일이었기 때문이다. 비록 성에서 정사까지의 거리는 멀지 않다 해도 언제 어디서 산적들이 왕을 덮칠지 모르는 일이었기 때문이다. 또한 수행장에는 어제

갓 들어온 신참 사로몬도 섞여 있기 때문에, 적의 탐정이 사로몬을 가장하고 들어와 있을 수도 있는 일이었다. 제타와나(기원정사)에서 숙식은 하지 않는다 해도 근처를 돌아다니면서 마치 붓다 승단의 가족처럼 행세를 하고 있을지도 모르는 일이었다.

하지만 수행장 일대는 붓다가 나타나고부터 날로 시비와 어두운 그림자가 사라졌고 평화와 안심의 분위기가 이루어져 가고 있었다. 파세나데 왕도 이 점을 인정하고 안심해서 단신으로 방문했던 것이다. 붓다는 법당에서 기다리는 왕을 영접했다.

"대왕께서 이른 아침에 몸소 왕림해 주셨는데 마중도 못하고 결례가 큽니다."

"붓다, 긴히 부탁드릴 일이 있어서 이렇게 찾아왔습니다."

"대왕의 부탁이라면 제 힘껏 도와드리겠습니다."

"고맙습니다.
하지만 이 일은 붓다가 할 수 있는 일이긴 하지만 솔직히 말해서 나로서는 부탁하고 싶지 않은 일입니다.
그러나 당사자의 입장에서 보면 이런 말도 못하지요…."

여기까지 말한 파세나디는 본론을 꺼내기 전에 침을 한 번 꿀꺽 삼키고 미소를 지었다. 그런데 붓다는 왕이 무슨 일로 일부러 수행장을 찾아왔는지 이미 읽고 있었다. 그래서 붓다가 먼저 말을 꺼냈다.

"죄송합니다만 카필라에서 머물러 살 수는 없습니다.
부모와 친척들이 많기 때문에 법을 설하기 위해서 잠깐
가는 것입니다. 제타와나(기원정사)로 꼭 돌아옵니다."

파세나디는 자신이 생각하고 있는 것을 붓다가 먼저 정확하게 말하자 너무나 기뻤다. 너무 기뻐 얼른 말이 나오지 않아 다시 침을 한 번 삼키고 나서야 이렇게 말했다.

"붓다, 그렇습니다. 당연히 그러셔야지요.
쉬라바스티를 버린다면 우리는 어떻게 합니까.
붓다에 귀의한 지 얼마 되지도 않는데 카필라로 돌아가 버리면 큰 낭패라고 염려했습니다."

"잘 알고 있습니다. 확실하게 정법의 등불을 밝히려 합니다. 그러기 전에는 이 곳을 떠날 수 없습니다."

파세나디는 붓다의 진심이 자신과 같다는 것을 확인하자 더욱 기뻤고 신이 났다.

"붓다, 바로 그 점입니다. 실은 붓다의 부진이 소원을 이루어 달라고 사자를 보냈습니다. 붓다가 한번 귀성하도록 해 달라고. 하지만 내 마음은 복잡하여 붓다가 카필라에 영주해 버리면 어떻게 하나 걱정이 되었습니다. 그래서 반드시 여기로 돌아온다는 조건으로 한번 카필라를 다녀오도록 하라는 뜻을 전하러 온 것입니다."

"그것은 염려 마십시오.
그런데 암리트다나는 돌아갔습니까?"

왕은 잠시 주저하다가 말했다.

"붓다를 만나지 않고 그냥 돌아가겠다고 했습니다.
무슨 이유가 있을 성싶어서 나 혼자 왔습니다."

"그저 감사스러운 일뿐이군요."

"그러면 언제쯤 귀성할 예정입니까?"

"오는 가을쯤으로 예정하고 있습니다.
암리트다나에게 그렇게 전해주십시오."

"아 알았습니다. 그렇게 전하지요.
오늘은 평생 처음 심부름을 해보았습니다.
빨리 귀성하도록 하겠습니다. 잘 부탁합니다."

이렇게 말하고 그는 얼굴의 근육을 풀고 미소지었다. 싯다르타는 이미 옛날의 싯다르타가 아니다. 붓다라고 하는 인간 구제에 대사명을 짊어진 입장에 놓여 있다. 따라서 붓다는 한낱 샤카(석가)족의 교사, 하물며 파세나디 왕의 개인 교사가 아니다. 하지만 이 세상의 풍속은 비록 180도 바뀌었다 해도 붓다의 육신은 샤카(석가)족 출신이고 지금은 이렇게 파세나디의 후의를 입고 있는 처지가 아닌가. 따라서 현세적 습관을 떠나 이를테면 자연인의, 그리고 보다 높은 입장에 자신을 둘 수는 없는 노릇이다.

현세는 현세로서 시인하면서 상대방의 입장을 생각하여 인간의 진실한 모습을 이해시키는 것이 가장 자연스럽고 대기설법對機說法[4])의 방법이다. 이 때문에 붓다는 파세나디의 내방을 받고 카필라를 생각하면서도 파세나디의 의중을 살피는 것을 잊지 않았다.

붓다를 비롯한 많은 제자들의 배웅을 받으며 파세나디 왕은 제타와나(기원정사)를 뒤로 했다. 그는 서둘러 성으로 돌아왔다. 그리고 희소식을 기다리고 있는 두 사람의 사자에게 붓다 귀성의 뜻을 전했다. 암리트다나와 우다이는 파세나디의 말을 듣고 뛸 듯이 기뻤다. 암리트다나는 눈물을 흘리면서 말했다.

"이제야 카필라로 돌아갈 수 있게 됐습니다.
형의 오랜 숙원도 풀렸습니다.
숫도다나 왕이 기뻐하실 얼굴이 눈에 선합니다. 한시 바삐 돌아가서 이 기쁜 소식을 전해드리고 싶습니다.
파세나디 대왕님, 감사합니다. 이 은혜는 샤카(석가)족 모두의 가슴에 새겨 잊어버리지 않겠습니다.
저희들이 할 수 있는 일이면 무엇이든지 시켜주십시오.
무엇이든지 해드리겠습니다."

그는 감격에 겨워 파세나디의 손을 잡고 예를 올렸다.

---

4) **대기설법**對機說法: 가르침을 받는 사람의 능력과 수준, 관심사 등을 고려하여 이에 가장 적합한 내용과 방법으로 가르침을 전하는 방식. 즉, 근기根機에 따른 설법

"잘됐다, 잘됐어. 실은 이 나도 어떻게 될지 마음이 암담했다. 하지만 붓다가 먼저 내가 말하기 전에 카필라로 가는 문제에 대해서 먼저 말을 꺼냈다.

나도 깜짝 놀랬다. 참으로…

붓다가 위대하다는 것은 많이 들어 알고 있었지만 오늘 아침처럼 내가 놀란 적은 없었다.

내 속마음을 읽고, 또한 카필라의 일도 잊지 않고 있었다. 숫도다나왕은 참으로 훌륭한 자식을 두어 더없이 행복하겠구나…."

파세나디는 암리트다나의 어깨를 감싸고

"잘됐어, 정말 잘됐어."

하고 고개를 끄덕였다. 암리트다나는 파세나디 왕에게 고별 인사를 올리고 나서 우다이를 제타와나(기원정사)로 보내고 자신은 급히 귀성했다. 그는 성에 돌아오자마자 곧바로 숫도다나에게 사실을 보고했다.

왕은 눈을 크게 뜨고 놀랐다. 처음에는 암리트다나의 보고를 미심쩍게 듣고 있었는데 일의 시말을 들어갈수록 의심은 풀리고 진실을 알았다. 의심이 큰 기쁨으로 변해 갔다. 그는 천정의 한 호랑이를 응시하면서 붓다의 모습을 떠올렸다.

출가한 지 12년, 이제야말로 아들을 만나게 된다. 어릴 때부터 한 번 말하면 절대로 후퇴하지 않던 고집불통이 지금은 말할 수 없는 그리움이 되어 행복하게 감싼다.

지금은 손이 닿을 수 없는 붓다, 중생의 지도자가 되어 있다.

파세나디 대왕조차 지도자로 우러러 받드는 성자가 되었다.

아들을 빨리 만나보고 싶다.

그리고 아들의 설법을 듣고 싶었다.

왕은 암리트다나의 얼굴을 새삼스럽게 응시했다.

그리고 가만히 암리트다나의 손을 잡고 어깨를 두드리면서 수고를 치하하였다.

§우다이의 출가

한편 우다이는 제타와나(기원정사)로 발길을 옮기고 있었다. 그가 정사를 찾아가는 취지는 파세나디왕의 노력에 대한 감사의 뜻을 전달하고 붓다의 카필라 귀성에 따른 세부 사항을 논의하는 일이었다.

"싯다르타 왕자님 참으로 오랜만입니다.
귀성하신다는 결심을 알고 찾아왔습니다."

우다이는 옛 모습이 남아 있는 붓다를 추억하면서 편안한 마음으로 말문을 열었다.

"저는 쉬라바스티로 온 보람이 있었습니다. 이렇게 왕자님을 뵈오니 참으로 많이 변모한 것 같습니다. 하지만 역시 옛날 모습이 조금은 남아 있는 듯합니다."

그는 솔직하게 자신의 기분을 털어놓았다. 옆에서 듣고 있던 코스타니야가 말했다.

"우다이, 싯다르타 왕자님은 이젠 여기 안 계신다.
여기 계시는 분은 붓다란다. 붓다라고 불러야 하느니라."

"아아 그렇군요. 코스타니야, 미안하게 됐다.
그만 옛날 버릇이 나도 모르게 나와버렸어. 용서해 다오.
붓다, 용서해 주십시오."

코스타니야도 인상이 이전과 많이 변해서 매우 평온한 얼굴은 어느 구석에도 굳은 데가 없었다.

붓다는 12년 동안 만나지 못한 우다이의 얼굴을 찬찬히 살펴보면서 그리움에 잠기는 듯했다.

"붓다, 제 동생은 여기 있는지요.
한 번 만나보고 싶습니다만…"

"우다니야는 마가다에서 지금 수행중에 있다.
훌륭하게 정진했지."

코스타니야가 우다이에게 대답했다. 우다이는 반신반의하는 눈빛이었다.

"우다이, 너는 지금 마음 속에 고뇌가 없느냐?"

붓다가 비로소 입을 열었다. 우다이는 붓다의 물음에 주저했다. 지금 마음 속엔 아우의 일과 붓다의 카필라 귀성 문제민이 자리잡고 있었기 때문이다. 붓다의 갑작스런 질문에 당황하여 붓다의 얼굴만 쳐다볼 뿐 입을 다물고 있었다.

"우다이, 괴로운 일은 없는가?"

"없습니다. 지금 저에겐 무엇 하나 괴로운 일이 없습니다."

"그런가. 그런데 네 눈은 형형炯炯하게 빛나고 있다.

매가 미끼를 노리고 있는 눈빛이다.

눈을 보면 그 사람의 마음을 알 수 있는데 너의 눈은 사냥감을 노리는 맹수의 눈을 닮았다.

투쟁의 마음이 불타고 있으면 언제까지나 투쟁에서 해방될 수 없다.

매는 먹이를 노리는 투쟁의 연속으로 일생을 마친다.

마음의 평안을 찾을 겨를이 없다.

우다이, 너는 크샤트리아로서 입신 출세 때문에 살아가는 사람 같다. 전공戰功이라는 미끼를 쫓아 마음 속에 평안이 깃들 날이 없다.

코스타니야를 보아라. 한때 너의 상관이었다.

지금은 마음 속의 위아(거짓 나)를 버리고 법에 귀의하여 일체의 집착에서 벗어나 180도 딴 사람이 되었다.

네가 찾고 있는 미끼도 언젠가는 무상無常한 것이라는 사실을 알게 될 날이 있으리라.

왕이라도 이 세상을 떠날 때는 무엇 하나 가져갈 수 없다. 물론 그의 영토도 두고 가야 한다.

아내도 자식도 재보도 자신의 육체마저 사후의 세계에는 가져갈 수 없다.

우다이, 너는 너의 육체를 자기 것으로 알고 있을 테지만 그렇지 않다. 빌린 물건에 지나지 않다."

우다이는 붓다의 말을 가만히 듣고는 납득이 가지 않았다.

이 육체가 어째서 내 것이 아니고 빌린 것이란 말인가.

"죄송합니다만 제 육체는 제 것입니다. 이렇게 꼬집으면 아픔을 느낍니다. 하지만 남의 몸이라면 아프지 않을 것입니다. 그럼에도 어째서 이 몸이 제 것이 아니란 말씀입니까? 저는 붓다의 말씀을 이해할 수가 없습니다."

"네가 잠 잘 동안에는 너의 욕을 해도 화를 내지 않는다. 왜 그런가?"

"그것은 잠들었기 때문입니다."

"그렇다면 잠들었을 땐 어째서 그렇게 되는가?"

"제 의식이 없기 때문일 것입니다."

"너의 의식은 잠들었을 땐 없어지는 것인가?"

"거기까지는 모르겠습니다."

"너의 몸과 마음이 별개이기 때문에 그런 것이다. 지금 이 순간에 너는 육체와 마음이 일체가 되어 있으므로 내가 하는 말을 듣고 네가 체험한 지식으로 이해하고 부정하기도 하는데 네가 일단 잠들면 일체의 행동도 감정도 정지 상태가 된다.
 즉 너의 육체는 무용지물이 되어 거기 있을 뿐이라는 사실을 깨달을 필요가 있다. 귀가 열려 있어도 들을 수 없고 코가 있어도 냄새를 맡을 수 없다.
 육체는 인생항로의 배와 같은 것이다.
 그러므로 육체는 이 세상의 물건이지 저 세상에 가져갈 수 있는 것이 아니다.
 우다이, 네 육체도 네 것은 아니고 말하자면 이 세상에서 빌린 물건에 지나지 않는다. 무상無常한 것이다.
 만일 육체가 네 것이라면 언제까지나 나이도 먹지 않고 젊음을 유지할 수 있어야 하지 않는가.
 하지만 애석하게도 그건 불가능한 일이다."

"예, 그렇습니다. 언제까지나 젊음을 유지하고 싶어도 이렇게 45세가 되니 머리가 희끗희끗해지고 있습니다."

"우다이,
 사람은 태어나서 병을 앓고 그리고 늙어서 끝내는 죽는다. 육체의 무상無常함을 잘 표현하고 있지 않은가."

"틀림없이 무상無常한 것이라고 생각합니다."

 붓다의 설명을 듣고 우다이는 조금씩 납득이 갔다. 하지만 말로는 이해가 되어도 실감으로는 아직 이해가 되지 않았다. 육체의 무상無常과 고뇌의 관계조차 그에겐 석연하지가 않았다.

"우다이, 너에겐 괴로움이 없는가?"

붓다는 다시 한번 같은 질문을 던졌다.

"별로 괴로운 일은 없습니다. 그저 제 뜻대로 되지 않으면 슬퍼지고 화가 나기도 합니다. 이것들이 괴로움이라고 할 수 있습니까?"

"그렇다. 바로 그것이다.
마음 속에 저항이 생길 때가 고뇌라고 볼 수 있다.
뜻대로 되지 않는 것은 자신에게 욕심이 있어서 그 욕심이 충족되지 않아서 일어나는 현상이다.
고뇌는 여기서 출발하며 인간은 고뇌 속에서 생활하고 있다고 볼 수 있다. 가령 죽고 싶지 않다는 괴로움, 질병에 걸리고 싶지 않다는 괴로움, 늙고 싶지 않다는 괴로움, 인간들의 생활은 고뇌로 충만해 있다고 하겠다.
우다이, 이래도 너에겐 고뇌가 없다고 하겠는가?"

"아닙니다. 말씀대로라고 생각합니다. 붓다의 말씀처럼 제 주위는 온통 고뇌로 둘러싸여 있다고 하겠습니다.
지금도 고뇌입니다. 붓다께서 카필라로 귀성하실 때까지 저는 그 책임이 있기 때문에 걱정이 태산입니다.
이 걱정도 괴로움의 하나라고 하겠습니다."

"바로 그렇다. 그래서 나는 그런 일체의 괴로움에서 해탈할 수 있도록 중생에게 정도를 가르치고 있다."

우다이의 눈빛이 갑자기 환해졌다. 조금 전의 매같이 날카로운 눈빛은 사라졌고 경탄과 경건의 눈빛이 돼 있었다.

"붓다,
저는 붓다를 오해하고 있었습니다. 12년 동안이나 부모에게 걱정을 끼쳤고 궁전으로 돌아가지 않는 불효를 저는 믿을 수 없었던 것입니다.
하지만 설법을 듣고 인간의 괴로움을 제거하는 법이야말로 제일 큰 중대사라는 생각이 듭니다.
붓다의 마음을 잘 이해하였습니다. 감사합니다."

"우다이, 잘 알아 들었는가.
나는 곧 카필라로 간다. 너는 내가 돌아가기 위해서 여러 가지 준비를 해주었으면 좋겠다. 어때 승낙해 주겠는가."

"예 붓다. 무슨 일이든지 분부해 주십시오.
도와드리겠습니다."

"그렇다면 너는 지금 지니고 있는 고뇌를 버리고 싶은가."

"괴로움 같은 것 누가 원하겠습니까.
저 역시 마찬가지입니다."

"그렇다면 잠시 여기 머물러 고뇌에서 벗어나는 법을 배워서 카필라로 돌아가는 것이 좋겠구나."

"예. 그렇게 허용해 주신다면 열심히 공부하겠습니다."

"그런가. 그렇게 하는 것이 좋겠다.
그런데 제타와나(기원정사)에 있는 사로몬들은 누구나 삭발하게 돼 있다. 또 무사의 옷도 여기서는 어울리지 않는다. 그러니 그 옷도 갈아입는 것이 좋겠다."

우다이가 붓다의 설법을 듣고 있을 동안 코스타니야들은 우다이의 승의와 삭발 준비를 하고 있었다. 이야기가 끝나면 언제든지 출가 준비는 돼 있다. 우다이가 붓다의 거실을 나오니 아사지가 안내한다. 우다이의 삭발 담당은 아사지였다.

"우다이, 잘 됐구나.
너도 수행승의 한 사람이 되어 우리와 함께 평안한 생활을 맞이하게 된 것을 진심으로 축하한다. 일반 수행자처럼 머리를 깎을 테니 시키는 대로 따르게."

"아사지, 그래 알았어. 나도 붓다의 법을 조금은 이해할 것 같아. 인간은 누구나 괴로움에서 벗어나고 싶어해.
나는 카필라로 돌아갈 때까지 이 수행장에서 붓다의 법을 배우고 수행할거야. 그러니 이 수행장의 규칙을 따를게."

그는 삭발을 하면서 아사지에게 이렇게 늘어놓았다.

"우다이. 샤캬(석가)족으로 태어난 것을 우리는 기뻐한다. 마가다의 왕도 코살라의 왕도 또한 밧지국의 왕도 모두 법에 귀의하였다. 그런 붓다를 가까이서 모시고 배우게 된 처지가 얼마나 행복한 일인가. 너는 그렇게 생각하지 않는가. 전 세계의 인간 가운데 겨우 얼마 안 되는 수효를 제외하곤 모두 붓다의 법을 알지도 못한 채 이승을 떠난다. 우다이, 열심히 공부해라. 반드시 마음에 기쁨이 충만하여 감격할 것이다. 우리도 협력을 아끼지 않을 것이다."

"참으로 고맙다. 카필라 성에서 이렇게 멀리 떨어진 곳에 많은 카필라 출신들이 모여 있다는 것이 즐겁고 마음 든든하다. 마치 카필라에 있는 기분이다."

우다이는 느끼는 그대로 솔직하게 털어놓았다. 만일 코스타니야나 아사지 같은 카필라 사람들이 없었다면 이렇게까지 마음이 녹지는 않았을 것이고 붓다의 말을 믿었다 해도 일단 출가 단계에 이르면 상황은 달라졌을지도 모를 일이었다. 그런데 출가자 가운데에는 카필라 출신자가 많았고 더욱이 그 인물들은 한때 왕자를 보필했던 얼굴들이었기 때문에 우다이의 마음은 카필라에 있는 것과 조금도 다름이 없었다. 안심하고 수행길에 들 수가 있었다.

우다이의 머리는 깨끗이 깎였다. 승의를 입으니 나무랄 데 없는 하나의 사로몬이었다. 그는 알머리를 쓰다듬으며 아사지를 쳐다보고 웃었다.

"어때 어울리는가."

"어울리다 뿐인가. 당장에라도 유행해도 되겠다."

"하하하…"

"하핫하…"

우다이는 그 날부터 아사지의 방에서 생활하게 되었다. 이튿날 아침 그가 다른 수행자들처럼 자리에서 일어나 방청소를 하고 있는데 등 뒤에서 붓다가 말을 걸어왔다.

"우다이, 어때. 승복이 어울리는구나. 머리도 시원하겠다. 단단히 자신을 확립하도록 노력해라."

우다이는 돌아서서 붓다에게 인사드렸다.

"덕분에 붓다의 법에 귀의하였습니다. 카필라로 돌아가는 날까지 열심히 수행하겠습니다."

"암 그래야지. 결심이 흔들리지 않도록 열심히 해라. 헌데 근간에 한번 카필라로 돌아가서 이쪽 사정을 알려드리는 것이 좋겠다.
그 때까진 한눈 팔지 말고 법을 공부해야 한다."

"고맙습니다."

우다이는 이렇게 해서 정사의 수행 생활에 열중했다. 정사 생활은 낮엔 유행에 나가거나 야외에서 반성과 명상을 하기도 한다. 우다이는 처음 며칠은 정사에 남아 청소도 하고 집 지키는 당번도 했지만 그 후로는 아사지를 따라 야외에서 반성의 참선을 배웠다.

아사지와 나란히 앉아 참선의 반성을 하고 있으니 허리와 다리가 금방 아파서 오래 앉아 있을 수가 없었다. 15분 쯤 견디다가 눈을 살그머니 뜨고 옆의 아사지를 보니 아사지는 조용하게 눈을 감고 부동의 자세다. 마치 죽은 사람이 아닌가 하는 느낌마저 들 정도다. 그런 모습을 살펴보고 있으니 어쩐지 자신의 처지가 부끄러워졌다. 자세를 고쳐 앉아 다시 눈을 감았지만 마음이 흔들려 그만 눈을 또 뜨게 된다. 할 수 없이 하늘을 쳐다보고 유유히 흐르는 구름을 좇으며 시간을 보낸다. 자신을 살펴본다는 것이 이렇게도 어려운 것인가 절로 한숨이 나왔다.

이런 날이 하루 이틀 흘러 삭발한 지 이렛째 되는 날 그는 일단 카필라로 돌아가게 되었다. 붓다의 귀성을 예고하기 위해서다.

"아사지, 내 옷과 칼·활은 어디 있는가.
나는 오늘 카필라로 돌아가게 되었다.
귀성 준비를 해야 하니 미안하지만 여기 가져다 주게."

"우다이, 너 지금 무슨 말을 하는가.
붓다 귀성의 선발대로 먼저 떠나는 몸이 아닌가.
칼과 활은 모두 쉬라바스티 사람에게 주어 버렸다."

"그런 바보 같은 짓이… 그러면 나는 돌아갈 수 없다."

"너야말로 그런 짓이 어딨어. 너는 붓다의 선발대로 카필라로 돌아가서 준비를 해야 되는 신분이 아닌가. 무사의 차림은 승단에는 어울리지 않는다. 그대로 가는거다."

우다이는 아차 싶었다. 붓다의 말을 좇다가 보니 어느새 까까머리가 되었고 의복까지 없어졌다. 이런 꼴로는 카필라로 돌아가고 싶어도 돌아갈 수 없다. 무엇보다도 발걸음을 맡아주던 말馬까지 코살라 국왕에게 기증해버린 터였다. 카필라로 돌아갈 때는 걸어서 가는 수밖에 없었다. 우다이는 체념했다. 이젠 다시 어쩔 수 없는 상황이 아닌가. 붓다에게 귀성 인사를 올리기 위해서 방으로 들어가니 붓다가 말했다.

"우다이, 잘 어울린다. 도중에 조심해서 여행하여라."

우다이의 마음을 모르는 척 얼굴에 미소를 짓는다. 우다이는 무릎을 꿇고 인사를 올렸다.

"에, 붓다. 그 동안 많은 신세를 셨습니다. 카필라에서 붓다의 귀성을 기다리겠습니다. 감사합니다."

우다이의 마음은 착잡했다. 카필라를 떠날 때는 자기는 결코 출가하지는 않겠다고 숫도다나와 약속했다. 그런데 이게 뭔가. 머리는 삭발했고 옷도 승복차림이 되었으니 어떻게 변명해야 할지 암담했다. 비록 일주일만에 돌아왔다 해도 왕은 이런 자신의 변신을 보고 어떻게 대할까. 생각할수록 마음이 아리송하기만 하였다.

그는 붓다의 방을 나오자 바로 정사를 떠났다. 식량도 돈도 가지지 않고 카필라까지 걸어서 돌아가야 한다. 직업적인 심부름꾼이라면 아침에 출발하면 해가 질 무렵에는 카필라에 도착할 것이다. 하지만 보통의 걸음걸이로서는 도중에 험한 곳도 있기 때문에 이틀하고 반나절은 걸린다. 더욱이 식량도 없는 빈 손의 여행이니 걸식도 해야 하므로 이틀이 걸릴지 사흘이 걸릴지 직접 걸어가 보지 않고서는 모를 일이었다.

§카필라 성내

 우다이는 무거운 마음으로 지루한 여행길에 올랐다. 무슨 일이 있어도 카필라로 돌아가야 한다. 아침에 제타와나(기원정사)를 떠났지만 태양이 중천에 걸리고 한낮이 되니 어느새 배가 고파 꼼짝 못하게 됐다.

 어느 농가의 문간에 서서 한 끼를 청하니 노파가 나타나 감자죽을 주었다. 고맙다는 인사를 남기고 돌아서려는데, 노파가 오늘은 영감의 제삿날이니 불공을 드려달라고 부탁했다. 우다이는 하필이면 이런 집을 찾아왔을까 하고 후회했지만 까까머리에 승복을 입고 있는 터라 거절할 수도 없는 일이었다. 할 수 없이 노파를 따라 집 안으로 들어갔다.

 초라한 재단 앞에 앉아 바라문 수행자가 하는 주문을 왼다. 그는 자신도 뜻을 모르는 주문을 왼다. 가끔 실눈을 뜨고 노파를 보니 노파는 합장하고 기도를 올리고 있다.

 그는 급히 또 주문을 왼다. 처음에는 뱃속에서 나는 쪼르륵 소리 때문에 신경이 쓰여 애를 먹었지만 주문을 외고 있으니 배고픈 것은 찡그리 잊어 버리고 주문 외는 것이 익숙해졌다.

 바로 그 때였다. 눈앞에 붓다가 나타났다.

 광명에 싸인 붓다가 그를 내려다보면서 빛을 보내고 있는 것처럼 느껴져 깜짝 놀랐다. 붓다가 나타났다고 생각했다.

 그러자 그의 입에서 중얼거리던 주문은 사라지고 합장했던 두 손이 입가로 빨려갔다. 그는 크게 숨을 들이쉬었다가 어둡고 음

침한 방안에 대고 숨을 내뿜었다. 이때 그의 두 손은 크게 좌우로 벌려졌다. 그는 이 동작을 몇 번이나 되풀이했다. 공양이 끝나고 노파를 뒤돌아보니 노파는 눈에 눈물을 가득 담고 엎드린다.

노파는 겁먹은 듯이 고개를 쳐들고 말했다.

"감사합니다. 이렇게 고마운 공양을 받아보고 망령도 무척 기뻐할 것입니다.
조금 전에 스님이 입김을 방안에 내뿜었을 때는 방 안이 온통 빛으로 가득 차서 눈을 뜰 수 없을 정도였습니다.
무엇인지 모르지만 방 안에 브라흐만梵天이 오셨던 것처럼 느껴졌습니다.
감격에 겨워 나도 모르게 눈물이 흘렀습니다. 참으로 고맙습니다."

우다이는 당황하였지만 사실대로 말했다.

"아닙니다. 지금의 공양은 내가 한 것이 아닙니다.
내가 주문을 외자 광명에 싸인 붓다가 나타나서 빛을 내려 주었습니다.
나도 붓다의 위대함을 비로소 깨달았습니다."

"그렇다면 당신은 저 위대한 붓다님의 제자이십니까?"

"말하자면 그런 셈입니다."

노파는 다시 땅바닥에 엎드려 눈물을 흘렸다.

"잘 알았습니다.
그 동안 탁발하는 사로몬들에게 망령의 공양을 부탁해도 그저 문간에서 주문을 욀 뿐 그냥 돌아갔습니다.
그런데 당신은 이렇게 집 안까지 들어와서 붓다님의 광명을 방에 채워주셨습니다. 이 친절과 은혜는 죽어도 잊지 않겠습니다. 고맙습니다. 고맙습니다."

"아니 아니, 모두가 붓다의 광명에 의한 것뿐입니다."

우다이는 이렇게 말하고 노파의 접대를 받은 다음 그 집을 나섰다. 그러자 본래의 자신으로 돌아왔다.

조금 전의 신비한 공양으로 붓다의 위대함을 새삼 이해하게 되었지만 앞길을 생각하니 다시 가슴이 무거워졌다. 카필라에 돌아가서 숫도다나왕에게 어떻게 말씀드려야 좋을지 암담했다. 머리며 복상이 성을 떠날 때와는 생판 다른 꼴이 되고 말았으니…. 절로 한숨이 푸푸 쉬어졌다.

왕의 부탁이야 성사시켰지만 자기 자신의 변신에 대해서는 변명할 가닥이 도무지 잡히지 않았다. 따갑게 내리쬐는 햇빛을 피할 생각도 없이 무거운 발걸음으로는 묵묵히 걸었다. 복장은 간편하였지만 마음은 무거웠다. 몸에 지닌 것이라곤 초라한 승복과 아까 노파가 준 약간의 양식 뿐이다. 그 외에 가진 것이라곤 아무 것도 없다.

만일 크샤트리아의 무거운 복장으로 무장하고 창이나 칼을 지녔더라면 산적들의 습격을 받고 싸움이 벌어졌을지도 모르는 일이었다. 그렇게 되면 목숨이 몇 개가 있어도 모자란다.

사실 그가 산길을 접어들었을 때는 해가 거의 서산을 넘었고 노숙의 준비를 서둘러야 할 무렵이었다. 그 때 산적처럼 인상이 험악한 네댓 명의 사내들을 보았다. 그들은 수염을 길렀고 그 중의 한 녀석은 칼을 뽑아 무성한 풀덤불을 기성을 지르며 잘라내고 있었다. 그들 중의 하나가 우다이를 보았다. 그리고 이쪽의 상황을 살펴보고 우다이가 사로몬이라는 것을 확인하자 산속으로 사라졌다.

우다이는 일순 온몸이 얼어붙는 기분이었다. 공격해 오면 맞싸울 것인가 도망을 칠 것인가 둘 중 하나를 택일하는 길밖에 없다고 생각하였다. 동물적으로 몸을 사리고 있는데 그들은 아무 일도 없는 듯 그냥 지나가 버렸다. 화를 면했다. 초라한 사로몬의 복장이 그를 살려주었다.

그는 노숙으로 밤을 새면서 사로몬의 집착없는 생활을 처음 느꼈고, 인간이 고뇌하는 원인이 물질에 집착하고 물질에 사로잡히는 데 있음을 깨달았다.

"너에겐 괴로움이 없는가? 인간의 괴로움은 오관五官에 마음이 빼앗겨 물질에 집착하는 데 있다…."

이렇게 말한 붓다의 말씀이 그의 가슴 속에서 되살아났다. 모닥불에 몸을 녹이면서 오늘 하루 동안의 일, 그리고 지난 일 주일 동안의 정사情舍 생활을 회상하면서 몸을 눕혔다.

산새들이 잠을 깨 재잘거리기 시작할 때쯤 우다이도 이미 깨어 있었다. 모닥불을 완전히 끄고 나서 곧 출발했다. 힘이 났다.

우다이는 발걸음도 가볍게 산을 넘고 들판으로 나왔다.

어제 노파로부터 공양받은 휴대식을 입에 넣어가며 길을 재촉했다. 휴대식이란 불에 구운 주먹밥으로 오래 먹을 수 있는 것이다. 한 조각을 입에 넣어 천천히 씹으니 쌀의 자양이 입 안에 가득히 고여 꽤 맛이 있었다.

이렇게 해서 그는 그날 오후 카필라에 도착했다. 얼굴도 승복도 먼지투성이다. 사람들은 그가 우다이인 것을 아무도 알아보지 못했다. 자기가 우다이라고 말하자 비로소 알아보았다.

무장인 우다이가 사로몬이 되어 돌아왔다는 소문은 삽시간에 성 안에 퍼져나갔다. 예나 지금이나 색다른 소식은 그 전파력이 대단히 빠르게 마련이어서 성 안은 우다이의 이야기로 들끓었다.

그가 궁성에 들어가기 전에 먼지를 털고 얼굴과 손발을 씻고 있는데 사람들이 몰려왔다. 우물가에서 세수하고 있는 그를 바라보면서 서로 수군거렸다. 인기척과 수군거리는 소리가 능 뒤에서 들려온다. 하지만 그의 마음은 여느 때보다 오히려 더 차분했다.

"사실대로 말하면 되는 거야.
무슨 말을 듣든, 어떻게 보고 생각하든 상관 없다."

그의 마음은 침착했다.

그는 사람들의 수군거리는 시선을 받으며 천천히 궁전으로 들어갔다. 이윽고 왕 앞으로 갔다. 왕은 우다이의 모습을 보고 야릇한 표정을 지었다.

"임금님, 싯다르타 왕자님이 이번 가을에 카필라로 오십니다. 진심으로 축하드립니다."

"우다이… 너는 대체 어떻게 된 거냐? 그 꼴은 언제부터 수행자가 되었나. 무장인 너에게 대체 무슨 고뇌가 있었던가…?"

"예, 어쩌다 보니 이런 모습이 되고 말았습니다."

"아니 어쩌다가 그렇게 됐다니, 그게 무슨 말인가. 잠자고 있을 동안에 머리가 깎였단 말인가."

"아닙니다. 그건 아닙니다. 왕자님, 아니 붓다의 설법을 듣고 있는 사이에 마치 마술이라도 걸린 듯 붓다의 가르침에 홀딱 빠져버리고 말았습니다.
설법을 듣고 있자니까 저도 모르게 마음이 편안해지고 생각이 자연스럽게 변해 갔습니다. 정말 신기한 일이었습니다. 저는 제타와나(기원정사)에서 한동안 붓다의 모습을 지켜보고, 카필라로 귀성하시겠다는 확실한 말씀을 들은 다음에 돌아올 작정으로 있었습니다. 그 사이에 아사지의 지도를 받다가 어느새 그만 붓다에 귀의하여 승복을 입은 것입니다.
 왕이시여, 부디 용서해 주십시오."

"우다이, 절대로 중이 되지 않겠다고 내게 약속했는데 역시 너도 어쩔 수 없었던 게로구나."

"예, 죄송합니다."

왕은 기뻐해야 할지 슬퍼해야 할지 모를 야릇한 심정이었다. 어쨌거나 아들 싯다르타라는 인간이 신기한 매력을 지닌 인물이 된 것은 분명한 모양이라고 생각했다.

"왕이시여, 왕께서도 꼭 붓다의 설법을 들어 보십시오. 저는 지금까지 붓다를 오해하고 있었습니다. 하지만 이제는 그 오해도 수수께끼도 풀려 버렸습니다. 지금의 붓다는 너그러운 눈빛으로 자비로운 설법을 합니다. 카필라에 계실 때와는 완전히 인격이 변해 버렸습니다."

왕은 우다이가 하는 말을 잠지코 듣고 있었다. 멀리서 들리는 소리처럼 아득했다. 우다이마저 싯다르타에게 심취해 버렸다. 이것은 보통 일이 아니었다.

샤카(석가)족을 지키는 무사들이 만약 모조리 출가한다면 어찌 되는가. 이미 그 때는 종족이 멸망할 수밖에 없겠지. 내가 죽고 나면 샤카(석가)족도 멸망해 버린다. 늙은 자신을 돌아보니 숫도다나는 문득 그런 예감이 드는 것이었다. 그는 곧 그런 생각을 지워 버렸다. 면면히 이어 내려온 위대한 종족 샤카(석가)족이 자신의 대에서 끊어지는 일이 생기면 조상에게 변명할 여지가 없는 것이다. 그런 일이 생긴다는 것은 말도 안 되는 소리라고 속으로 외쳤다. 하지만 그렇게 부인해도, 또 마음 한 구석에서는 그러한 생각이 들끓었다. 그는 쓸쓸함을 떨쳐버리기라도 하듯 우다이를 응시하며 목청을 돋우었다.

"우다이, 싯다르타의 전언은 없었는가. 나에게…."

"예, 임금님의 옥체를 붓다는 짐작하고 있었습니다.
뿐만 아니라 임금님을 구제하고 싶다고 말했습니다."

"뭐라고? 나를 구제한다고….
나까지 중으로 만들 셈인가."

"아닙니다. 그것은 잘 모르겠습니다."

왕은 쓴웃음을 지었다. 붓다가 말하는 구제란 무엇을 의미하는가… 숫도다나는 알 수 없었다.

"라훌라와 야쇼다라에 관해서 아무 것도 말하지 않던가."

"예, 별로 언급하지 않았습니다."

"그래… 아무 말도 않았단 말이지.
그건 그렇고 그대는 출가한 그 모습으로 생활할 셈인가?"

"예, 이제 이 모습이 저에게 맞는 것 같습니다."

"이제 다시 머리를 기르고 크샤트리아 복장으로 갈아입기도 어려운 노릇이고, 또 어차피 싯다르타가 귀성할 테니 그대로가 좋겠지… 그러면 붓다를 맞이할 날의 준비 책임자가 되어 암리트다나와 잘 상의해 진행하도록 해라."

"알겠습니다."

우다이는 보고를 마치고 왕의 곁을 물러갔다. 왕은 프라자파티의 방으로 돌아와 웃으며 말했다.

"우다이마저 중이 되어 버렸다… 보았소? 그 까까머리 말이오. 걸레같은 승복하며… 싯다르타란 놈이…."

프라자파티는 왕의 웃음을 잠자코 지켜보고 있었다.

"이러다간 샤카(석가)족 모두가 출가해 버리고 말겠다. 그렇게 되지 않기를 바라지만….
싯다르타에게 간 놈들은 거의 출가해 버리는 것을 보면, 아무래도 싯다르타에겐 무언가 신비한 힘이 있는 모양이야. 파세나디 대왕마저 완전히 싯다르타에게 빠져 버렸다. 정말로 신기한 일이야."

미소를 지으며 왕의 이야기는 어느새 아들의 자랑으로 변해 있었다.

"우다이까지 출가해 버렸습니까?"

"그렇소. 칼도 활도 버리고 말았소. 어쨋든 사로몬의 모습으로 돌아왔으니까."

"그 우다이까지 중이 되다니. 정말 믿어지지 않습니다."

"그건 나도 마찬가지요. 하지만 사실인걸 어쩌겠소. 그 상투마저도 이젠 깨끗이 잘려 파르스름한 게 정말로 시원하겠구나. 나도 한번 머리를 잘라 볼까? 하하하…"

왕은 배를 움켜잡고 또 웃었다. 프라자파티는 웃을 계제가 아니었다. 만약 왕까지 출가하면 어찌 될까. 왕의 출가는 곧 샤카 (석가)족 모두의 출가로 이어질 것이다. 그것도 파세나디 대왕처럼 재가 신앙이라면 좋지만, 머리를 자르는 것은 카필라를 버리는 것을 의미한다. 아무리 농담이라도 지나치다 싶었다.

하지만 한편으로는 아들의 이야기도 들어보고 싶었다. 우다이를 출가케 한 싯다르타의 매력은 옛날의 아들과는 다른 무언가가 있기 때문일 것이다. 아마도 사람을 끄는, 속세를 초탈한 신비한 힘이 있는 모양이다. 그렇게 생각하자 싯다르타가 두려워지면서도 한번 그의 이야기를 들어 보고 싶어하는 자신을 발견했다.

왕이 말했다.

"그처럼 굳게 약속한 우다이가, 모든 사람 앞에서 돋보였던 그가 그 꼴이다. 싯다르타는 정말 대단한 놈이야."

"왕이시여, 그렇습니다. 싯다르타는 보통 인간이라고는 생각할 수 없습니다. 세간에서 말하는 붓다인 것이지요. 그렇다면 저도 붓다의 설법을 들어 보고 싶습니다."

"뭐라고? 당신마저 그런 것을 생각하고 있소?"

"예, 그는 제가 키운 아이입니다. 아들의 이야기를 들어서 나쁠 리는 없지 않습니까. 그의 설법을 데바다바 성의 형과 무사에게도 들려주고 싶습니다."

"프라자파티, 당신 진심이오?
데바다바 성의 크샤트리아까지 출가시킬 셈인가?
그건 안 돼, 의형에게 폐가 돼. 그럴 수는 없어."

왕은 이제 걱정이 되기 시작했다. 데바다바 성까지 붓다의 영향을 받으면, 그야말로 샤카(석가)족은 무사들이 한 사람도 없게 되어 멸망할 것이다. 결코 그런 일이 있어선 안 된다. 무슨 큰일이라도 난 듯 왕의 얼굴에서 웃음이 사라지고 깊은 침묵이 감돌았다.

우다이의 보고에 의해, 붓다가 가까운 시일 내에 카필라로 돌아온다는 소문이 퍼지자 성내는 떠들썩해졌다. 사람들은 모이기만 하면 붓다의 이야기로 자자했다. 뿐만 아니라 우다이의 출가에서 샤카(석가)족의 출가에까지 이야기가 퍼져, 남녀를 막론하고 모두들 들떠 있었다.

  라훌라의 성장에 삶의 보람을 찾고 있던 야쇼다라는 붓다의 귀성 소식에 복잡한 심정이었다. 남편으로서 맞아야 하는지, 붓다로서 맞이해야 할 지 망설이고 있었다. 12년이란 세월은 길고도 짧았으며 또한 슬프고 외로운 날들이기도 했다.

  남편 싯다르타는 아직 라훌라의 얼굴도 못 보았다. 라훌라가 태어나자 곧바로 출가해 버렸다. 싯다르타는 자신의 아이가 태어났다고 듣자 그 이름을 장애물(라훌라)이라고 짓고, 아들을 보려고도 하지 않았다. 개구장이가 된 여두 살의 라훌라를 보고 이제는 붓다가 된 싯다르타는 과연 어떻게 받아들일까. 기뻐해 줄 것인지 타인처럼 대할 것인지 야쇼다라는 걱정이었다.

  싯다르타가 출가한 뒤 수년 동안은 그를 미워했다. 한마디 말도 없이 성을 나가 버렸기 때문이다. 그 때 이후로 남편인지 타인인지 알 수 없었다. 밤에는 잠 못 이루는 번민의 나날이 계속되고 한때는 어떻게 해야 좋을지 자신을 지탱할 수조차 없었다. 원망과 증오가 마음 속에 들끓어 미친 듯 날뛰고 싶을 정도였다. 용서할 수 없다. 남편을 용서할 수 없다. 남편의 얼굴을 보면 그를 찔러 죽이고 자기도 자살하고 싶었다. 하지만 그러한 증오도 라훌라의 성장에 의해 잊을 수가 있었고, 붓다가 귀성하는 지금은 타인을 대하듯 붓다를 맞이하려고 생각했다. 그녀는 열두 살이 된 라훌라에게 말했다.

"얼마 안 있으면 네 아버지가 돌아오신단다."

"아버지가 돌아오신다고? 어떻게 생겼어? 할아버지랑 닮았어? 아니면 할머니랑 닮았을까. 빨리 보고 싶어."

"프라자파티 할머님과 닮았어요."

"응? 할머니랑 닮았어?"

"그래."

라훌라는 하얀 천정을 올려다 보고 아버지의 얼굴을 상상해 보았다. 야쇼다라는 라훌라의 천진난만한 모습을 보고 있자니 또 눈물이 주르르 흘러내렸다.

싯다르타와 사별을 했다면 차라리 마음이나 정해지겠지만 이것은 자기를 도피하기 위해 출가해 버린 것이다.

역시 남편이 밉다…

붓다라고 해도 사람의 자식이 아닌가.

어찌하여 이제껏 단 한번이라도 카필라에 돌아와 자기 아들에게 말 한마디 걸어주지 않았단 말인가. 붓다의 깨달음은 가족의 희생 위에만 이루어졌다.

붓다의 깨달음은 진실인가 아닌가.

아무래도 한번 만나보지 않고는 알 수 없는 일이라고 생각하는 야쇼다라였다.

라훌라를 보자 그녀의 마음은 더욱 복잡해졌다.

라훌라는 미래의 왕으로서 날마다 검술과 궁술에 전념하고 있었다. 또 바라문학(學)을 공부하여 종교적 관심은 한층 더 깊어졌다. 어머니 야쇼다라로부터 아버지 붓다가 귀성한다는 말을 듣자 사로몬처럼 생긴 수행승의 모습이 눈앞에 떠올라 날이 감에 따라 아버지의 모습이 선명하게 그려지게 되었다.

§12년만의 귀향

어느덧 한여름이 지나고 히말라야로부터 가을빛이 내려와 카필라 성에도 서늘한 바람이 불기 시작했다.

붓다 일행은 약속대로 카필라로 가고 있었다. 가는 길에 들리는 코살라국의 도시나 마을에서도 쉼 없이 설법은 계속 되었다.

이윽고 니그로다 숲에 이르렀다. 사로몬들은 아침 일찍부터 유행에 나서 정사에서의 생활과 같은 수행을 했다. 숲속에 들어가 자신의 마음을 직시하며 명상에 잠기거나, 어릴 때부터 지금까지 비뚤어진 채로 살아온 마음을 바로잡으려고 위아偽我와 싸우며 반성에 여념이 없었다.

고뇌의 그림자는 바로 위아偽我에 있다.

위아偽我는 무상無常을 부인하고 오관五官의 느낌을 진정한 자기의 것인 양 착각하게 만든다. 뿐만 아니라 자신의 주위까지도 그런 눈으로 바라보고 생각해 버리게 한다.

육체는 물론 주위의 모든 사물과 경관은 영구불변의 것이 아니다. 그런데도 사람들은 그것을 진실이라고 여기고 그것밖에 의지할 데가 없다고 생각하므로 미로에 빠져든다.

무상無常에서 의지할 곳을 구해 봐야 무상無常밖에 얻지 못한다.

끊임없이 변화하고 사라져버리는 무상無常에서 의지할 데를 찾다보면 사람의 마음도 거칠고 냉정해질 수밖에 없다.

계속되는 변화와 사라짐 속에서 헤매며 신음할 것이다.

위아僞我는 거칠고 메마른 자아다. 갈피를 못 잡고 헤매는 자아다. 바로 고뇌의 자아인 것이다.

붓다는 열심히 수행하는 제자들의 마음 속을 들여다보면서 엄하게 지도했다. 대개는 스스로 알아서 하도록 아무 말도 않지만, 반성이 부족하고 헤매는 제자에게는 무엇을 어떻게 반성하는지를 일러준다. 그러면 제자들은 붓다의 위대함에 다시금 용기가 솟아나는 것이었다.

밧데야는 한발 먼저 니그로다를 떠나 카필라 성으로 갔다. 붓다의 귀성을 알리기 위해서였다. 붓다의 카필라 입성은 임박하였다. 며칠만 지나면 12년 만의 귀향이 이루어지는 것이다.

마을 사람들은 남루한 승복을 걸친 수행승 일행을 호기심 어린 눈으로 바라보았다. 붓다 일행은 도시에서 마을로, 마을에서 숲으로 행진했다. 우기雨期도 끝나고 수분이 적당하게 된 대지는 녹음이 눈부셨다. 새들의 노래가 낭랑한 계곡의 맑은 물은 일행들의 목을 상쾌하게 적셔준다.

태양과 녹음, 맑은 물과 움직이지 않는 대지, 붓다가 가고 있는 길은 잘 조화를 이룬 자연이다.

법法은 자연의 조화 속에 있다.

붓다는 법신法身의 자신을 깨달았다.

붓다가 자연인지 자연이 붓다인지 분간할 수 없는 상태였다.

삼매三昧의 경지, 그것은 곧 자연과 혼연일체가 된 붓다이리라. 일체의 집착을 끊어버리고 법法과 더불어 있을 때 붓다는 그대로 법신法身이 되어 자연으로 화해 버리는 것이다.

자연에 동화되어 법法 속에서 자신을 볼 때, 움직이지 않는 자연은 움직이는 자연으로 변해서 붓다의 손에 들어와 훤히 들여다 보이는 것이다. 삼매는 자연을 손에 잡은 듯 들여다볼 수 있을 때 얻어지는 경지이다.

붓다가 가는 길에 장애물은 없다. 카필라 성으로 향한 길은 항상 눈앞에 열려 있다. 붓다 일행은 숲 속에서 다시 휴식을 취했다. 각기 자유롭게 편히 쉬었다.

샤카(석가)족 무사들은 이미 아라한의 경지에 올라 많은 사로몬들의 지도자가 되어 있었다. 그들은 12년 만에 만나게 될 고향 사람들에게 붓다의 깨달음과 법을 이해시킬 방법에 대해 얘기를 나누었다. 코스타니야가 말했다.

"아사지, 너는 붓다의 제자들 중에서 제일 먼저 아라한이 되었다. 이제 카필라 성에 돌아가면 과거세에 관한 이야기를 하세 될 터인데 사람들이 믿어 줄까…?
영원한 생명으로 전생 윤회한다는 사실을 깨닫는 것은 인생이 금생만이 아니라는 것을 알기 위해서 매우 중요한 일인데… 이 점에 대해서 어떻게 생각하는가."

아사지는 이마의 땀을 훔치며 대답했다.

"물론 윤회 속의 과거세 체험을 이야기하는 것도 중요하지만, 현생의 삶의 의의를 알기 위한 정법을 잘 이해시켜 실천케하는 일이 더욱 중요할 것 같아."

"옳은 말이다. 붓다의 법을 알고 실천하면 저절로 마음의 창이 열리고 생명의 신비를 체험할 수 있을 테니까.
역시 법 이외에는 길이 없겠지.
우파카, 파트리카, 밧데야, 너희들 생각은 어때."

"우리도 그렇게 생각해."

세 사람은 동시에 대답했다. 붓다는 이들의 이야기를 듣고 있었다. 이야기가 한참 더 진행된 뒤에 붓다가 말했다.

"다섯 아라한들이여, 카필라로 돌아가면 참 즐거울 것이다. 부모와 친척들과 만나 그 동안 쌓인 회포를 풀자면 잠 잘 틈도 없을 터인데…."

다섯 사람은 서로 눈을 맞추며 미소지었다. 친지와 친구들을 만나면 12년간 쌓인 회포를 푸는 것보다도 정법을 어떻게 이해시킬까 골몰하고 있었던 것이다. 코스타니야가 입을 뗐다.

"붓다, 대자연계 전부가 우리의 집입니다. 인류는 형제들이고 연생緣生의 카필라 친구들은 붓다의 자식이요, 제자들입니다. 때문에 붓다의 법을 그 형제들에게 어떻게 이해시키고 실천케 하느냐가 걱정입니다."

붓다는 가볍게 머리를 끄덕이고 말했다.

"코스타니야, 정법은 자기 자신의 확립 이외에는 설법의 방법이 없다. 특히 친한 사람들을 교화하는 데는 법을 실천하여 체험한 수행자의 말이 최고다.

체험은 마음을 감동시키고 또 편하게 해주기 때문이다. 사람의 마음은 모두가 같아 마음과 마음이 서로 울리고 응답하는 것이다.

지식을 얻어 그것을 주어도 상대에게는 통하지 않는다. 그것은 수행자가 취할 방법이 아니다. 정법이라는 지식을 얻었다면 그것을 몸으로 실천하여 마음 속으로부터 솟아나는 지혜로만 감동이 상대에게 전해져 평안과 조화를 줄 수 있게 된다.

법은 실천에 의해서만 광명으로 충만하고 길이 열린다."

"붓다, 잘 알겠습니다. 더욱 자신을 조화시켜 수행에 힘쓰겠습니다. 감사합니다."

코스타니야가 이렇게 말하며 절을 하자 나머지 네 사람도 따라서 배례했다. 사로몬들 중에는 마을로 탁발을 나간 사람도 있었다. 숲 속에 남아 있는 사람들은 땔감을 모아 밥 지을 준비를 했다 하루에 두어 번씩 하는 일상생활 준비는 여럿이 하기 때문에 혼자서 하는 것보다 오히려 시간이 더 걸렸다. 사로몬들의 반성과 명상은 주로 밤에 집중되었다. 낮에는 설법, 탁발, 생활 준비 등으로 시간을 많이 썼기 때문이다. 그러나 함께 일하는 낮 시간이 사로몬들에게는 서로 흉금을 터놓고 정법을 이야기할 수 있는 좋은 기회이기도 했다.

§걸식 집단의 출현

그 무렵 카필라 성은 붓다 일행을 맞이할 준비가 한참 진행되고 있었다.

"임금님, 요즘 남루한 차림의 걸식승乞食僧이 거리에 많다고 합니다. 싯다르타 왕자님의 귀성도 가까워졌는데 이들이 많이 돌아다니는 것은 보기에 좋지 않을 것 같습니다. 구걸하는 수행승들을 다른 곳으로 이동시키는 게 좋을 듯 합니다."

게루리양 고세가 붓다의 즐거운 귀성을 위해서 숫도다나 왕에게 하는 말이었다.

"음, 그게 좋겠다. 고타마를 위해서도 수행승들이 카필라 성 주위에 돌아다니지 않도록 빨리 퇴거시켜라."

고세는 곧 부하들에게 왕의 명령을 전했다. 부하들은 거리에 나가 걸식승들에게 다른 곳으로 가도록 권유했다. 고세도 거리에 나와 순찰을 하는데 어느 길모퉁이에서 누가 등뒤에서 어깨를 쳤다.

"고세… 나야, 밧데야다."

"아아, 밧데야님, 오랫만입니다. 그런데 대체 어쩐 일이십니까… 이 누더기 옷차림은 또?"

고세는 도저히 믿기지 않는다는 표정이었다. 구걸하는 수도승들 속에 밧데야가 끼어 있으리라고 상상조차 못한 터였다.

"붓다는 어디…."

"니그로다 숲에 계신다."

"그러면 거리의 사로몬들은 모두 붓다의 제자들입니까?"

"그렇다. 카필라 거리에 많이 구걸을 나왔을 테니까. 3일 전에 쉬라바스티를 떠나 이곳으로 향했다.

"아이구, 이거 큰일입니다. 붓다의 제자들이 여기에 와서 구걸을 하리라고는 생각조차 못했습니다. 실은 그것도 모르고 그들에게 다른 곳으로 가라고 했습니다. 붓다의 귀향에 혹시 무슨 불상사라도 생길까 해서요. 빨리 퇴거 명령을 중지시키겠습니다."

고세는 즉시 부하에게 퇴거 명령을 철회한다고 알렸다. 그리고 밧데야에게 거듭 머리를 숙이며 황공해 하였다. 밧데야는 자기를 곧장 성으로 안내하려는 고세를 설득하여 니그로다 숲으로 데려갔다. 고세는 밧데야를 따라 붓다 앞에 갔다. 싯다르타의 옛날 모습이 조금 남아 있긴 해도 역시 성에서 살 때의 왕자 모습은 아니었다. 실제보다 커다랗게 보이는 몸에서 풍기는 자비로운 분위기가 고세의 마음 속에 전해졌다. 고세는 무릎을 꿇고 머리를 숙여 우선 용서를 빌었다.

"고타마 붓다, 용서해 주십시오. 붓다의 제자인 줄도 모르고 그만 쫓아내려고 했습니다. 거리에서 우연히 밧데야 님을 만나고 나서야 제가 큰 잘못을 저질렀음을 알았습니다. 부디 용서하여 주십시오."

"고세, 오랫만이구나.
건강한 그대를 보니 반갑다. 다들 안녕한가…."

"네에. 감사합니다. 가족들도 덕분에 건강하게 지냅니다."

"그것 참 다행이구나. 그런데 내 제자들이 무슨 좋지 못한 일이라도 저질렀느냐."

"아닙니다. 절대로 그런 일은 없습니다."

"옷차림만으로 사람을 평가해서는 안 된다.
그들은 스스로를 알고, 노하지도 어리석지도 더럽지도 않은 사람들이다.
겉모습만 보고 사람을 평가하면 마음속의 아름다움을 볼 수 없다.
마음이 아름다운 사람이야말로 참된 인간이다."

"예, 너무도 옳은 말씀입니다.
여러 가지 무례를 용서하여 주십시오."

"내일 카필라 성으로 간다. 부왕에게 그렇게 전해 다오."

"예, 알았습니다."

황송하여 얼굴이 벌게진 고세는 다시 무릎을 꿇어 인사했다. 붓다의 말이 아니더라도 의복만 보고 사람을 평가해서는 안 된다. 그러나 그것을 알면서도 우선 눈에 보이는 것은 옷차림 뿐인 것이다. 더구나 붓다의 귀향이라는 큰일을 앞두고 만에 하나라도 좋지 못한 일이 생길까 염려하여 취한 조치가 오히려 붓다에게 누가 되는 일이었다. 너무 어처구니없고 얄궂은 일이어서 고세는 말없이 엎드려 있을 따름이었다. 이윽고 성으로 돌아온 고세는 왕에게 보고했다.

"대왕님, 큰 잘못을 저질렀습니다.
거리에서 구걸하는 수도승들은 모두 붓다의 제자들이었습니다. 붓다에게 정중히 용서를 빌고 돌아왔습니다."

"뭐라구! 걸식승들이 붓다의 제자들이었다구. 그럴 리가 없다. 우리 가문에 여태까지 거지라곤 한 사람도 없었다. 만약 그게 사실이면 참으로 부끄러운 노릇이다. 음식물이든 무엇이든 내가 다 줄 수 있는데 왜 구걸을… 마을 사람들은 싯다르타의 제자들이라는 사실을 알고 있느냐."

"그런 듯합니다."

"정말 야단났구나. 샤카(석가)족의 권위와 체면이…"

"대왕님, 그 점은 염려 않으셔도 됩니다. 붓다의 제자들은 거지같은 차림이었지만 거지는 아니었습니다. 그들은 위엄을 갖추고 있었습니다. 밧데야를 거리에서 만났을 때도 그런 느낌을 강하게 받았습니다. 밧데야는 누더기 승복을 입어 차림은 거지와 꼭 같았지만 행인에게 함부로 구걸하지는 않았고, 그 걸음걸이며 태도, 눈빛 역시 보통 사로몬과 다른 품위가 있었습니다. 복장으로 사람을 판단하는 것은 잘못입니다."

"지금 나에게 설교를 하는 거냐,."

"천만의 말씀입니다. 아무리 좋은 옷을 입어도 마음속이 부족하면 거지와 같은 가난한 사람이라고 조금 전 붓다께서 말씀하셨습니다. 겉모습만으로 판단하면 진실에서 멀어지며, 점점 평온을 잃게 되는 듯합니다."

"정말 좋은 말을 하는구나, 고세."

"붓다는 위대한 분입니다.
소문보다 훨씬 더 뛰어난 분이십니다."

"설마 자네도 출가하려는 건 아닐 테지. 카필라에 무사가 없어지면 외적의 침입을 받게 된다. 무사들이 없으면 누가 외적을 물리치겠나. 샤카(석가)족이 전멸하면 조상을 뵈올 낯이 없다. 그대들은 무예를 연마하고 건재해야 한다."

"알고 있습니다. 대왕님. 목숨을 바쳐 카필라 성을 지키겠습니다. 붓다의 가르침을 본받고, 무사로서의 사명도 다해야 한다고 생각합니다."

"그렇다. 바로 그 결심이 중요하다. 그대들 같은 무장이 튼튼하게 지키고 있지 않으면 젊은 무사들은 전쟁을 잊어버리게 되고, 오랜 역사를 지닌 위대한 샤카(석가)족도 멸망하게 될 것이다. 그런 일이 없도록 부탁한다."

붓다를 맞으려는 숫도다나왕의 심정은 매우 착잡했다.

다음날 붓다 일행은 카필라로 향했다. 12년 만의 귀성에는 사리뿟다, 목갈라나, 몽갈라자, 포사라, 마이트레야, 야사 등의 제자들이 따르고 있었다. 성벽으로 둘러싸인 카필라는 바다에 뜬 거대한 전함처럼 믿음직스러운 위용을 보여주고 있어, 언제 어디서 적이 공격해 와도 끄떡 없을 것 같아 보였다. 그러면서도 오랜 역사와 전통에 어울리게 큰 나무들이 숲을 이루고 갖가지 꽃들이 성 안 밖에 가득 피어 있었다. 긴장감 속에도 여유가 느껴져 전쟁과 평화가 공존하는 듯한 분위기였다. 이런 곳에서 왕자로 태어나 무엇 하나 부족함이 없이 자란 붓다가 지금은 몸 하나뿐인 가벼운 생활이다. 제자들은 카필라 성이 가까워짐에 따라 붓다의 인품에 더욱 커다란 감명을 받았다.

　숫도다나를 비롯 프라자파티, 난다, 라훌라와 샤카(석가) 일족들은 붓다를 맞이하려고 좋은 옷을 입고 성의 동문東門에 늘어서 있었다. 이윽고 나타난 붓다 일행은 누더기를 걸친 남루한 모습이었다. 누더기 무리와 화려한 복장의 왕과 일족들. 참 기이한 대조였다. 왕은 프라자파티에게 속삭였다.

　"샤카(석가)족의 수치다. 싯다르타는 마하바라문과 같이 비단옷을 입고 돌아와야 하는 거다. 코끼리나 말도 타지 않고 저렇게 거지 꼴로 걸어오다니. 남의 마음은 조금도 알아주지 않는 놈이야…."

　"대왕님, 제가 잘못했습니다. 니그로다 숲에 계실 때 새 옷을 보내 드려야 하는 건데 미처 생각을 못했습니다."

　"아니다. 싯다르타의 사고방식이라면 그래봐야 소용없는 일이다. 싯다르타의 심중을 아무래도 모르겠구나."

　프라자파티는 왕의 말을 묵묵히 인정하며 가까워지는 붓다 일행을 주시했다. 라훌라도 어머니 야쇼다라 곁에 서서 붓다를 맞이하고 있었다. 라훌라의 눈에 비친 아버지의 모습은 늘 상상해 오던 싯다르타 왕자와는 거리가 멀었다. 이제 열두 살인 라훌라는 할아버지와 어머니 등을 통해 아버지에 관한 얘기를 듣고 있었다. 마하바라문처럼 화려한 비단옷을 입고 돌아오는 아버지를 상상했다. 그런데 생전 처음 보는 아버지의 모습은 거지 꼴이고 제자들 또한 검게 그을린 얼굴이 더욱 초라해 보였다.

　'이게 뭐야! 저 사람이 내 아버지란 말인가. 그토록 그리워하며 기다리던 아버지인데…. 어떻게 아버지라고 부르지. 모른체 해 버릴까. 무슨 말을 해야 할지 모르겠구나…'

라훌라는 마음 속으로 중얼거렸다. 한편으론 이런 생각도 들었다.

　'그런데 저런 모습의 아버지에게 어떤 매력이 있단 말인가. 우다이 같은 사람도 중이 돼서 돌아왔다. 그만한 무장이 불과 며칠만에 아버지의 말을 따르고 말았다.
　그렇다면 아버지의 매력은 얼굴이나 겉모양에 있는 게 아니라 입으로 하는 말, 사람의 마음을 움직이는 그 무엇이 말 속에 숨어 있는지도 모른다. 그렇다면 아버지는 아직 아무 말도 하지 않았는데 내가 함부로 상상하는 것은 삼가야지….'

라훌라의 어머니 야쇼다라는 숨을 죽이고 조용히 붓다를 맞고 있었다. 그녀의 눈은 오로지 붓다에게 못박혀 있어 다른 사람들의 말소리는 귀에 들리지도 않았다. 12년 만에 보는 남편의 모습을 응시할 따름이었다.

12년 간의 상념도 지금은 오직 하나 그리움으로 응축돼 있었다. 점점 가까워지는 붓다의 모습이 뚜렷해짐에 따라 안개 같은 것이 눈을 가리고 이윽고는 눈물이 붓다의 모습을 지워 버렸다.

그토록 기다리던 남편이 돌아오는 것이다. 붓다라고 하지만 또한 자기의 남편 싯다르타인 것도 분명한 사실이다. 잡힐 듯 가까운 거리에 꿈에도 못 잊던 남편이 걷고 있다.

만나면 이것도 말하고 저것도 따져보리라 별렀는데 막상 눈앞에 남편이 나타나자 주르르 눈물이 쏟아질 뿐이었다. 목놓아 울고 싶은 충동을 야쇼다라는 애써 차고 있었다.

남편을 보는 순간 이미 그녀의 마음은 모든 것을 용서했다. 그토록 밉고 한이 많았는데 막상 돌아온 남편을 보자 미움이나 원망 따위는 거짓말처럼 사라져 버렸다.

야쇼다라에겐 남편의 차림이나 모습은 문제가 아니었다. 건강한 몸으로 돌아와 준 것으로 그만이었다.

며칠 전까지만 해도 어떻게 남편을 맞을까 하고 고민했다. 결국 아무런 마음의 준비도 없이 맞이하게 되었지만 만나고 보니 모든 문제는 순식간에 사라져 버리는 것이었다. 그녀는 눈물을 쏟으며 자신의 불가사의한 마음에 놀라고 있었다.

§가족들과의 재회

많은 제자들을 거느리고 동문에 도착한 붓다는 한 마디로 감개무량했다. 변함없는 자연 속에 올려다 보이는 동문은 옛날 모습 그대로이고 출영해 주는 카필라 사람들도 그리운 얼굴들이었다. 왕관을 써 한층 돋보이는 아버지 숫도다나는 주름살이 더욱 깊게 팬 얼굴에 미소를 띠고 서 있었다.

"아버님, 오랜 세월 뵈옵지 못했습니다.
오늘 많은 제자들과 함께 신세를 지게 되었습니다."

붓다의 얼굴을 대하자 왕은 아까 했던 부질없는 상념도 잊고 젖은 눈으로 말했다.

"잘 돌아왔다. 싯다르타, 여러 가지 소문도 들었다. 엄격하고 힘든 수행이었겠지. 이제 네 모습을 보니 나도 마음이 놓인다. 네 궁전은 그대로 있으니 거기서 쉬도록 하여라.
리훌라, 네 아비가 돌아왔다. 코살라국의 왕과 마가다국의 빔비사라 왕의 스승이 바로 네 아비이니라. 위대한 슈바라가 네 아비나. 인사 올려라.
싯다르타, 이 아이는 네 외동아들 라훌라이다."

숫도다나는 12년간 오직 일념으로 싯다르타의 귀성을 염원하면서도 아들의 이름을 입밖에 내지 않았다. 그러나 바로 눈앞에 아들이 건강한 모습으로 돌아와 수많은 제자들의 존경을 받으며 서 있는 것을 보자 만감이 복받쳐 흐르는 눈물을 멈추지 못했다.

라훌라는 잠깐 망설이다가,

"아버님, 잘 오셨습니다."

하고 똑똑히 말하며 웃는 얼굴로 붓다를 쳐다보았다. 붓다도 미소로 답하며 라훌라의 작은 손은 잡아 가볍게 입을 맞추었다. 날마다 열심히 무예를 닦는데도 라훌라의 얼굴이 흰 것으로 보아 극진한 보살핌을 받고 있음을 알 수 있었다.

붓다는 라훌라의 어깨에 손을 얹으며 말했다.

"어떠냐, 몸은 건강하냐..."

생전 처음 대하는 아버지의 눈길이 라훌라의 얼굴을 살피고 있었다. 12년 전 싯다르타는 자기 아들을 라훌라라고 이름 지었다. '라훌라'는 '장애물'이란 뜻이다. 그 당시 싯다르타의 마음은 출가에만 몰두해 있어서 남의 아버지가 된다는 것은 꿈에도 생각해 보지 못했다. 그런데 출가를 결심한 직후에 야쇼다라가 아들을 낳았기 때문에 아들이 싯다르타의 발목을 잡는 결과가 되었다. 숫도다나 왕이 아이의 이름을 지으라고 했을 때 싯다르타의 기분은 시커먼 물속으로 빠져드는 것 같았다. 그러한 심정이 라훌라라는 이름을 짓게 했던 것이다. 지금 그 라훌라와 대면하자 12년 동안 집을 비운 책임을 통감하는 것이었다.

'역시 내가 책임을 회피했어….'

사람의 아버지로서 책임을 다하지 못한 참회의 심정이 붓다의 가슴을 아프게 했다. 동문에서 궁전까지는 한참 걸어야 하는 거리였다. 붓다 일행은 왕을 선두로 샤카(석가) 일족의 출영 속에 천천히 걸음을 옮겼다. 왕은 얼굴 가득 기쁨을 담고 출영인들에게 일일이 눈인사를 보냈다.

붓다는 라훌라의 손을 잡고 걸었다. 갖가지 화려한 복장이 넓은 안마당을 가득 수놓고 있었다. 그러나 붓다의 관심을 끌지는 못했다. 오히려 붓다는 라훌라의 손에서 전해지는 따스함이 자신의 12년간의 불찰을 일깨워 마음을 아프게 하는 것에 정신이 팔려 있었다.

세상에 태어나 육신의 자식과 대면하는 것은 오늘 처음이다. 차원이 다른 영혼의 세계와는 종류가 다른 감개가 붓다의 마음을 사로잡고 있었다.

아버지와 자식간의 불가사의한 정애가 비로소 라훌라의 따뜻한 손을 통해 전해옴을 느꼈다. 태어난 이래 사람과 사람의 만남 중에서 이보다 더 불가해 한 정감을 맛본 적은 한번도 없었다.

부모의 마음은 자신이 부모가 되어 보지 않고는 모르는 것이다. 말이나 생각으로는 그 감정을 떠올릴 수 없다. 부왕 숫도다나가 자기에게 쏟는 애정은 지금 라훌라에게 품고있는 자기의 불가사의한 감정과 같은 것인지도 모른다.

부모가 자식에게 바라는 것은 그저 건강하게 무럭무럭 자라주는 것이다. 대가를 바라지 않는 순수한 사랑이다. 남의 아이에게서는 도저히 느낄 수 없는 감정이다.

라훌라가 육신의 아들이 아니라도 애정은 느낄 수 있겠지만 지금과는 판이한 느낌일 것이다.

붓다는 어머니의 생각도 했다. 그에게는 길러준 어머니는 있어도 생모는 없었다. 라훌라에겐 어머니는 있어도 아버지는 없었다. 많은 사랑 속에서 자랐지만 붓다도 라훌라도 양친 중 한쪽이 없는 상황에서 자랐다. 붓다의 생모는 붓다를 낳고 일주일 만에 세상을 떠났다. 그런데 라훌라의 아버지는 세상에 존재하면서도 없었다. 언제라도 라훌라에게 손을 내밀어 잡아 줄 수 있었지만 그러지 않았다. 지금까지의 12년은 아버지로서는 실격이었다.

붓다는 앞서 걸어가는 아버지 숫도다나 왕의 어깨가 옛날보다 작아진 것을 발견했다. 그만큼 늙어버린 부왕과 자기 옆에서 따라 걷는 라훌라를 번갈아 보면서 깊은 생각에 잠겼다.

인생의 고뇌를 밝혀 보겠다고 출가했지만, 그 당시는 사실 고뇌에서의 도피였다. 돌이켜보면 처음 6년 동안의 고행은 도피라는 마음의 걸림돌이 자유를 속박하는 것에 지나지 않았다.

큰 깨달음은 자기가 처한 환경이나 상황에서 벗어남으로써 얻는 것이 아니다. 오히려 그러한 환경이 깨달음의 도약이 되는 것이다. 만약 그런 조건이 갖춰지지 않으면 마음을 여는 기회도 오지 않고 무위 속에 일생은 끝나버릴 것이다. 도피는 바로 그와 같은 깨달음의 조건에서 떠나 자신을 편하게 놓아두는 일이다.

이래서는 고苦를 해명할 수 없다. 괴로움의 실체를 밝히려면 괴로움의 한가운데 들어가야만 한다. 편안한 가운데서 어떻게 고苦의 쓰라림을 발견할 수 있겠는가.

괴로움을 밝히지 않고는 참된 편안함을 얻을 수 없으며, 고苦
와 락樂이 분명하지 않으므로 헤매고 슬퍼한다.

붓다는 걸음을 옮기며 길게 한숨을 내쉬었다.

아버지와 처자, 샤카(석가) 일족들에게 12년간 여러모로 충격과 파문을 던졌다. 이제부터는 그것을 진정시켜 기쁨으로 바꾸어 주어야 한다. 붓다는 문득 다리에 힘이 뻗치는 것을 느꼈다. 궁전에 들기 전에 자진하여 발을 깨끗이 닦았다.

숫도다나는 붓다를 한 방으로 인도했다. 그것은 옛날 싯다르타가 쓰던 거실인데 비어 있었다. 거실 앞에 이르자 야쇼다라가 눈인사를 한다. 왕은 붓다에게,

"우선 여기서 편히 쉬도록 해라."

하고 말하고는 자기 거실 쪽으로 가버렸다. 야쇼다라를 생각해서였다. 붓다가 주위를 둘러보며 감개무량해 있자 야쇼다라가 입을 뗐다.

"참 오랫만입니다. 싯다르타님, 이 승복은 마가다국에서 수행하실 때 보내 드리려고 만든 것인데 여태까지 기회를 얻지 못했습니다. 이제 갈아 입으세요."

캇시산 비단으로 만든 승복을 들고 있는 야쇼다라에게 붓다가 말했다.

"아아, 야쇼다라 오랫만이구나. 정말 미안하다.

혼자서 라훌라를 키우느라고 수고가 많았겠지. 진심으로 고맙다. 그대의 정성이 담긴 이 옷은 참 감사하지만 산과 들을 헤매는 험한 생활의 수행자에게는 어울리지 않아. 그대의 정성만 받아 두겠네."

엄격한 붓다의 말에 야쇼다라는 할 말이 없었다. 붓다와 자기 사이에 큰 거리감을 느꼈다. 다만 출가 전의 까다로운 남편이 아니라 어딘가 편안함이 느껴졌다. 그러나 아주 가까운 남편으로는 느껴지지 않았다. 시녀가 차와 과일을 내어 오자 야쇼다라가 얼른 말했다.

"어서 드시지요. 싯다르타님."

"그래. 고마워."

붓다는 차를 마셨다. 달콤하고 그윽한 향미가 코와 혀를 적신다. 12년 동안 맛본 적이 없었다. 뜨거운 차에 벌꿀을 탄 것이었다. 차는 중국이 원산지로 미얀마·태국·인도 등지로 건너온 것이다. 동서 교류가 활발해짐에 따라 서양에도 차가 전해졌다. 오늘날의 홍차가 그 하나이다. 붓다는 천천히 음미하면서 차를 마셨다.

"여행하시느라 많이 피곤하시죠."

"아니 괜찮아. 야외의 생활에 익숙해서 피곤한 줄 모르겠다."

"옛날보다 많이 수척하셨는데…."

"그건 그래. 하지만 지금은 살찐 편이야. 한때는 정말 피골이 상접한 때도 있었으니까."

"세상에… 정말 고생이 많으셨군요. 이제 두 번 다시 못 뵐 줄 알았는데 이렇게 다시 뵙게 되어 행복합니다. 여태까지 저를 지켜 준 것은 라훌라였습니다.
 싯다르타님의 아들을 훌륭하게 키우는 것이 제 삶의 유일한 보람이었습니다. 지금 라훌라는 무술과 씨름으로 몸을 단련하고 있습니다."

붓다는 싯다르타라는 옛날 이름으로 불리자 어딘가 딴 세상에 온 듯한 야릇한 기분이었다. 야쇼다라가 말을 이었다.

"제자들 중에는 여성도 있다고 하던데 사실입니까."

"…"

"만약 저도 출가하고 싶다면 제자로 받아주실는지요…"

"…"

"싯다르타님의 곁에서 보살펴 드릴 수 있다면 무슨 일이라도 할 수 있습니다."

붓다는 말 없이 창 밖의 하늘을 바라보고 있다. 야쇼다라는 쓸데없는 말을 했구나 싶었다.

　한동안 침묵이 흘렀다. 때마침 시녀가 와서 환영 잔치가 시작된다고 알렸다. 붓다와 야쇼다라는 잔치가 벌어지는 곳으로 나갔다. 붓다의 제자들은 왕으로부터 공양을 받고 니구로다 숲으로 돌아간 뒤였다. 잔치 자리에는 부왕과 프라자파티를 비롯하여 왕의 형제들, 라훌라와 난다, 친척들이 둘러앉아 붓다를 기다리고 있었다. 붓다와 야쇼다라가 나란히 들어와 자리에 앉았다.

　"어떠냐‥ 싯다르타,
　밖에서 떠돌다가 가정에 돌아오니 역시 괜찮지.
　이젠 단순한 수행승이 아니라 붓다가 되었으니 거지처럼 구걸하는 생활을 그만 두어라.
　필요한 모든 것은 내가 돌봐 주겠다.
　하루살이 같은 생활은 보기가 딱하구나."

숫도다나왕은 자신에 넘치는 환한 얼굴로 이렇게 말했다.

　"고맙습니다‥ 아버님,
　하지만 저는 제 선조가 가장 소중합니다. 저도 다른 보통 수행자와 같은 생활을 하려 합니다. 저는 카필라의 생활에서도 산중의 엄격한 고행에서도 깨달음을 얻지 못했습니다. 저에게 필요한 것은 평범한 보통 생활입니다."

　"게다가 네 스스로 말했듯이 선조는 정말 소중한 것이다.
　샤카(석가)족의 선조는 위대하다.

옛날에 웃카카 왕은 위대했다. 태양의 화신이라 불릴 만큼 선정을 베풀어 나라를 크게 번영케 했다. 그 왕에게는 왕비가 둘이었다. 첫째 왕비에게는 왕자가 둘, 둘째 왕비에게는 왕자가 하나 있었다. 첫째 왕비의 아들들이 둘째 왕비의 아들보다 모든 면에서 뛰어났다. 어느 날 첫째 왕비의 왕자들이 어머니에게 말했다.

'어머님, 집의 상속은 이복 동생에게 맡기고 우리는 밖에 나가 성을 쌓고 외적을 막겠습니다. 장차 왕위 계승 문제로 이복 형제간에 분쟁이 생길 것을 예방하기 위해섭니다. 그렇게 하면 형제·친척들간에 싸우는 일 없이 영원히 서로 도와가며 평화롭게 살 수 있습니다. 저희들의 뜻을 부왕께 전해 주시기 바랍니다.'

이 말을 들은 웃카카 왕은 왕자들의 뜻을 받아들였다. 그 결과 첫째 왕비의 아들들에 의해 카필라 성이 완성되었다. 부왕은 새로 이루어진 성을 보고 '아아, 샤캬(석가)'라고 소리치며 기뻐하였다. 그 때부터 형제들은 샤캬(석가)족이라 불리며 오늘에 이르렀다.

기필라는 태양처럼 빛나는 훌륭한 뜻이 있고 빛의 성이라고도 한다.

이처럼 훌륭한 선조가 있었으므로 너희들의 현재가 있는 것이다. 선조를 공경하는 것은 자손으로서 당연한 일이며, 이 점을 잊지 않고 있다니 참으로 반갑다."

숫도다나 왕은 신이 나서 샤캬(석가)족의 내력을 이야기하는 것이었다. 붓다는 말 없이 듣고 있었다. 부왕이 말하는 뜻은 알겠지만 붓다가 말한 선조는 육신의 선조가 아니었다.

"아버님… 제가 말한 선조는 영혼의 선조입니다.
그것은 자기의 마음 속에 존재하는 영원한 생명입니다.
우리 인간의 마음 속에는 과거세부터 체험한 인생의 보물이 존재합니다. 아버님께도 그것이 있습니다.
그것은 다름아닌 지혜라는 것이며 지혜를 열면 지상의 모든 것들의 실상을 알게 되어 불안과 방황, 번뇌에서 해방됩니다.
그런데 사람들은 자기의 지혜智慧의 샘을 우행愚行(어리석은 행위)으로 막아버리고 있습니다. 우행愚行이란 곧 화, 질투, 비방, 분노, 무지, 그리고 무엇보다도 만족을 모르는 욕망에 의해서 지혜智慧의 문이 닫혀 버리는 것입니다.
지혜智慧의 문을 열면 인간은 죽지 않는 영원한 생명임과 전생윤회의 실상이 이해되는 것입니다.
즉 생로병사의 고뇌가 해명되는 것입니다.
저는 그 고뇌의 원인인 번뇌를 없애는 길을 얘기하고 있습니다.
육신의 선조는 인생항로의 배舟의 제공자일 뿐 영혼의 선조는 아닙니다.
육체 선조는 전생轉生의 과정에서 묶여진 같은 연생緣生의 올가미로, 아름답고 너그러운 마음과 건강한 몸을 만드는 것이 이 선조에 대한 가장 큰 공양이 됩니다.
사람은 눈에 보이는 좁은 세계만을 믿는데, 마음의 눈은 넓고 큰 세계를 두루 볼 수가 있습니다.
 그 마음의 눈으로 보면 인간이 만들어낸 지위, 명예, 재산 따위는 참으로 무상無常한 것이지 영원한 게 아닙니다.
 부왕의 아들인 저는 지금 보시는 바와 같이 하루살이 같은 일개 수행자입니다.
 저와 아버님을 비교하면 거지같은 수행승과 임금의 차이가 있습니다. 겉모습은 분명 그렇습니다만 또한 저는 아버님의 아들인 것입니다.
 이처럼 외견만으론 진실을 알 수 없습니다.
 고뇌에 허덕이는 사람들은 그 원인을 제거하지 않고 결과에 번롱당하여 헤매게 되는 것입니다.
 지혜로운 사람은 그 원인을 없애기 위하여 법에 따른 생활을 합니다.
 법이란 저 태양과 공기처럼 귀천에 관계 없이 누구에게나 평등하게 주어진 자비의 빛입니다.
 교만하고 아첨하는 마음을 버리고 법에 따라 생활하며 사물의 진실을 알고자 노력할 때 우리들 마음에는 안정이 생겨 참된 행복을 누리게 됩니다.
 행복은 그 길밖에 방법이 없다는 것을 알게 됐습니다."

 부왕의 형제들은 말 없이 붓다의 얘기에 귀를 기울이고 있었다. 숫도다나왕은 붓다의 말에 아무 반론도 제시할 수 없었다. 실은 왕 또한 바라문교를 배웠지만 신과 인간의 도에 많은 의문을 가지고 있었던 것이다.

그런데 붓다는 사람과 자연의 수수께끼를 쉽게 풀어주는 것이었다. 사람들은 싯다르타를 붓다라고 부른다. 싯다르타는 역시 붓다로구나. 부왕은 직감하였다. 그는 무릎을 치며 큰 소리로 말했다.

"싯다르타, 지금부터 너를 붓다로 부르게 해다오. 그대는 붓다이다. 바라문 경전에서도 이해 못한 것을 이제야 알 것 같다. 나도 내 아들의 제자가 되겠다. 부자간의 친분으로 잘 부탁한다. 참으로 믿음직한 아들이구나.
 무력을 쓰지 않고 대국의 왕을 제자로 삼는 것은 붓다만이 할 수 있는 일이다.
 우리 샤카(석가)족은 정말 영예롭다. 고마운 일이다.
 아시타 대선인의 예언대로 붓다이다."

식탁의 음식에 손을 대는 사람이 아무도 없었다. 모두 붓다의 말에 귀를 기울이고 자신의 마음 속을 살피고 있었기 때문이다.

"붓다, 그대의 말로 나도 많은 것을 알았다. 어쨋거나 오늘은 경사스러운 날이다. 자, 음식을 들어라. 그대가 먹기 전에는 아무도 먹지 않을 모양이다. 어서 마음껏 들어라."

"감사합니다. 그럼..."

붓다가 과일을 집어들었다. 사람들도 일제히 음식에 손을 뻗었다. 아시타 선인은 붓다가 태어난 지 얼마 안 되어 카필라를 방문했다가 싯다르타를 보고는, 장차 대국의 왕이 되든가 큰 성인이 될 것이라고 예언한 바라문 수행자이다. 그는 그 때 '내가 조금만 더 젊어도 이 사람의 법을 배울 수 있을 텐데…'하고 탄식했다. 숫도다나왕은 그 선인을 생각해 내고 빙긋이 웃으며 붓다를 바라보았다.

　잔치가 끝난 뒤 숫도다나는 샤카(석가)족들에게 붓다의 법을 배우도록 했다.

§해탈에의 길

다음날 붓다는 석가 일족을 비롯 귀족과 무사들이 모인 가운데 처음으로 설법을 했다.

"중생들이여,
 우리는 모두 장님으로 살고 있습니다.
 성 안의 사람들은 풍요하고 자유롭게 살지만 성 밖으로 한 발짝만 나서면 가난한 천민들이 허덕이며 살아갑니다.
 같은 하늘 같은 태양 아래 살면서 카스트 제도로 신분을 구별하는 사회악을 만들고 있습니다. 사람의 가치는 출신 계급에 의해 정해지는 것이 아닙니다.
 또 성자는 자비심과 행동으로 얼마나 많은 사람들을 얼마나 많이 기쁘게 해주었는가에 의해서 가치가 정해지는 것입니다.
 인간의 욕망은 한이 없습니다.
 그 욕망이 고통을 낳습니다.
 고통에서 해방되려면 욕망의 굴레에서 벗어나야 합니다.
 욕망에서 벗어나려면 자기 이익만을 찾지 말고, 스스로 반성하고 가난한 사람들을 도와주는 일부터 시작해야 합니다.
 사람들이 적과 동지로 갈라져서 싸우는 것도 자기 이익에만 사로잡혀 있기 때문입니다.
 혼자만 살이 쪄 있으면 언제 죽임을 당할지 몰라서 밤에도 잠을 이루지 못합니다.
 나는 출가하여 이 문제에서 완전히 해방되었습니다.

나는 집도 나라도 없습니다.
하늘을 날아다니는 새들처럼 어디로든 갈 수 있는 자유로운 몸입니다.
그러므로 대자연, 온 세상이 바로 나의 집인 것입니다.
무력으로 남을 지배하면 언젠가는 자기 또한 무력에 의해 지배당할 것입니다.
그것은 편견과 편향된 물질 편중의 생활 태도가 원인을 만들고 결과가 되어 돌아오는 것입니다.
말하자면 욕망 때문에 침략하고 또 침해당하여 인과를 낳는 것입니다.
힘으로 육신의 행동을 지배하더라도 마음까지 지배하지는 못합니다.
일체의 사물은 무상無常하며 무력은 스스로 자신을 망쳐 버립니다.
그러나 마음의 가치, 불변의 신리神理를 이해하면 아무리 큰 나라의 왕들이라도 전쟁과 파괴의 허무함을 깨달을 수 있을 것입니다.
샤카(석가)족의 친구들이어,
인간은 투쟁과 파괴의 역사를 되풀이하려고 태어난 것이 아닙니다. 보다 넉넉한 마음과 조화로운 사회를 만들려고 태어난 것입니다.
그런데도 동포끼리 싸우고 자기 권익을 수호하기 위해 바둥거리다가 일생을 끝내고 맙니다.
도대체 인생의 목적과 의의가 어디에 있단 말인가요. 참으로 어리석은 노릇입니다.
 구래의 신앙으로는 자신을 구원할 수 없습니다.
 인드라 신도 아니고 바유, 야마, 아루카, 아그니, 베루타, 찬드라, 마토라 신들도 아닙니다. 야크시, 야크샤, 킨나라, 마그라는 더더욱 아닌 것입니다.
 자신을 구할 수 있는 것은 자기 자신 뿐입니다.
 생각과 행동을 담마dhamma(法法)****에 입각해서 생활을 하는 길밖에 없습니다.
 왜냐하면 누구나 마음속에 나(참나:진아眞我)가 있기 때문입니다. 이 마음속의 나(참나:진아眞我)에 눈떠야 합니다.
 마음 속의 참된 나(진아眞我)는 천지창조의 모든 것을 알고 있습니다.
 다른 것에 의지할 필요가 없는 나!
 정직하고 참된 나(진아眞我)야말로 의지할 수 있는 유일한 것입니다.
 거짓도 증오도 없고 갓난아이 같은 편안한 나!
 천진하고 순수한 마음!
 이것이 바로 참된 나(진아眞我)의 모습입니다.
 그런데도 사람들은 출생 환경, 교육, 사상, 습관에 얽매여 자기보존의 위아僞我(거짓의 나·에고)가 만들어내는 고뇌에 휩싸여 허덕입니다.
 이 사바세계를 고계苦界라고도 합니다.
 위아僞我(거짓의 나·에고)가 만든 고통의 세계이기 때문입니다."

붓다의 우렁찬 설법에 매료된 청중들은 감동으로 가슴을 울렁이며 꼼짝 않고 앉아 있었다. 붓다는 한 숨 돌린 뒤 청중을 둘러보고 말을 이었다.

"평생을 고뇌 속에 살다가 마치면 사후에도 고계苦界를 벗어나지 못합니다.
고계苦界란 곧 지옥입니다.
현세에서 저 세상으로, 저 세상에서 다시 이 세상으로 되풀이되는 윤회는 생명있는 모든 것들에게 주어진 천명입니다.
윤회에서의 해탈이야말로 깨달음의 조건입니다.
깨달으면 윤회에서 벗어나 언제 어디서나 생명의 위대함을 깨닫고 영원히 존재하는 참된 자신(진아眞我)을 볼 수 있게 됩니다.
지옥과 극락은 신이 만든 것이 아니라 각자의 상념과 행위가 만드는 것입니다.
두려워하지 마십시오.
자신을 비하하지 마십시오.
희망을 가지고 주어진 환경을 겸허하게 받아들여 최선을 다하고자 노력하는 사람에게는 신의 자비가 내릴 것입니다.
중생들이여,
마음의 눈을 뜨고 일어나십시오.
이 값진 인생을 하루하루가 모두 기념할 만한 삶이 되도록 생활을 바꾸십시오."

붓다의 설교는 엄중하면서도 자비로운 감동으로 무사들의 가슴을 쳤다. 설법장은 눈물을 흘리는 사람, 소리내어 훌쩍거리는 부녀자들의 감격으로 가득 찼다.

숫도다나왕도 진심으로 감동하여 붓다가 자기의 아들만이 아니라는 생각이 들었다. 그래서 자기도 모르게 합장을 하고 귀를 기울이고 있었다. 붓다의 설법으로 왕이 마음의 눈을 떠 가장 먼저 깨달은 것은 바라문교에 대한 의문이었다.

그 때까지 바라문교에는 해탈의 법이 없었다. 윤회는 있지만 윤회에서 벗어나는 길은 없었다. 그것은 영원히 변치 않는 것이다. 그러므로 현세의 목적은 행복한 내세를 바라는 것이었다. 즐거운 저 세상은 현세의 행위에 의해 결정된다. 때문에 바라문교의 신(브라흐만)을 공경하여 가호를 빈다. 바라문 사제司祭인 수행자는 사람들을 즐거운 저 세상으로 인도하는 사람으로, 보통사람을 신과 연결해 주는 중개인으로서 존경받았다.

당시의 카스트 제도는 윤회 사상을 중심으로 움직였기 때문에 바라문 승려들이 최고의 위치에 있었다.

그러나 즐거움이 있으면 괴로움도 있게 마련인데, 영원한 락樂을 구한다는 것은 무리인 것이다. 짧은 일생의 체험으로도 바라문의 윤회 사상에는 구원이 없다는 것을 어렴풋이 느끼는 것이다. 숫도다나 왕도 그 중의 한 사람이었다. 그런데 붓다의 설교는 윤회에서 벗어난다는 것이다.

붓다의 법은 해탈이었다.

당시의 사람들에게는 경천동지驚天動地의 생각이었다. 때문에 참된 행복은 고계苦界인 현상계에서 이탈해야만 얻을 수 있다는 붓다의 법에 눈을 돌린 것은 당연한 결과였다.

현상계라는 사물의 세계는 아무리 행복을 구해도 참된 즐거움을 얻을 수가 없다.

붓다의 해탈은 여러 각도에서 해석되고 있다.

하나는 이미 말한 것처럼 윤회의 굴레에서 완전히 벗어남을 뜻하며, 또 하나는 현상계의 물질에 사로잡히지 않는 생활방법을 뜻한다. 붓다의 해탈은 이 양쪽에 걸쳐 있다.

여래如來가 되면 다시 태어남은 자신의 의지에 맡길 수 있다. 따라서 이 경우는 윤회의 굴레에서 완전히 이탈했다고 볼 수 있다. 또 현상계의 어떤 물체에도 집착하지 않을 수 있다면 역시 해탈의 경지라고 할 수 있다.

한편 전생윤회의 영원한 운동에는 생명의 순환과 인연·인과가 있다. 생명의 순환이란 살아있는 것의 천명이며 생명있는 일체의 것은 이 순환의 법칙에서 빠져나올 수 없다. 바꾸어 말하면 이것이 곧 천명이다.

다만 하나의 독립된 영혼이 신에 가까워지고 불佛에 이르면 법의 시행자가 되어, 윤회는 그 영혼의 의사에 맡겨진다.

인연·인과는 카르마業의 윤회이며 고락은 영원하게 되풀이된다. 대부분의 생명은 순환하는 법의 작용으로 인연·인과를 거듭하는 것이다.

숫도다나가 붓다의 설법을 듣고 가장 감동한 것은 윤회의 굴레에서 완전히 이탈할 수 있다는 점이었다. 왕도 사람의 아들인 이상 고뇌가 없을 수 없다. 언제 전쟁이 일어날지 몰라 염려한다. 죽음의 공포 또한 그를 놓아주지 않는다. 그러나 붓다의 법을 접한 이제는, 정법正法이 죽음에서 이탈하여 영원한 생명을 획득하는 길임을 알았으니 얼마나 큰 기쁨인가.

숫도다나왕은 붓다의 설법이 끝나자 단상으로 올라가 외치듯 말했다.

> "샤카(석가) 일족 여러분, 붓다의 법은 진실한 것이다. 이 담마dhamma(법法)밖엔 인간이 구원될 길이 없음을 알았다. 이제부터는 대를 상속할 장남을 제외하고는 누구든지 자유롭게 붓다의 제자로서 수행하는 것을 허락한다.
> 붓다에게 사자로 보낸 크샤트리아는 모두 중이 돼 버렸다. 그래서 나는 장래를 생각해 보고 슬픔을 금할 수가 없었다. 그랬는데 지금은 슬프지 않다.
> 붓다의 법이 참된 길이며 그 길밖에 없음을 알았기 때문이다. 나는 붓다의 가르침에 따를 작정이다."

왕의 말에 사람들은 박수와 환성으로 답했다. 청중들은 감동과 흥분으로, 붓다의 모습이 사라진 뒤에도 한동안 그 자리를 떠나지 않았다. 설법을 끝낸 붓다는 왕과 라훌라 등의 환송을 받으며 성을 나와 니구로다 숲의 수행장으로 돌아왔다.

수행장에 돌아온 붓다는 잠시 쉬었다. 12년 동안 메고 다니던

짐을 벗어버린 듯 상쾌했다.

 따뜻한 차를 마시며 바깥으로 눈길을 돌리니 기쁨에 넘친 얼굴들이 차례로 떠올라 붓다를 즐겁게 했다. 이들은 앞으로 붓다에 귀의하여 법을 퍼뜨리고 중생의 교화에 힘쓸 것이라 여겨졌다.

 니구로다 숲에는 그 뒤 숫도다나 왕의 기증으로 정사精舍가 세워졌다.

§왕자들의 출가

밧데야는 이미 출가해서 아라한의 경지에 도달해 있었다. 붓다와 함께 카필라 성을 방문했을 때의 일이다. 아버지 수구로다나에게 말했다.

"아버님, 붓다의 법은 모든 사람에게 평등하며 반야바라밀다(내재된 지혜)를 솟아나게 하는 힘을 가졌습니다.
 아버님은 500년 전에도 지금처럼 나의 아버지였습니다. 그때도 종족의 장으로 우리들을 행복하게 해 주셨습니다.
 지금 제가 하는 말도 500년 전 그 때 우리들이 사용하던 말입니다."

밧데야는 그 때의 말을 정확하게 하기 시작했다.
수구로다나는 아들의 말에 귀를 기울이더니 이렇게 말했다.

"지금 한 말은 오래된 바라문족의 말인데….
 참 이상하구나. 나도 그런 말을 사용했단 말이냐?"

"네, 그렇습니다."

전생의 말은 바라문 수행자로부터 들은 일이 있는데, 지금 자기 아들이 실제로 자연스럽게 사용하는 것을 보고 수구로다나는 크게 놀랐다.

"대단한 일이다. 네가 붓다의 제자가 되어 부럽다.

나처럼 70년 가까이 무사로 생활하면 사람은 마음이 많
이 오염되어 현세에서는 도저히 그렇게 말할 수 없다.
　오늘 붓다의 설교는 나에게 큰 충격을 주었다.
　자기를 확립한다는 것은 매우 힘든 일이겠지."

이 자리에는 도로다나의 아들 아난과 암리트다나의 아들 나마
도 함께 있었다. 두 사람도 밧데야의 말에 수긍했다.

나마가 말했다.

"밧데야,
많이 변했구나. 어릴 때가 생각난다.
　그 때는 매처럼 눈빛이 날카로웠는데 지금은 일체의 집착
에서 떠나 부드러운 모습이구나. 부러울 따름이다.
　나도 출가하고 싶지만 아버지의 후계 때문에 어쩔 수가
없다. 그러나 재가 신도로서 붓다의 법을 실천하여 정도
를 걷고 싶다. 지도해 주기 바란다."

밧데야가 대답했다.

"나마,
집에서 깨달음을 얻기란 대단히 어렵다.
　출가자이든 그렇지 않든 간에 자기 확립에는 우선 번뇌의
불을 꺼야 한다.
　순간 순간의 사념과 행위가 법에 어긋나지 않은 생활이어
야 한다.

나는 자기 확립을 꾀하면서 헤매는 중생에게 자비의 빛을 비춰주려고 한다.
방심은 절대 금물이다."

"밧데야님,
나는 곧 출가하기로 결심했습니다.
지금 집에 돌아가면 아버지와 상의해서 빨리 실행할 작정입니다.
목적 없이 헤매는 생활은 더 이상 하고 싶지 않습니다.
출가하면 잘 지도해 주기 바랍니다."

아난은 눈을 반짝이며 이렇게 말했다. 밧데야는 젊은 아난을 주시하며 이렇게 타일렀다.

"수행은 매우 엄격하다.
카필라의 생활과는 전혀 다른 거지와 같은 생활이다.
야외의 생활이 즐겁게 보이기도 하겠지만 막상 당해 보면 상상을 뛰어넘는 엄한 것이다.
솔직히 말하면 나도 여러번 카필라 생각이 났고, 돌아갈까 어쩔까 망설였단다.
사로몬의 생활은 결국 수드라의 생활이다.
심사숙고해야 한다.
그게 가능하겠는가."

"수행자가 되려고 오래 전부터 생각해 왔습니다.

오늘 붓다의 말씀을 듣고 결정한 게 아닙니다.
어떤 고통도 견딜 자신이 있습니다.
적어도 샤카(석가)족의 명예를 더럽히는 일은 없을 겁니다.
선배의 발도 닦을 수 있고 변소 청소도 하겠습니다.
제자로 받아주지 않으면 받아줄 때까지 날마다 찾아가겠습니다. 죽을 때까지 찾아가겠습니다."

"결심이 그 정도라면 됐다. 역시 너도 샤카(석가)족이야."

"밧데야님, 부디 붓다님께 부탁해 주십시오."

아난은 머리 숙여 간청했다. 다음날 아난은 아버지의 허락을 받아서 친구 킨필라를 찾아갔다. 아버지는 순순히 허락했다. 아버지도 붓다의 법에 감동하고 있던 터여서 더욱 쉽게 출가를 허락했던 것이다.

"킨필라, 나는 출가한다. 아버지도 허락해 주셨다.
오랜 친구였는데 이제 작별이구나.
카필라 성을 잘 시켜 주게나."

"아난, 그 부탁은 곤란하군. 실은 나도 아버지와 상의해서 출가를 결심했어. 오늘 출가한다면 나도 같이 하겠어.
아니룻다도 출가한다고 했어.
마음 변하기 전에 그 놈도 데리고 가자.
오늘 중으로 니구로다로 가는 거야."

"세 사람이 함께 간다구?"

"그래. 나는 지금 당장 출발해도 좋다."

아난과 킨필라는 서로 웃었다. 그리고 근처에 있는 아니룻다의 집으로 갔다.

"아니룻다를 만나러 왔다."

"아난님, 급한 일이십니까?
잠깐만 기다려 주십시오."

문지기가 안으로 들어갔다. 잠시 후 나마가 나타났다.

"아난이냐. 어제 밤에는 실례가 많았다.
아니룻다는 농부가 되기보다 출가를 원한다.
하지만 완전히 결심한 건 아닌 모양이다.
그런데 무슨 일로 왔느냐?"

"예, 바로 그 일로 왔습니다.
아니룻다는 지금 있습니까?"

"그래, 지금 아버지로부터 붓다의 법에 대해서 듣고 있다. 어서 들어오너라."

나마는 두 사람을 안내했다.

"아버님, 사촌 아난과 킴필라가 아니룻다를 만나러 왔습니다."

"어서 들어오너라."

둘은 방으로 들어가 공손히 머리를 숙였다.

"숙부님 안녕하셨습니까.
아니룻다와 의논할 게 있어서 킴필라와 같이 왔습니다."

아난은 다정하고 공손하게 말했다.

"그래 잘 했다. 형님께선 안녕하신가."

"예, 건강하신 편입니다.
어제 붓다의 설법을 들으시고 나도 젊으면 출가하고 싶다고 하시며 웃으셨습니다."

"그러냐. 붓다의 설법은 대단했지.
의문의 여지가 없지. 샤카(석가)족에서 그런 위대한 붓다가 나와서 큰 자랑이다.
실은 지금 아니룻다에게 붓다 이야기를 하던 중이다.
아니룻다와 얘기해라.
내가 자리를 비켜 주마."

암리트다나는 일어나려고 했다.

"아닙니다. 괜찮으시면 그냥 계셔 주십시오.
마침 좋은 기회이기도 하니까요…"

아난은 두 손을 들며 숙부에게 그대로 계시라고 했다.

"방해가 되지 않겠느냐."

"우리 얘기를 들어 주시면 영광이겠습니다."

그리고 아난은 아니룻다에게 물었다.

"아니룻다, 출가한다는 얘기가 있던데 정말이냐."

"맞아, 그럴 생각이야… 어제 킨필라에게 말했지."

"나도 어젯밤 아버님께 말씀드리고 허락을 받았다.
킨필라도 마찬가지다."

"아하, 너도…"

"예, 벌써부터 기회를 보고 있었습니다."

킨필라는 분명한 어조로 말했다. 아니룻다가 눈을 크게 뜨며 말했다.

"그렇다면 나만 헤매고 있는 거로군. 나는 현실에서 탈출

한다는 게 간단하지만은 않아서 말이야."

"뭐가 걱정이야."

아난이 물었다.

"나는 말타기와 무술을 무척 좋아한다.
 장차 카필라 성을 지키는 무장이 되려고 했다.
 그런데 붓다의 설법을 듣고 마음이 흔들려서 아직도 완전히 결정을 못하고 있어."

아들의 말을 듣고 암리트다나가 참견했다.

"아니룻다야, 무술의 극치나 붓다의 법이나 근본은 동일하다. 무술이 단지 적을 무찌르기 위한 투쟁의 기술이라면 그런 마음가짐으로는 카필라 성을 지킬 수 없다.
 그보다는 마음속의 마魔를 없내는 기술을 먼저 배워야 할 것이다. 형 나마와 바꾸어라."

아들의 언동에 실망한 듯한 표정이었다. 나마가 말했다.

"아니룻다,
 아버님 말씀이 옳다. 내가 출가하겠다.
 너는 여기 남아서 아버님을 도와 드려라.
 아버님, 출가를 허락해 주십시오."

"형님, 잠깐만요."

아니룻다는 얼굴을 붉히며 말했다.

"네 생각은 알고 있다. 너는 남아서 농사일이나 하여라."

"싫습니다. 농부가 될 바에야 차라리 출가하겠습니다. 아버님, 결심했습니다. 모든 걸 다 버리고 붓다의 제자가 되어 마음을 닦겠습니다."

아니룻다는 형의 말로 드디어 마음을 정해 버렸다. 아난과 킨필라를 비롯, 그의 아버지와 나마도 붓다에 이끌리고 있었다. 분위기가 이러하여 재가在家는 부끄러울 지경이었다. 아니룻다의 마음이 결정되었지만 아난은 이렇게 말했다.

"킨필라와 나는 지금 출발하여 니구로다로 간다. 아니룻다는 좀더 생각을 해보고 결정해라. 무리하지 않는 게 좋겠다."

"나도 가겠어. 함께 가줘."

아니룻다가 말했다. 아난은 미소로 응답한 뒤 아니룻다와 함께 집을 나왔다.

세 사람은 삭발을 하려고 곧장 이발사를 찾아갔다.

"우팔리, 머리를 잘라 줘."

"무슨 일이십니까."

"세 사람 다 출가를 결심했네."

"농담하지 마십시오."

"농담이 아니다.
지금 삭발하고 곧장 니구로다로 붓다를 찾아간다."

우팔리는 어안이 벙벙해 세 사람을 둘러보았다.

"뭘 하느냐. 어서 머리를 잘라 달라니까."

아니룻다가 먼저 우팔리 앞에 섰다.

"정말 잘라도 좋습니까. 자르는 거야 제 직업이니까 어렵지 않습니다만 왕자님들의 아버님께 혼나지 않을까요. 잘못하면 제 목이 달아날지도 모르는 일이 돼서 겁이 납니다. 역시 깎아 드리지 못하겠습니다. 용서하십시오."

"우팔리, 정말이다. 우리는 아버님의 허락을 받았다.
끝내 시키는 대로 하지 않으면 네 목을 잘라야겠다."

"아이구, 그런 끔찍한 말씀을 마십시오. 아버님의 이해가 계셨다면 자르겠습니다. 그렇지 않으면 못합니다."

"그렇다니까. 우리는 지금 너하고 농담하는 게 아니야.
정말 출가를 하려는 것이다. 어서 잘라라."

"정말 믿어도 좋습니까."

"무사는 한 입으로 두 말을 않는다.
어서 내 머리칼부터 잘라라."

"예, 알았습니다.
그렇게까지 말씀하시니 어쩔 수 없군요."

우팔리는 떨리는 손으로 아니룻다의 머리를 박박 깎아버렸다. 아니룻다는 머리를 쓰다듬어 보았다. 까까머리의 자신이 딴 사람처럼 여겨졌다. 조금은 슬펐다. 세 사람 중에서 최후까지 망설이다가 결심한 자기가 머리는 제일 먼저 깎았다. 그러나 마음이 완전히 가라앉지는 않았다. 이어서 두 사람도 삭발을 했다. 어쩔 수 없어 머리를 잘라 주긴 했지만 우팔리의 마음은 여전히 불안했다. 세 사람의 아버지들이 자기 목을 잘라도 할 말이 없게 된 것이다.

"우팔리, 지금까지 신세 많이 졌다.
우리는 승복으로 갈아 입는다. 우리가 입은 옷은 너에게 주마. 캇시산의 훌륭한 천이다. 입어 보아라."

아난은 입고 있던 옷을 벗어 우팔리에게 내밀었다.

"아난님, 이발쟁이 주제에 그런 훌륭한 옷은 어울리지 않습니다. 왕자님 옷을 입어도 이발쟁이일 뿐입니다. 겉모습을 꾸며 본들 뭘합니까. 오히려 마음이 불편할 겁니다."

우팔리의 목소리는 쓸쓸했다.

"너는 역시 고지식하구나. 그렇다면 네 마음대로 처리하려므나. 여태까지 폐가 많았다.
 앞으로도 건강하고 열심히 일하게. 자 그럼…."

"왕자님들도 건강하십시오. 여러 가지로 감사합니다."

세 사람은 우팔리의 인사를 받고 니구로다로 출발했다.

제 7 장

정법의 빛

§7일간의 반성

세 사람은 속세의 생활도 오늘로 마지막이라는 생각에 거리를 살펴보며 걸었다. 번화한 거리를 막 벗어났을 때였다. 한 젊은 여성이 세 사람을 기다리는 듯이 앞쪽에 서 있었다. 세 사람이 모르는 척 여인을 지나치려 하자 여인이 말했다.

"킨필라님, 잠깐만요…"

킨필라는 당황한 듯 걸음을 멈추고,

"잠깐 실례하겠다. 곧 돌아오겠네."

하고 두 사람에게 말하고는 여인에게로 갔다. 아난과 아니룻다는 서로 눈을 맞추며 싱긋 웃었다. 킨필라는 여인을 나무 그늘로 데려가서 진지한 얼굴로 말했다.

"미안하지만 이제 나를 단념해 줘. 보는 대로 나는 출가를 결심했다. 좋은 사람 만나서 빨리 결혼하기 바란다."

"싫습니다.
당신이 출가하시면 저도 따라서 출가하겠습니다."

"그런 소리 하면 안 돼. 제발 부탁이니 날 잊어 줘."

"정말 너무 하십니다…"

여인은 와락 울음을 터뜨렸다. 킨필라는 어떻게 해야 좋을지 몰라 난처했다. 여인은 큰 부잣집 둘째딸로 킨필라와 사귄 지 반 년쯤 되었다. 둥그스름한 얼굴의 귀여운 아가씨로 매우 다정다감 했다. 두 사람은 매우 다정한 사이였다. 크샤트리아와 베이샤는 신분이 차이가 났지만 킨필라는 부모를 설득해 꼭 결혼하겠다고 말했고, 아가씨도 그 말을 믿고 시집 갈 날만 기다리고 있던 터였 다. 그런데 붓다의 설법을 들은 킨필라가 마술에라도 걸린 듯 발 심하여 아가씨에게는 말 한마디 없이 머리를 깎아버린 것이었다.

킨필라의 속마음을 눈치챈 아가씨가 킨필라의 마음을 돌려 보 려고 세 시간 가까이나 킨필라를 기다리고 있던 중이었다. 처녀 에게는 큰일이 아닐 수 없었다. 킨필라를 보자 그만 슬픔이 복받 쳐 주위도 아랑곳 않고 울음을 터뜨렸던 것이다.

"미안해. 용서해 줘. 미처 이야기를 못한 내가 나빴어.
그러나 붓다의 말씀을 듣고 나서 나도 어쩔 수가 없게 돼
버렸어. 이렇게 출가를 결심해 버렸어."

"내 생각은 조금도 않으셨단 말입니까."

아가씨는 킨필라의 가슴에 파고들며 소리쳤다.

"결코 그런 것은 아니야. 너의 문제도 생각했다.
그러나 네가 반대할 것이 뻔해 말하지 않았지.
모르는 게 나을 것 같아서."

"정말 야속한 분이시군요. 그토록 굳게 약속했는데…
나에게는 한마디도 않고 자기 기분대로 결정하시다니.
남자는 모두 그런가요."

킨필라는 머리를 숙인 채 미안하다는 말만 되풀이할 뿐이었다. 당시 인도 사회는 남성이 여성보다 우위였다. 여성은 남성의 위안의 대상일 뿐이었다. 일부다처는 상식이며 아내의 수효가 많은 것이 자랑거리였다. 그러므로 남녀간이 문제에서 피해를 입는 것은 언제나 여성측이었다. 킨필라가 아가씨에게 아무 말도 않고 출가해도 책할 사람이 없었다. 더구나 신분의 차이도 있었기 때문에 아가씨로서는 속수무책이었다. 킨필라는 대체로 그러한 시대풍조를 따라 우선 출가한 것이지만 그의 마음 속에는 붓다가 말한 인간평등이란 사고가 분명히 자리잡고 있었다. 킨필라는 아가씨에게 진심으로 미안했고 자신의 처사를 참회했다. 하지만 여자가 바라는 것은 머리 숙여 참회하는 것이 아니라 마음을 바꾸어 자기와 결혼해 주는 것이었다.

두 남녀는 한동안 말이 없었다. 킨필라는 아난과 아니룻다가 자기를 기다리고 있다는게 마음에 걸렸지만 이대로 처녀를 버려두고 떠날 수는 없었다. 안절부절 못하는 처지였다.

이윽고 아가씨도 눈물이 멎고 다소 진정이 된 것 같았다. 아가씨는 킨필라의 얼굴을 뚫어지듯 쏘아보며 말했다.

"알았어요. 제가 단념하겠어요."

그러자 킨필라는 아가씨의 어깨에 가볍게 손을 올려놓고 말했다.

"고마워. 너의 마음은 죽어도 잊지 않겠어. 제멋대로 구는 나를 용서해 줘서 고마워."

"그럼… 안녕히….
평생 동안 당신을 원망하며 살 거예요."

이렇게 말한 아가씨는 킨필라를 다시 한번 노려본 다음 돌아서 시가지 쪽으로 사라져 갔다. 킨필라는 평소와는 달리 아가씨의 모습이 사라질 때까지 지켜보며 진심으로 행복하기를 염원했다.

킨필라가 돌아와 보니 아난과 아니룻다는 풀섶에 드러누워 흰 구름을 바라보고 있었다. 두 시간 남짓이 지났다. 킨필라는 두 사람에게 사과했다. 세 사람은 다시 출발하여 이윽고 니구로다에 도착했다. 아난은 먼저 밧데야를 찾았다.

"아난, 결국 출가를 결심했느냐."

"예, 킨필라와 아니룻다도 함께요."

"그들은 어디 있느냐."

"저쪽 숲속에서 기다립니다."

"그래, 그리로 가 보자."

밧데야는 가벼운 마음으로 일어나 아난을 따라서 숲속으로 갔다.

"아니룻다, 킨필라! 까까머리가 어울리는구나.
그래 아버지의 허락을 받았나?"

"예, 셋이 다 허락을 받았습니다."

"그것 잘했구나. 그러나 삭발했다고 바로 붓다의 제자가 되는 건 아니다. 붓다에 귀의하기 전에 먼저 해야 할 일이 있다. 자신의 지금까지의 사념과 행위에 대해 낱낱이 반성하는 일이다. 잘못된 일은 그 원인을 찾아 제거하고, 잘못된 과정은 수정하려고 노력해야 된다. 너희들은 자기 자신에게 거짓말을 할 수 있는가, 아난은 어때?"

"자기 자신에게 말입니까?"

"그렇다."

"그것은… 역시 못하겠는데요."

"남에게는 어떠냐?"

"타인에게는 할 수 있습니다."

"어째서지?"

아난은 잠깐 생각해보고 말했다.

"자신을 위해서 남에게 거짓말을 하게 되지요."

"그래, 바로 그것이다. 그런데 킨필라,
너는 혼자 방에 있을 때 자신에게 어떻지?"

"혼자 있을 때는 자신에게 솔직하니까 거짓말을 못합니다."

밧데야는 크게 머리를 끄덕였다.

"그렇다. 혼자 있을 때는 순진하고 정직해진다. 바로 그 순진한 마음이 소중하며 그것이 불佛로 통하는 길이다. 일상생활 속에서 항상 그 마음을 잃지 않음으로써 안락을 얻게 된다. 어린애를 보면 잘 알 수 있다. 어린아이는 정직하다. 사심邪心이 없기 때문에, 거짓말을 예사로 하는 어른도 어린애 앞에서는 마음이 편안해진다."

이렇게 말하며 밧데야는 셋을 번갈아 보았다. 세 사람은 그럴싸하다는 표정으로 다음 말을 기다렸다.

"아니룻다, 너의 집에는 많은 수드라가 농사일을 하고 있는데, 아무 때나 씨앗을 뿌려도 수확이 있겠는가."

"나는 농사일을 잘 모르지만 계절에 맞춰 씨를 뿌려야 된다고 생각합니다."

"그렇다. 그게 자연의 법칙이란 것이다. 붓다는 그 법칙을 가르친다. 자연에 거스르지 않고 자연의 법칙에 따라 생활하는 방법을 가르치고 계신다.

 자연은 변하지 않는다. 그 자연 속에서 순진한 마음으로 자신을 바라보고, 잘못이 있으면 수정하는 것이 중요하다.

 7일간 명상하면서, 출생 이후 여태까지 생각하고 행동한 모든 것을 반성하는 것이다.

 너희들이 진실로 과거의 잘못을 반성하면 머리 주위에 황금빛이 어리게 된다. 마음 속의 구름은 사라지고 불佛의 빛으로 가득 차기 때문이다.

 그 빛이 보이면 그 때 붓다에게 소개하겠다."

"어려운 일이구나. 속임수는 통하지 않겠구나."

세 사람은 머리를 긁적이며 하나같이 중얼거렸다.

"그러므로 징말 진지하게 바라보지 않으면 반성이 되지 않는다."

밧데야는 말하며 세 사람의 얼굴을 번갈아 살폈다.

"어쩔 수 없지.
 까까머리가 됐으니 무사로 돌아갈 수도 없고…"

아니룻다가 중얼거리며 킨필라의 표정을 살폈다. 킨필라는 아니룻다의 눈길을 피해 풀섶에 시선을 떨구었다.

"붓다가 제자로 받아주지 않아도 성으로 돌아갈 수도 없는 일. 킨필라, 어때 자신있어?"

아니룻다는 짐짓 이렇게 물었다. 킨필라는 대답하지 않았다. 앞서의 경위는 서로 잘 알고 있다. 새삼 숨기고 감출 것도 없지만 킨필라는 아니룻다가 짖궂다고 생각했다.

"내 머리는 삭발하여 반들거린다. 그러나 일주일쯤 지나면 다시 검은 머리가 날 것이다.
 나도 지난날 여자 문제로 몇 번이나 고민했었다. 가문과 신분을 이용하여 여성들을 울렸다. 그 때마다 어머님께 심려를 끼쳐 마음 속에 검은 먹구름이 끼었다."

아난은 킨필라를 위로하려고 이렇게 말했다.

"아난, 지금 그런 생각을 했다면, 무엇이 그렇게 하도록 했는지 그 원인을 잘 살펴보아 두 번 다시 같은 잘못을 되풀이하지 않도록 해야 한다.
 그리고 킨필라, 만약 여자를 울린 적이 있으면 그렇게 한 원인을 찾아서 진심으로 용서를 빌어야 한다. 피해자인 여자의 입장이 되어 생각해 본다면 사과하지 않을 수 없을 것이다. 마음을 씻은 다음 와 주기 바란다."

밧데야의 말이 킨필라의 가슴을 쳤다. 오는 길에 있었던 여자와의 일을 알고 있는 듯한 말투였기 때문이다. 정법正法을 실천하면 이런 일은 매우 흔히 있는 것이었다. 밧데야는 킨필라의 여자

문제를 전혀 몰랐다. 하지만 말을 하노라면 저절로 상대방을 훤히 아는 듯한 어조가 되는 것이었다. 그것은 밧데야의 수호령이 본인도 모르는 사이에 그렇게 말하고 있기 때문이다. 수호령은 저 세상 차원에서 킨필라의 의식을 꿰뚫어보고 킨필라의 기분과 사념을 순간적으로 알아버리는 것이다.

마음이 투명한 상태가 아니면 아무 것도 되지 않는다. 수호령守護靈이 아무리 전달하려고 해도 본인의 마음속 수신기가 불량하여 수신이 안 된다.

킨필라는 무서운 생각이 들었다. 밧데야는 다 알고 있는 것 같았기 때문이다. 붓다의 제자가 되고 정사의 생활을 시작하려면 어린애와 같은 순진무구한 마음이 되어야겠다고 절실히 느꼈다.

"그럼 지금부터 자신을 철저히 반성하기 바란다."

밧데야는 이렇게 말하고는 정사로 돌아갔다. 이리하여 세 사람은 일주일 동안 자기 반성에 정진하게 되었다. 세 사람은 각기 명상의 장소를 찾았다. 반성·명상의 시간은 밤낮 없이 계속되었다. 사흘째는 준비한 식량이 다 떨어져 아직 사로무이 아니지만 구걸에 나섰다. 아직 젊고 승의는 새것이었다. 사람들은 이상한 눈길로 보면서 쌀과 나물을 보시하는 것이었다. 세 사람은 보시받은 먹을 것을 함께 둘러앉아 먹었다. 거친 음식물이었다.

나흘째는 수염도 제법 자라서 더욱 수척해 보였다.

아니룻다가 말했다.

"출가의 생활이란 역시 고통스럽구나. 배가 고파도 마음 껏 먹을 수 없을 뿐더러 한 가지 종류만 줄곧 먹게 되어 건강에도 문제가 많겠다. 정사의 생활도 이런 것일까."

"글쎄 어떨지, 나도 큰일이라고 생각하던 중이야.
집을 나올 때는 자신만만이었는데 이렇게 엄격하고 힘든 것일 줄은 미처 생각지 못했어."

"아난도 그렇게 생각하나."

"물론이다, 솔직하게 말해서, 무척 고통스럽구나.
킨필라는 어때?"

"나도 마찬가지야. 다만 매일 반성을 해보니 자신이 얼마나 빈둥거렸고 부끄러운 생각 속에 살아왔는지를 알았어. 앞으로 붓다의 제자가 되어 잘 해나갈 수 있을지 그게 문제야."

"허허, 그건 참 훌륭한 생각이야.
반성이 그 정도라면 걱정 안 해도 되겠어."

"킨필라의 머리 뒤에 오라(후광)가 보이는 걸."

아니룻다가 농담을 했다. 킨필라는 곧이 듣고 뒤돌아 보았다.

"아무 것도 안 보이잖아.
너는 영시靈視라도 할 수 있게 된거냐?"

"킨필라, 오라는 네가 아무리 돌아보아도 보일 리가 없지. 그것은 네 눈 뒤에 있으니까."

말하고는 배를 잡고 웃었다. 킨필라는 비로소 농담인 줄 알고 머쓱해졌다. 아난이 말했다.

"아니룻다, 농담하면 안 돼. 킨필라는 진정으로 자신을 바라보고 있는 거야. 우리 모두 일주일 동안에 붓다의 제자가 돼야 해. 좀 더 성실하게 얘기해 보자꾸나."

"내가 나빴어. 그러나 너무 심각해도 문제야. 자신을 살피는 것도 중요하지만 너무 지나치면 오히려 자신을 괴롭히게 되고 그건 붓다의 가르침에 반하는 것이 아닐까. 밧데야님도 말했잖아. 나쁘다는 것을 알았으면 용서를 빌라고 말이야."

"그건 그렇다. 하지만 용서를 비는 것만으로 좋을까. 나도 반성을 계속하면서 잘못을 빌었다. 비는 것만으로 모든 게 용서되는지 도무지 모르겠어."

아난이 이렇게 말하자 킨필라가 입을 열었다.

"반성의 결과는 앞으로의 생활에 달린 게 아닐까.

내 걱정은 반성 자체가 아니라 반성 뒤의 생활이야.
　자신감이 없는 자신이 지금까지 내 반성의 결론이다.
　반성하고 자신이 진실하다고 생각하는 사람은 애초에 반성 따위는 않을 것이다.
　적어도 자신을 되돌아 보는 사람이라면, 반성의 결과는 무수히 나타날 것이다. 따라서 문제는 반성 후의 생활에 자신이 있느냐 없느냐일 것이다."

　반성의 목적은 같은 잘못을 되풀이하지 않는 것이다. 따라서 일주일 동안의 반성은 원인을 찾는 것이며 그것을 정확히 파악하는 일일 것이다. 그런데 나의 의지가 약하니까 원인을 알면서도 앞으로의 실생활에 전혀 자신이 없는 것이다. 아난과 아니룻다도 킨필라의 말에 전적으로 동감이었다. 문제는 반성 후의 생활이며 이것이 소홀하면 아무리 반성해도 아무 소용이 없는 것이다. 킨필라의 염려는 아난과 아니룻다에게 적중하는 것이었다. 세 사람은 묵묵히 이 문제를 두고 사색에 잠겼다.

　해가 지고 숲속이 캄캄해졌지만 모닥불을 피우고 먹을 준비를 하는 것도 잊은 채 세 사람은 생각에 잠기는 것이었다. 먼저 아난이 입을 뗐다.

　"킨필라의 염려는 당연하다. 의지 문제는 우리가 킨필라보다 약하지만 그러나 실제로 당해 보지 않고는 알 수 없는 일이잖아. 우리는 여태까지 이처럼 뼈를 깎는 반성을 한 번도 해본 적이 없다.
　하지만 지금은 다르다. 서로가 결점이나 업에 대해 진실하게 파헤쳐 보려고 애를 쓴다. 이런 반성의 태도만으로도 앞으로의 생활에 자신을 가져도 좋지 않을까. 앞으로의 생활은 어디까지나 미지수이며 그 미지의 생활을 이것저것 상상해 보는 것은 어떨지.
 잘못의 원인은 확실히 뿌리 깊은 곳에 있다고 생각하지만, 일상의 사소한 잘못은 자신을 항상 냉정하게 보전하는 것을 잊고 그때 그때의 기분에 따라 흘려버리는 데에 기인하는 것 같다. 따라서 사소한 생활에도 늘 냉정함을 잃지 않으면 크게 염려할 것은 없을 것 같은데…"

"그래, 아난의 말이 옳다."

킨필라가 밝은 얼굴로 응답했다. 아난이 지적한 대로 킨필라는 여태까지 반성 따위는 한 번도 해본 적이 없었다. 붓다의 제자가 되기 위해 생전 처음 반성하고, 그러자 자신이 결점이 많이 발견되어 견딜 수 없는 굴욕감에 사로잡히는 것이었다.

인생은 체험해 보지 않고는 모른다. 미리 이것 저것 예상해 보아도 막상 겪어 보면 거의가 기우로 끝나 버리는 것이 삶이다. 킨필라는 아난의 말에 용기를 얻어 해보자고 다짐했다. 아니룻다도 그랬다. 이제와서 물러설 수는 없다. 그는 특히 형 나마를 제쳐두고 나왔다. 다시 집으로 돌아갈 면목이 전혀 없었다.

"우리 모두 힘껏 해보자."

아니룻다는 웃는 얼굴로 말하고는 벌떡 일어나 땔감을 구하러 숲으로 갔다.

　세 사람의 생활은 글자 그대로 야영이었다. 이슬과 비를 피할 천막이 있을 리 없다. 먹는 것도 주로 날것이었다.

　구걸을 나서면 사람들은 곧바로 먹을 수 있는 것을 보시했다. 감자나 야채류는 생식이 가능한 것들이었다. 우기가 아니면 비가 없어 아무 데서나 드러누워 잤다.

　낮은 뜨겁지만 밤은 견딜 만하며 선정禪定에 들기에 적당했다. 농사일은 아침 일찍 시작하여 한낮이 되기 전에 끝내는 것이 보통이었다. 붓다를 비롯하여 승단의 사람들과 또는 바라문 수행자들의 선정禪定도 주로 밤에 이루어졌다. 세 사람의 반성·선정禪定도 주로 밤에 했고 낮에는 숲속의 그늘을 이용했다.

　몸에 배지 않은 험한 생활을 7일 동안이나 계속하는 것은 젊은 사람도 견디기 어려운 것이어서 세 사람 모두 피로에 지쳐 있었다. 처음 이삼 일간은 그래도 얘기를 나누며 반성을 했지만 5, 6일 째가 되자 말할 기운조차 없었다. 7일째는 결국 모두 나가 떨어졌다. 피로와 엄격한 반성으로 심신이 함께 지칠대로 지쳐버렸던 것이다.

§붓다의 배려

7일째 오후에 세 사람은 산을 내려와 니구로다의 붓다에게로 향했다. 도중에 아니룻다가 돌부리에 걸려 넘어지는 바람에 도와주려던 아난까지 비탈길에서 굴러떨어졌다. 아니룻다는 옷이 찢어졌지고 손발에는 피가 흘렀다. 킴필라가 달려와 물었다.

"어찌된 일이냐. 많이 다치진 않았나."

세 사람은 마주 보고 쓴웃음을 지었다.

"시작이 안 좋군. 앞일이 걱정이야."

킴필라가 투덜거렸다. 뙤약볕 속을 다시 걷기 시작했다. 발밑의 대지는 뜨거운 먼지가 풀썩거렸다. 한발 두발 붓다와 가까워진다. 아난의 가슴은 붓다를 만난다는 기쁨으로 가득 찼고 머리 속은 무슨 말을 어떻게 할까로 복잡했다. 거의 다 왔을 때 아난은 먼지투성이의 자기 몰골을 생각해 내고 아니룻다에게 말했다.

"이 꼴로 붓다를 뵙는 건 실례가 될 것 같아.
몸을 좀 씻고 가자."

"그게 좋겠다. 어이, 킴필라, 근처에 시냇물이 없어?"

킴필라는 이빨이 드러나 보이게 웃으며 대답했다.

"조금만 더 가면 냇물이 있을 거야."

킨필라는 부근의 지리를 좀 알고 있었던 것이다. 조금 더 가니까 냇물이 흘렀다. 세 사람은 얼굴을 씻고 손발도 닦았다. 서로의 까까머리를 바라보며 한바탕 웃었다.

"아난, 붓다님께 네가 먼저 인사를 하겠나."

킨필라가 말했다.

"셋이서 같이 하면 좋잖을까."

아니룻다가 말했다.

"그래, 그게 좋겠다. 가슴이 두근거려서 말이야. 네 생각은 어때, 아난?"

"나도 가슴이 뛰어. 카필라에서 뵈었을 때 붓다는 가까이 가기가 두려울 만큼 위엄이 넘쳤어. 그러면서도 부드러운 얼굴이었어."

"직접 말해 봤어?"

"아니야, 여러 사람들과 대화하는 가운데 붓다의 자애로운 인품을 느꼈어."

"출가의 동기는 붓다님의 배려심인가?"

"그렇기도 하지…"

"나는 붓다의 위대함에 반했어.
일체의 허식을 버린 참된 인간을 보고 나도 저렇게 될 수 만 있다면 무슨 일이라도 하겠다고 생각했지. 제멋대로 자란 내가 붓다를 보는 순간 찬물을 뒤집어쓴 기분이었어."

킨필라는 말을 마치자 허공을 쳐다보며 무엇인가 결심하는 눈빛이었다.

"자, 어서 출발해야지."

아니룻다의 말에 세 사람은 휴식을 끝내고 다시 걷기 시작했다. 오래지 않아 숲으로 둘러싸인 니구로다에 다달았다. 세 사람을 맞은 것은 목갈라나였다. 여윈 체구에 커다란 눈은 생기에 넘쳐 보였다.

목갈라나가 말했다.

"붓다께서 기다리고 계신다. 마음을 진정시키고 나서 만나 뵙도록…"

아니룻다는 기쁨으로 다리를 떨며 아난에게 뭐라고 소곤거렸다. 드디어 세 사람의 눈에 앉아 계신 붓다의 모습이 들어왔다.

"내가 앞장 서 가겠다."

킨필라는 말하자마자 재빨리 붓다 앞으로 나아가 땅바닥에 머리를 숙였다. 아난과 아니룻다는 킨필라의 뒤에 가서 머리를 숙였다. 셋은 머리를 숙인 채로 붓다의 말을 기다렸다.

"머리를 들어라."

만사를 터득한 자비에 넘치는 붓다의 목소리였다. 셋은 황송한 얼굴로 붓다를 바라보았다. 자비로 가득찬 붓다의 눈길이 셋의 얼굴에 와 닿았다.

"어려운 결심을 잘 하였구나.
피곤할 테니 오늘은 그냥 쉬도록 하여라."

셋은 다시 머리를 숙였다.

"아난."

붓다의 목소리에 아난은 고개를 들었다.

"7일 간의 반성은 어땠느냐."

"여태 몰랐던 여러 가지 결점과 비뚤어진 성격을 알았습니다."

붓다는 가볍게 머리를 끄덕이며 말했다.

"정도에서 가장 중요한 것은 감정에 마음이 흔들려서는

안 된다는 것이다.
 그것이 희롱당하면 마음에 먹구름이 끼어 마음이 거칠어진다.
 증오와 분노와 질투 등은 다 감정의 업業이다.
 그래서는 사물을 제대로 볼 수 없어 마음의 평안을 얻지 못한다. 자신에겐 고통을 주고 남에게는 슬픔을 준다.
 마음의 조화는 어떻게 마음을 가라앉히고 마음의 편안함을 보전하느냐는 것이다.
 그것은 감정의 동요를 없애는 길 뿐이다.
 기복이 심한 감정을 바로잡으려면 그 원인을 알고 그것에 휘말리지 않도록 하는 것이 기본이다.
 그러나 그것을 알면서도 휘말려 드는 것이 중생들이다. 그것이 바로 사람의 업業이다.
 그래서 사람을 보지 않는 것이 중요하다.
 의견이 틀리고 노여움에 휩싸이는 것은 상대방을 보기 때문이다.
 상대방이 노여움을 불태울 때는 거역하지 말고 열이 식을 때까지 그냥 흘려버려야 한다.
 한고비가 넘어간 다음 도리를 말하면 마음의 동요는 작아질 것이다.
 고통의 원인은 사물에 대한 집착이다.
 집착에서 벗어나 냉정해지면 도리는 잘 보이게 되는 것이다.
 신리神理의 실상은 바로 이런 마음을 간직해야만 점차로 명백해지는 것이다."

붓다는 여기까지 말한 다음 아난을 바라보았다. 이어서 아니룻다와 킨필라의 얼굴을 살폈다. 붓다의 말은 아난에게 하는 것이지만 나머지 두 사람에게도 해당되는 것이었다. 두 사람도 깊이 감동하며 붓다의 말을 되새겼다.

"아니룻다."

아니룻다는 어리둥절한 표정으로 붓다를 쳐다보았다.

"너는 흔들리지 않는 마음을 가져라.
잡념으로 번민하지 마라.
기가 흐트러져서는 아무 것도 이루지 못한다.
사물의 성취는 집중에 있다.
일념은 만사에 통한다.
산에 올라 보았을 게다.
정상에 서면 시야가 넓게 열려 한 눈에 세계가 들어온다.
어느 기슭에서 올라가도 정상에 다다를 수가 있다.
일념의 노력이 정상에 오르게 하고 정상에 서면 이것 저것 다 볼 수가 있다."

"예, 부동심을 만드는 도에 정진하겠습니다."

붓다는 미소 지으며 수긍했다.

"킨필라."

붓다의 눈길이 킨필라에게 향했다. 킨필라는 일 주일 전에 헤어진 여자의 얼굴이 떠올라 아차 싶었다. 여자의 얼굴을 지워버리려고 애를 썼지만 쉽지가 않아서 애를 먹고 있었다. 눈을 꾹 감고 붓다의 말에 귀를 기울이려고 어깨를 웅크리고 머리를 조아렸다.

"그대는 마음을 넓게 열어라.
그렇게 마음이 닫혀서는 안 된다.
과오는 누구에게나 있는 것, 문제는 그것을 어떻게 수정하여 타산지석으로 삼느냐에 있다.
사람은 대개 자기를 속이려 한다.
그러나 자기 자신은 못 속인다.
속이면 속인만큼 고통을 받게 마련이다.
스스로를 바르게 하고 충실하게 사는 것이 정도正道이다.
자신에게 충실하려다 보면 자칫 마음이 작아진다.
충실에 마음이 빼앗기기 때문이다.
충실히 하면서도 거기에 마음을 빼앗기지 않으려면 하늘의 태양처럼 가슴을 열어 원만한 마음을 품어야 한다.
그러면 사소한 일에 구애되지 않으며, 작은 일도 무시하는 일이 없게 된다.
정법은 중도中道의 길이다.
사람의 도리를 벗어나지 않고 또한 도에 아부하지도 않으면서 만물을 살리는 도인 것이다.
인간은 몸과 마음을 동시에 가지고 살아간다.
어느 한쪽으로 기울면 고통을 받게 돼 있다.

이 둘은 원래 하나로, 이들의 조화야말로 중도中道인 것이다.
육체가 고통받으면 마음도 병이 난다.
마음이 동요되어 식욕도 나지 않는다.
색심色心은 하나이지만, 마음을 깨닫고 혼의 영원함을 알고 나면 무명無明의 원인은 육신의 오관五官에 달렸고, 마음이 육신에 너무 집착해 있음을 느끼게 된다.
마음을 얽매는 것을 제거하고 진실을 깨닫도록 하라."

"예, 그렇게 노력하겠습니다."

킨필라는 어느새 눈물을 글썽거렸다. 세 사람 외에도 많은 사로몬들이 몰려들어 붓다의 설법을 듣고 있었다. 아난은 마음 깊숙한 곳에서 무언가 강하게 끓어오름을 느꼈다. 참기 힘든 강한 충동에 이윽고 소리 내어 울기 시작했다. 3인의 머리에 황금빛 후광이 나타났다. 붓다는 크게 머리를 끄덕였다.

아난은 후에 붓다의 비서가 되어 항상 곁에서 붓다를 돌보게 된다. 그는 또 기억력이 뛰어나 붓다의 열반 뒤에 여시아문如是我聞[5]이란 형태로 붓다의 설법을 후세에 전하는 일도 하게 된다.

당시는 문자가 발달되지 않아서 모든 것이 입에서 입으로 전해졌다. 붓다의 설법이 문자로 기록된 것은 아쇼카 왕 시대이다. 아쇼카 왕은 독실한 불교도로 붓다의 정법을 후세에 남기려고 애썼다. 많은 재산을 들여 부도들을 모아 붓다가 남긴 신리神理를 기록하게 했다.

---

5) 팔리어로는 '에밤 메 수땀'이며, 직역하면 "이와 같이 나에게 들렸다."는 의미.

물론 법의 편찬에는 바라문 학자들도 참여했다. 그들 중에는 학예에 뛰어난 사람이 많아서 아쇼카왕이 이들을 참여시켜 법을 편찬했는데, 이것을 '제 2의 결집'이라고 한다.

'제 2의 결집'은 붓다 열반 후에 마하카샤파(대가섭)를 중심으로 한 것을 말한다. 이 때 불법을 후세에 남기기 위해 붓다를 곁에서 모신 아난이 적임자로 뽑혀, 나는 붓다로부터 이렇게 들었다(여시아문如是我聞), 이와 같이 물었다는 형식으로 정리되어 아쇼카 시대까지 전해지게 되었던 것이다.

구전口傳은 오류가 많지만 당시 사람들의 기억력은 매우 뛰어나 생각보다는 정확도가 높은 것으로 판단된다.

문자가 있으면 거기에 의존하는 버릇이 생겨 기억력이 둔화되지만 문자가 발달되지 못한 당시 사람들의 기억력은 오차가 적을 수밖에 없었던 것이다.

이런 경향은 인도 뿐만 아니라 서구 쪽도 마찬가지다. 플라톤은 인간의 기억력에 대해, 머지 않아 인간은 문자의 사용과 그에 의존하는 습관 때문에 기억력이 감퇴하여 망각이 심해진다고 말했다. 오랜 옛날 사람들이 현대인들이 상상도 못할 만큼 위대한 문화를 이룩한 것도 그런 정신력에 의해서 가능한 일이었을 것이다. 피라밋으로 상징되는 이집트 문명, 마야 문명, 그리스 문명, 중국 고대 문명 등이 그 좋은 예이다.

이런 측면에서 볼 때 붓다의 법은 아쇼카 시대까지는 그런대로 정확하게 구전됐을 것이다.

오히려 말이 문자로 기록되면서부터 그것을 읽는 사람의 지知와 의意가 가해져 여러 가지로 해석이 달라지고 따라서 오차가 커지는 것이다.

언어에는 말 자체의 뜻 이외에 감정이 가해진다. 같은 말이라도 하는 사람이나 장소, 분위기 등에 따라 생명체로 약동이 달라진다. 그런데 언어가 문자화하면 다른 감정의 개입이 어렵게 되어 호소력이 약해진다. 반대로 독자의 상상력을 자극한다.

문자가 호소력을 발휘하려면 문자를 구사하는 기술의 습득이 필요하게 된다. 그래서 같은 뜻이라도 입으로 하는 이야기 말과는 판이한 수사학이 필요한 것이다.

이처럼 단순 소박한 이야기 말도 문자화되면 복잡다기해지고 더구나 문자의 정적인 속성 때문에 많은 상상력을 부추겨 해석이 해석을 낳아 마침내는 본질에서 멀어지는 위험을 안고 있다.

붓다의 일언반구가 문자에 의해 후세에 전해지면 백만, 천만의 말이 되어 퍼져나간다. 이래서는 무엇이 진실이고 어느 것이 오류인지 분간이 어려워진다.

이야기가 잠시 빗나갔지만, 당시 아난의 기억력은 특히 뛰어나 그의 '여시아문'은 여러 경문經文의 토대가 되었던 것이다.

붓다의 얘기가 끝나자 사리뿟다가 3인을 불러 안내했다. 3인은 감격의 눈물로 얼룩진 얼굴을 닦은 후 체격이 큰 사리뿟다의 뒤를 따라갔다. 사리뿟다가 말했다.

"이제 당신들은 붓다 승단의 일원이 되었다. 진실로 구원

되었다고 해도 좋다. 앞으로는 정진에 힘써 자기를 만들고, 그 기쁨을 중생들에게 나누어 주도록 열심히 노력해야 한다."

세 사람은 입을 모아 대답했다.

"예, 감사합니다."

서쪽 산에 석양빛이 어리고 저녁 연기가 피어오르고 있었다. 세 사람은 한데 모여 있었다. 다른 사람들과는 낯이 설었기 때문이다. 아니룻다가 아난에게 나직이 말했다.

"힘을 내어라. 네가 잘해주지 않으면 우리는 출가의 결실을 못 보게 될 테니까 말이다."

아난은 말이 없었다.

"왜 말이 없지. 붓다의 제자가 되려던 뜻이 이루어졌는데 기쁘지 않은가."

아니룻다가 아난의 어깨를 흔들자 아난이 머쓱한 표정으로 돌아보며 말했다.

"왜 기쁘지 않겠어. 지금 나는 붓다님의 말씀을 회상하는 중이야. 조금만 기다려 줘."

이 때 누군가가 세 사람에게로 다가왔다. 얼굴을 드니 붓다였다. 셋은 깜짝 놀라 자세를 바로잡았다. 붓다는 3인을 번갈아 보며 흡족한 표정으로 머리를 끄덕였다.

"아난, 카필라가 그리우냐?"

"아닙니다. 붓다님 곁에 있는 지금이 저에겐 훨씬 행복합니다. 저희들을 잘 부탁합니다."

아난은 고개를 숙였다.

"킨필라는 여전히 건강해 보이는구나. 어렸을 때처럼 말이다."

붓다는 소리내어 웃으며 말을 이었다.

"아니룻다는 아직도 어깨가 아픈가."

"아닙니다. 이젠 다 나았습니다."

아니룻다는 당황하여 대답했다. 붓다가 그들 곁을 떠나자 세 사람은 안도의 숨을 내쉬고 소곤거렸다.

"깜짝 놀랐어."

"우리가 산을 내려오다가 비탈에 굴러떨어진 것을 알고 계시잖아."

"글쎄 말이야. 정말 신통해. 아직 그 일을 아무에게도 말하지 않았는데 어떻게 알고 계실까."

킨필라는 말하며 고개를 갸우뚱거렸다.

"아난, 너는 어떻게 생각해."

킨필라가 물었는데 대답은 아난이 아니라 어느새 나타난 붓다가 했다.

"산길에는 특히 발밑을 조심해야지. 아니룻다가 넘어지는 통에 아난까지 함께 비탈을 굴렀지. 많이 아플텐데."

킨필라는 붓다의 말에 눈이 둥그래졌다. 아난과 아니룻다도 벌어진 입을 다물지 못했다. 붓다가 말했다.

"아니룻다의 어깨에 이것을 붙여라."

붓다가 건네는 풀잎을 받은 아난은 즉시 아니룻다의 어깨에 풀잎을 붙여 주었다. 붓다가 잠시 사라졌던 것은 풀잎을 찾으러 산 때문이었다.

3인은 붓다의 보살핌에 새삼 감격했다. 붓다가 아니룻다의 어깨와 손발에 살짝 손을 갖다 대었다. 그러자 몸 전체가 따뜻해지면서 졸음이 오는 것 같았다. 아니룻다는 정신을 가다듬어 눈을 떴다.

"어떠냐? 아니룻다."

붓다의 눈길은 한없이 부드러웠다.

"기분이 매우 상쾌해졌습니다."

"일어서서 걸어 보아라."

아니룻다는 일어나 서너 발짝 내디뎠다. 붓다의 손이 닿기 전까지는 어깨와 허리 등이 아팠는데 지금은 통증이 사라졌을 뿐만 아니라 다치기 전보다 몸이 가뿐했다. 그는 붓다 앞에 꿇어 엎드려 말했다.

"참으로 감사합니다. 덕분에 다 나아서 상쾌합니다."

붓다는 말없이 고개를 끄덕였다. 아난과 킨필라도 아니룻다를 붙잡고 완쾌를 기뻐했다.

"아난도 발이 아플걸. 발을 이리 내놔 봐."

붓다는 아난의 발에도 손을 댔다. 예로부터 '약손'이란 말이 있다. 손을 갖다 대면 아픈 것이 나으니까 생긴 말일 것이다. 제 3의 눈인 영시靈視를 통하면 사람의 몸 속이 투명하게 들여다 보인다. 몸에 이상이 있으면 그 곳이 검거나 희게 나타나 보이는데 세포가 정상적인 기능을 못하기 때문이다.

이상이 보이는 곳에 손을 대고 의식을 집중시키면 색깔이 정상으로 변하면서 통증이 사라지는 것이다.

사람의 손에는 항상 소량의 전류가 방출되고 있어 의식을 집중하면 전류의 양이 급증하면서 환부로 흘러들기 때문이다. 보통 이것을 빛光이라고도 하며 이것이 환부로 들어가 치료하는 것이다. 세포가 정상적인 기능을 않는다는 것은 세포의 활동을 떠받드는 전류적 힘이 약해진 탓이고 손을 대어 충전시키면 세포가 제 기능을 하게 되는 것이다. 물론 어떠한 질병이나 다 손을 대는 것으로 치유되는 것은 아니다.

세포마다 정해진 생명이 있고, 질병의 경·중, 빛光의 강·약에 따라 결과가 달라진다. 빛光의 강약은 손의 임자의 정신적 조화도나 염력에 좌우되는 것이다. 보통은 약을 쓰면서 '손댐'을 병용한다. 붓다는 치료를 끝내자 웃으면서 그 자리를 떠났다.

킨필라는 아직도 미심쩍었다.

"그래, 진짜야. 정말이지 감쪽같이 나아버렸어."

"으음, 그렇다면 나도 잘 기억해 둬야겠구나."

아난은 아니룻다의 어깨에 붓다가 준 약초를 붙여 주었다. 그리고 세 사람은 그 자리에 드러누웠다.

세 사람은 이렇게 하여 붓다 승단의 일원이 되어 엄한 수행이 시작되었다.

§우팔리의 입문

세 사람의 머리를 잘라 준 우팔리는 그날 밤 뜬눈으로 밤을 새웠다. 크샤트리아들의 소중한 머리를 잘라버렸으니 그들의 아버지들이 자기 목을 쳐도 할 말이 없게 되었다. 앞으로 어떻게 해야 좋을지 몰라서 공포에 떨었다.

'차라리 나도 출가해 버릴까.'

여전히 망설이며 출가를 생각하고 있었다. 수드라의 신분으로 아무리 노력해도 출세할 수가 없다. 그러나 출가하여 사로몬이 되면 노예에서 최상의 신분으로 바뀌는 것이다. 이발사 주제에 아내와 자식도 없다. 언제라도 출가할 수 있는 홀가분한 몸이다. 더구나 붓다에 귀의한다면 그의 주인도 반대하지는 않을 것 같았다. 바라문과는 달리 붓다의 설법장은 누구나 평등했다. 신분이나 계급의 차이가 없이 누구나 마음이 조화되면 붓다의 제자가 될 수 있었다. 석가족에게 붓다가 설법을 할 때 우팔리는 멀리서 눈물을 흘리며 듣고 있었다. 그 때부터 마음은 붓다에게 빠져 있었다.

'그렇다. 역시 출가하는 길 뿐이다. 붓다의 법을 배워 삶
의 모순을 밝혀 보자.'

새벽녘에 그의 결심은 굳어졌다. 우팔리는 3인이 남기고 간 옷가지를 챙겨 아침 일찍 카필라 성으로 향했다. 서문西門 쪽으로 갔는데 아무래도 무서워 성내로 들어가지 못하고 망설이는데 키

가 큰 수행승이 다가왔다. 사리뿟다였다. 우팔리는 떨리는 목소리로 말했다.

"사리뿟다님, 저는 우팔리라는 이발쟁이입니다. 저를 제자로 거두어 주십시오."

사리뿟다는 걸음을 멈추고 키가 작은 우팔리를 보고 말했다.

"당신은 이발사지요. 저번 여러 사람들 뒤에 서서 열심히 붓다의 설법을 듣는 것을 보았지요."

"예, 그렇습니다. 정말 훌륭한 설법이었습니다. 오래 전부터 바라문 수행자로부터 말을 듣고 있었는데, 붓다의 말씀이 제 마음속을 울려 기쁨이 무척 컸습니다."

"아, 그랬어요? 그건 당신이 과거세에서 붓다의 설법을 들은 적이 있기 때문이지요.
그런데 손에 들고 있는 그 옷가지는…"

"이것 말씀입니까?"

"아주 좋은 옷인데…"

"이건 카필라의 젊은 왕자님들이 출가하시면서 저에게 주고 간 것입니다. 저에게는 이런 좋은 옷이 필요치 않아 돌려드리고 나서 출가를 하려고 여기까지 왔습니다.
사리뿟다님, 부디 저를 제자로 삼아 주십시오."

우팔리는 땅바닥에 꿇어 엎드려 머리를 조아렸다.

"당신의 뜻은 알겠습니다. 그런데 우리 수행승들은 집도 먹을 것도 없이 떠돌아다니는 생활입니다. 그것을 견딜 수 있겠습니까? 자연 그대로 붓다의 법을 따라 생활하는 것입니다. 한번 더 깊이 생각한 다음 결정하도록 하십시오. 그 때 부동의 마음이 서면 니구로다 수행장으로 나를 찾아오십시오."

"오늘 당장은 안 됩니까?"

"그렇습니다. 다시 한번 심사숙고한 다음에 결정하십시오."

우팔리의 결심은 이미 변할 수 없을 만큼 굳어 있었지만 무리하게 떼를 쓰다가 거절당할까봐 다음에 다시 부탁하기로 작정했다.

"잘 알았습니다. 다음에 찾아뵙고 부탁 올리겠습니다."

사리뿟다는 급한 볼일도 있고 해서 곧 그 자리를 떠났다. 우팔리는 안타까운 표정으로 사리뿟다의 뒷모습을 바라다 보았다. 며칠 후 우팔리는 이발소를 나오자 곧장 니구로다로 향해 길을 떠났다. 이미 주인으로부터 가까스로 허락을 받아 자유롭게 된 처지였다. 자기 손으로 삭발을 하고 승복을 걸쳤다. 걸어가면서 역시 자신은 수행자가 어울린다고 생각했다. 니구로다에 도착하자 곧 사리뿟다를 만날 수 있었다. 사리뿟다는 우팔리를 보는 순간 깜짝 놀랐다. 우팔리의 머리에서 황금빛 광채가 났기 때문이다. 아직 7일간이 반성도 하지 않은 우팔리의 머리에서 어떻게 후광 aura이 방사되는 것일까 생각해 보았다. 우팔리는 7일의 반성을 하지 않아도 벌써 붓다에 귀의할 자격을 가지고 있는 셈이었다.

"붓다 승단에 입문하려면 7일 동안 반성을 하는 게 불문율입니다. 그대도 반성·선정을 해야합니다."

사리뿟다가 우팔리에게 말했다.

"예, 그대로 하도록 시켜주십시오."

우팔리는 이렇게 말하고 고개를 숙인 다음 즉시 적당한 곳을 찾아 좌선을 시작하는 것이었다. 사리뿟다는 우팔리의 활달하고 시원시원한 태도에 감동하여 멍하니 지켜볼 따름이었다. 7일이 순식간에 지나갔다. 사리뿟다는 우팔리가 자기를 믿고 왔기 때문에 7일째가 되면 보고하러 올 것이라 여기고 기다렸지만 밤이 되어도 나타나지 않았다. 기다리다 못해 숲으로 들어가 보니 우팔리는 계속 좌선한 채로 반성하고 있었다. 조그만 체구의 우팔리의 머리에서는 후광이 더욱 강하게 빛나고 있었다. 사리뿟다는 소리를 지르려다가 엄숙한 선정에 방해가 될까봐 잠깐 자리를 비켜 주었다.

우팔리는 타협을 싫어하는 성격이었다. 7일간이라고 일러주었지만 반성에 자신을 갖지 못하면 열흘이고 스무 날이고 움직이지 않으려는 것이었다.

지나치게 꼼꼼하면 마음의 폭을 좁게 하는 경향이 있다. 우팔리의 이런 성격은 계율 제 1의 제자로 만들게 되었다.

붓다 생전에는 계율이라는 게 없었다. 굳이 찾아보자면 삼보귀의 생활과 팔정도의 행위가 계율이라면 계율이었다. 그것도 붓다가 이렇게 하여라, 저렇게는 하지 마라고 지도한다기보다 제자들이 스스로 알아서 실천하는 자율성이 강한 것이었다.

스스로 깨달음.

이것이 불법佛法을 수신하는 최대의 효과로 붓다는 생각했던 것이다.

사람의 마음이란 본래 자유이며 어느 누구도 침해할 수 없는 신성한 것이다.

때문에 그 자유성을 속박하는 언동은 될 수 있는 한 삼가고 넉넉한 상태에서 스스로 마음의 위대성을 깨달을 수 있도록 인도하는 것이다. 이 점은 이미 말한 대로 상대방의 마음을 압박하거나 책하는 짓은 일절 하지 않으려 애썼던 것이다.

붓다의 깨달음은 마음 속의 우주를 이해하는 것이며 육체는 그 반영이었다.

우주의 주인공은 영혼이며, 우주 속의 세포 활동은 주인공인 나의 영혼의 속성이 분신이다.

인류는 모두 형제로서 하는 사고이며, 인류는 내 영혼의 속성이고 분신이며 나 자신이기도 한 것이다.

　상대방의 마음을 속박하고 책하는 것은 자기의 마음을 구속하고 꾸짖는 것이 된다.

　나와 남이 하나라는 깨달음이 바로 붓다의 득도였던 것이다.

　따라서 붓다는 강요와 같은 뜻의 말은 제자들에게 일절 하지 않았고 계율은 만들지 않았다.

　붓다가 열반한 후 세월이 흐름에 따라 불법은 일부 사람들의 독점물처럼 되어 일반 대중으로부터 멀어져 갔다. 철학적 논리와 엄격한 계율이 불법을 사람들과 떼어놓았기 때문일 것이다.

　붓다 열반 후 우팔리의 규칙 바른 생활과 자기를 바라보는 엄격한 태도가 계율적 분위기를 자아내고 있었다. 그로서는 불법을 수호하기 위해서 그랬을 뿐 계율을 위한 불법은 아니었다.

　계율은 둥그런 것을 사각이나 삼각으로 만드는 것과 같은 것이다. 잣대에 맞지 않으면 배척하고 순수를 지향한다.

　순수만을 구하면 불순한 것이 어떻게 되는가.

　불법佛法의 신수神髓(정수·핵심)는 순·불순을 넘어서 모든 것을 승화시키는 자비일 따름이다.

　악의 꽃草은 불법에서 떨어져 있지만 광대무변한 불법에서 보면 조그만 흑점에 불과한 것이다. 악은 몇 천도의 열로 구워낸 쇳덩어리의 작은 부스러기나 먼지에 지나지 않을 것이다.

　따라서 순수만을 지킨다는 것은 불법의 넓디넓은 시야, 즉 무엇이든 다 포용하는 자비심으로 보면 역시 그 기본부터 무리인 것이다. 그러나 도를 구하는 그의 진지한 태도는 계율 제 1의 제자로 만든 것이다.

　7일간의 반성은 8일이 지나도 계속되었다. 9일째가 되어서야 우팔리는 사리뿟다를 찾아왔다. 9일간 우팔리는 그야말로 식음을 전폐한 상태에서 반성했다. 그래도 의식은 선명했고 몸은 의지력으로 지탱했다.

　　"반성을 하고 왔습니다. 잘 부탁합니다."

　다 죽어가는 듯한 우팔리의 모습을 내려다보던 사리뿟다는 그의 진지한 태도에 거듭 놀랐다. 우팔리의 후광은 더욱 광채를 발하고 있었던 것이다.

　　"우팔리, 따라오너라. 붓다에게 소개하겠다."

　　"고맙습니다, 사로몬님. 반드시 열심히 하겠습니다.
　　수행을 게을리 하지 않으며, 자신을 시험해 나가겠습니다. 잘 부탁합니다."

　사리뿟다는 우팔리를 붓다가 있는 곳으로 데려 갔다. 9일 동안의 반성으로 우팔리의 마음은 매우 침착해졌다. 붓다 앞에서도 진실 그대로를 보이면 된다고 생각하니 마음이 가벼웠다.

　　"붓다, 이발사 우팔리가 왔습니다."

"우팔리…"

붓다는 잠깐 생각하는 듯하더니 금방 말했다.

"아아, 카필라의 이발사지. 이리 안내하여라."

우팔리는 붓다 앞에 나아가 땅바닥에 머리를 조아렸다. 붓다가 우팔리를 잠깐 살피고는 부드럽게 말했다.

"자, 이제 그만 얼굴을 들어라."

"예에, 붓다님. 오랫만에 뵈옵니다. 저번 카필라에서 붓다님의 말씀을 듣고 저 같은 놈도 붓다님의 제자가 될 수 있다면 얼마나 좋을까하고 생각했습니다.
 붓다님의 말씀은 제 마음속 깊숙이 스며들어 눈물이 쏟아지게 만들었습니다.
 이 세상은 무상無常이옵니다. 그것을 바로잡을 분은 붓다님 뿐입니다. 저 같은 놈은 제자들의 맨 끝에라도 끼워 주실수 있을까 싶어 사리뿟다님께 부탁드렸습니다."

붓다는 미소를 띤 얼굴로 우팔리의 말을 들으며 거듭 수긍했다.

"잘 와주었다. 나의 법은 모든 인간이 평등한 차별 없는 사회다. 우선 자기를 아는 일이 중요하다. 자기를 모르고는 무엇이 진실이고 무엇이 거짓인지 알 수가 없다. 반성은 그래서 필요한 것이다. 그대는 7일 동안이 아니라 9일

동안이나 반성을 한 모양인데….”

“예, 그렇습니다.”

“무엇을 반성했는가.”

“제자가 되려면 불순한 마음이 있어서는 안 된다는 생각으로 반성했습니다.”

“으음, 그래 불순한 것이 있던가…?”

“수드라의 생활에서 벗어나고 싶은 욕망이 이전부터 있었습니다. 또 아난과 아니룻다님의 머리칼을 자르고 나서는 죽음이 두려워 출가를 생각하기도 했습니다. 이 두 가지에 대해 반성했습니다.”

붓다는 우팔리가 몸을 내던지고 있음을 이미 알고 있었다. 출가의 동기가 단순히 노예 생활에서 탈출하여 존경받는 사로몬이 되고 싶은 것이 아님을 알고 있었다. 만약 그런 마음 뿐이라면 황금빛 후광이 발산될 리 없었다. 또한 우팔리의 마음은 이제 후련하였고 죽음을 두려워하지 않았다. 제자들 중에는 붓다의 제자라는 허영심으로 수행하는 사람도 있지만, 붓다는 우팔리를 수긍하였다.

“불법은 이 지상에 조화를 구축하는 것이다. 각자 자기 자신을 알고 보다 너그럽고 큰 마음을 만들어야 한다.
 불평과 불만이 있는 한 마음의 조화는 얻을 수 없으며 편안함이나 진실도 알 수가 없다.
 그대는 자기를 잘 반성했다.
 보다 넓은 마음을 만드려면 어떻게 해야 하는가가 그대의 과제이다.
 자신에게 엄하고 남에게 너그러운 것이 불법인데, 자기에게 엄하면 타인에게도 엄하게 되는 것이 인지상정이다. 왜 그렇게 되느냐 하면 남을 의식한 자기 다스림이기 때문이다.
 자기 다스림은 어디까지나 자기를 위한 것이며 자기를 시험하는 것이다. 타인을 위해서 하는 것이 아니다.
 그런데 사람들과 함께 있으면 타인 속의 자기를 보려 하게 된다.
 그 때문에 자기에게 무른 사람이 남에게 무른가 하면 그렇지 않다. 역시 남에게는 엄하다. 자신에게 무른 사람은 자기보존의 염원이 강하므로 타인에게는 엄한 것이다.
 어쨌든 자기를 제대로 바라보려면 남을 의식해시는 안 된다. 타인은 어디까지나 자기의 마음을 바르게 하는 재료일 뿐 자기의 연장이라고 보면 안 된다.
 사람의 마음은 하나인데 각자가 주체성을 가지고 수행하는 것이므로 자기에게는 엄해도 남에게는 너그러워야 하는 것이다.
 내 말의 뜻을 알겠는가."

붓다의 자비로운 눈길이 우팔리에게 쏠린다.

"예에, 붓다님, 지금 하신 말씀을 수행의 지표로 삼아 열심히 노력하겠습니다."

"거듭 말하지만 불법은 자연의 벗이다.
법法을 근거로 도에 힘써 주기 바란다."

"그럼 말단이나마 제자의 자리에 넣어 주시는 겁니까?"

"물론이다. 나를 잘 보아라."

붓다의 말에 고개를 들어 붓다를 응시하던 우팔리는 깜짝 놀라 다시 엎드렸다. 붓다의 뒤에 브라흐만(범천梵天)이 보였는데, 휘황한 광채에 둘러싸여 있었던 것이다.

"그대는 생사를 초월하여 여기에 왔다.
그대는 훌륭한 사로몬이다."

붓다의 말에 감동한 우팔리는 소리내어 울기 시작했다. 곁에서 지켜보던 사리뿟다도 붓다의 자비에 감격하여 눈시울을 적셨다. 언제 왔는지 아난과 아니룻다가 우팔리의 진지한 태도를 보고 기뻐했다. 이전까지는 왕자와 노예의 관계였지만, 이제부터는 평등한 동지이며 계급을 드러내는 행동은 허락되지 않는 것이다. 동지로, 친구로, 우팔리와 함께 도에 정진할 것을 두 사람은 말없이 다짐하는 것이었다

§가짜 사로몬

　승단의 생활에 대해서는 이미 언급했다. 그러나 다시 한번 이야기함으로써 독자의 이해를 높이고자 한다.

　붓다가 카필라 성을 다녀온 이후 승단은 아난을 비롯하여 우팔리 등이 귀의하는 등 수효가 급증하여 2천 명이 넘게 되었다. 처음에는 붓다가 입문자를 일일이 직접 만나보고 허락했지만 수가 늘어나면서부터 사리뿟다·목갈라나·카샤파 등의 제자들이 대행하게 되었다. 이미 이들 제자들은 아라한의 경지에 도달하여 상대방의 마음을 읽을 수 있었으므로 입문을 경정하는 일을 충분히 대행할 수가 있었던 것이다.

　이 제자들을 흠모하여 승단에 들어오는 사람들이 많아서 단기간에 2천 명이 넘어 버렸다. 귀의하는 사람이 늘어남에 따라 정사도 늘려야 했다. 당시의 정사로는 붓다가 기거하는 제타와나(기원정사)와 웨누와나(죽림정사) 둘 뿐이었다. 제타와나(기원정사)는 규모가 크고 훌륭했지만 1천명 이상은 수용하지 못했다. 그래서 소규모의 정사가 많이 생겨났다. 또 천연 동굴을 이용하기도 했다.

　정사의 첫째 목적은 붓다의 설법을 듣는 장소로 사용되는 것이었다. 다음으로는 높은 경지에 이른 제자들의 가르침을 받아 불법의 진의를 이해하는 장소였다. 붓다의 음성은 굵고 분명하여 야외에서도 잘 들을 수 있었지만 정사의 강당에서는 더욱 잘 이해할 수 있는 것이다.

　또 인도 지방은 건기와 우기雨期로 명확히 구분이 되어, 우기雨期에는 야외 생활이 어려웠다. 산은 급류가 휩쓸고 낮은 지대는 물바다가 되곤 했다. 우기雨期에는 탁발을 하는 외에는 거의 정사에서 생활해야 했다. 사로몬들은 주로 이 때를 이용해 불법에 정진했다.

제타와나(기원정사)에는 붓다가 법을 설하는 넓은 강당과 수십 명씩 들어가 선정에 들 수 있는 작은 방들도 여러 개 있었다. 또 붓다가 거처하는 거실과 수제자들의 방까지 따로 마련되어 있었다. 취사는 주로 정사 안에서 집단으로 했지만 개별적으로 해결하는 사람들도 많았다. 바라문의 사로몬들처럼 조그만 집을 만들어 거기서 취사하고 쉬기도 하였다. 정사는 돌과 흙을 반죽하여 지었기 때문에 건기의 더위를 피하고 우기雨期의 장마를 견디는 데 적합했다. 정사를 지어 기증하는 사람이 계속 나타나 정사의 수도 늘어났다.

설법이 재가 신도들에게 치중되어 가면서는 정사에 머무는 시간보다 거리에서 설법하는 경우가 많아졌다. 정사 부근의 사람들에게는 정사를 개방했다. 붓다의 설법을 듣기 위해 며칠씩 걸려 멀리서 찾아오는 사람들이 많아서 정사의 강당은 항상 만원이었다.

당시의 정사가 오늘날에 절(사찰寺刹)로 이어지고 있다. 그러나 오늘날에 이르러 본래는 개방적이던 것이 폐쇄적으로 변하고 말았다.

당시의 정사 생활은 중생에게 법을 전하는 것이 유일한 목적이었는데 지금의 사찰 생활은 죽은 자의 영을 지키는 것이 목적인 것처럼 변한 감이 없지 않다.

당시 걸식 행각을 통해서 사람의 마음, 자신의 마음을 살피던 엄한 모습을 오늘날에는 찾아보기 어렵다. 오늘날 승려들의 탁발 행각은 그저 독경이나 하면서 걸어다니는 형식적인 것이 돼 버린 감이 없지 않다.

마땅히 법을 전하는 대상은 현세에 살아있는 인간이어야 한다. 죽은 자의 영은 살아있는 자에게 좌우되기 때문이다. 여기서 말하는 죽은 자의 영이란 헤매는 영혼을 뜻한다. 그런 영혼은 거의가 생전에 집착을 가지고, 저 세상에 가서도 이 세상을 생각하기 때문에 왕생往生을 못하고 헤맨다. 왕생往生하지 못하면 이 세상의 인간에게 의지할 수밖에 없는 것이다. 그런데 의지할 사람이 미숙하면 저 세상의 영은 끊임없이 헤맬 수밖에 없다.

승려가 경을 올려 사자의 영을 인도하여 건네주는데 저 세상을 모르는 승려가 어떻게 그 일을 할 수 있겠는가. 인도하여 건네준다는 것은 헤매는 사자의 영을 왕생시키는 것이며, 또한 이 세상과의 관계를 완전히 끊는 것이기도 하다. 왕생시키지 않고 그냥 매장해 버리면 사자의 영은 헤매다가 이 세상의 가족이나 연고자를 찾아 다가오게 된다.

헤매는 영이 의지하게 되면 어떻게 되는가는 필자(고교신차高橋信次: 다카하시 신지)의 졸저 『악령』을 읽으면 이해가 될 것이다.

헤매는 영이 다가와도 살아있는 사람이 법法을 알고 법法에 따른 생활을 하고 있다면 영은 의지할 수가 없으며, 저 세상에서 영은 생존하는 사람의 생활을 보고 자신의 헤매임의 원인이 어디 있는가를 알게 되어 왕생할 수가 있게 되는 것이다. 이것은 이 세상에 살아있는 사람이 의식하든 모르든 관계없이 가능한 것이다.

　4차원에서 3차원의 세계를 보면 투명하여 스스로에게 구속된 영이 영원히 암흑 속을 헤매지 않아도 되는 것이다. 그러므로 살아있는 사람이 법을 아는 것이 무엇보다 선결돼야 할 것이다. 현상계가 조화를 이루면 저 세상의 지옥도 따라서 조화될 것이다.

　더구나 이들 헤매는 영의 에너지는 지상계의 인간 에너지를 흡수하여 성립되는 것이다. 저 세상에는 햇빛이 닿지 않는다. 지상의 생명 에너지는 태양이지만 저 세상의 에너지는 영태양靈太陽이며 신의 빛이다.

　그러나 저 세상의 지옥계는 암흑이므로 지상의 인간을 매체로 하지 않고는 지옥계를 형성하는 에너지를 얻을 수 없다. 지옥의 에너지는 인간의마음이 발하는 악의 사념思念이다. 자기보존의 이기심이 바로 지옥을 이루는 생명원生命源인 것이다. 이처럼 지상에 악이 만연하면 지옥계는 점점 바빠지고, 지상 또한 더욱 나빠지는 것이다. 이런 의미에서도 사자의 영을 타이르기보다 지상의 인간이 깨닫는 일이 더 중요한 것이다.

　당시 정사의 목적은 살아 있는 사람들의 깨달음에 있었다.

　죽은 자를 위한 데는 있지 않았다. 그러나 오늘날에는 사찰이 사자를 위한 것으로 돼 버렸다. 더욱 슬픈 것은 인도하여 건네주는 역할을 맡은 승려가 법을 깨닫지 못하고 있다는 사실이다.

　사찰은 살아있는 인간의 도량이 돼야 할 것이다.

　정사의 생활로 돌아가야 한다. 그리하여 살아있는 인간들이 법을 의존하여 살아갈 수 있도록 설법하고 전도傳道하는 거점이 되어야 할 것이다.

2,500여 년 사이에 불법은 죽어 버렸다. 말법末法이란 법法의 죽음을 뜻한다. 현대는 바야흐로 말법末法 시대이다. 불교는 장의사와 관광회사로 전락해 버렸다. 생명의 빛이 넘치던 불교는 어느새 해골만 남아 생명이 없는 미이라가 돼 버렸다. 따라서 사찰은 하루 빨리 본래의 정사로 돌아가야 하는 것이다.

붓다의 명성이 높아져 제자들의 수효가 2천 명이 넘어서게 되자 지도자들의 눈이 제대로 미치지 못하는 사람도 있게 마련이었다. 붓다 승단은 개개인의 깨달음에 주목적을 두고 수행 방법은 대체로 자유로웠기 때문에 한 번 보고는 이교異敎의 수행자로 잘못 아는 일도 많았다.

바라문 수행자는 비단 승의로 차림이 화려하여 비교적 구분이 잘 되었다. 붓다 승단의 수행승들은 누더기 같은 승복을 걸쳐서 거지로 잘못 아는 사람들도 있을 정도였다.

그러나 거지와는 구별이 되었다. 수행승들은 길거리에 쭈구리고 앉아 구걸하는 일이 없었고, 탁발이 끝나면 곧 정사로 돌아오거나 정사 부근의 산 속에서 선정에 들거나 했으므로 거리에 어슬렁거리며 돌아다니지는 않았다.

특히 붓다 승단에는 젊은이가 많고 노인이 적어서 바라문 승려들과는 구별이 쉬웠다. 승복은 남루해도 젊은 사로몬은 거의가 붓다의 제자라는 것을 시중 사람들은 알고 있었다.

붓다의 위대함을 알고 있었기 때문에 그 제자들에게 즐거운 마음으로 보시를 했다. 두 손으로 들 수 없을 만큼 많은 식량을 주는 사람도 있고, 집에 몰려들어 법을 듣고 싶어하는 사람도 있을 정도였다. 그러나 당시는 붓다에 귀의한 승려는 재가 신도로부터 대접을 받는 것을 엄하게 자계自戒(스스로 경계)하고 있었으므로 큰 문제는 발생하지 않았다.

그런데 어느 날이었다. 50대의 상인처럼 보이는 사람이 목갈라나를 찾아왔다. 그는 목갈라나에게 매우 황공해 하면서 붓다의 법을 예찬하고 자기도 법을 배우고 있다고 했다. 방문한 목적을 물어본 목갈라나는 크게 놀랐다.

목갈라나의 제자인 한 사람을 양자로 맞아 가업을 잇게 해달라는 것이었다. 그 제자는 자기의 외동딸과 결혼 약속을 한 사이이며 딸은 지금 임신중이라는 얘기였다. 이름을 물어보니 들어본 적이 없는 이름이었다. 수상한 생각이 들었지만 조사해 보고 알려 주겠다고 말해서 찾아온 남자를 일단 돌려 보냈다.

목갈라나는 이 일을 붓다에게 알릴까 하다가, 우선 자신이 조사해 보고 나서 붓다에게 보고하기로 작정했다.

목갈라나는 그날 밤 자신을 시중드는 몇 명의 제자와 함께 승단에 귀의한 사람들을 불러모아 사정을 설명했다. 목갈라나의 얘기를 듣고 나서 모두들 놀라서 큰일이라고 수군거렸다.

목갈라나는 얼굴을 붉히며 말했다.

"그런 일이 있는 사람은 걱정 말고 내 앞으로 나와 주기 바란다. 나는 탓하지 않겠다. 비록 출가한 몸이지만 그 처녀와 함께 살고 싶다면 붓다께서도 말리지는 않으실 것이다. 수행은 어디에 있든 마음만 먹으면 할 수 있는 것이다. 다만 유감스러운 것은 그 처녀와 부모에게 걱정을 끼친 일이다. 결혼도 하기 전에 그렇게 된 것은 승단의 수행자로서는 불상사가 아닐 수 없다."

목갈라나는 누구냐고 묻는 듯이 좌중을 둘러보았다. 누구도 그런 일을 저지르지 않았지만 이 가운데 누구라고 말한다면 숙연해 질 수밖에 없다. 모두들 숨을 죽이고 마른 침을 삼키며, 이름을 밝히는 자를 기다린다.

"말을 해야 알 것 아닌가. 모두 벙어리가 됐나."

목갈라나가 목소리가 한층 높아졌다.

"아무도 없는 것 같습니다.
그런 일을 저지를 사람은 여긴 없습니다."

앞쪽에 앉은 사람이 말했다.

"그렇다면 낮에 나를 찾아온 상인이 거짓말을 했단 말이냐."

"모르겠습니다. 어쨌든 여긴 그런 사람이 없습니다."

이어서 뒤를 돌아보며 이렇게 말했다.

"모두들 어떠냐, 짐작이 가는 사람이라도 있느냐."

젊은 사로몬들은 하나같이 모른다고 대답했다. 목갈라나는 곤혹스러웠다. 여기 장본인이 없다면 도대체 누구란 말인가. 어쩌면 붓다 승단의 사람이 아닌 누군가가 우리 승단을 팔아서 처녀를 농락한 것일까. 더구나 자기의 이름까지 팔아 제자라고 한 것이라면 용서할 수 없는 인간이라고 생각되었다.

"모두가 정말 그런 일이 없단 말이지."

"없습니다."

"붓다의 이름을 더럽히는 짓은 생각도 하지 못합니다."

모두들 이렇게 말할 뿐이었다. 목갈라나는 제자들을 둘러보며 그럴 거라고 수긍하니 안심이 됐다. 그러나 범인을 잡지 않으면 승단에 좋지 못한 영향이 미칠 게 뻔했다. 그 상인에게 그런 사람이 우리 승단에는 없다고 말하는 것으로 끝나는 문제가 아니었다. 앞으로 같은 사건이 발생하면 붓다의 법은 위신을 잃게 되는 것이다. 목갈라나는 심사숙고했다. 이것은 분명 붓다의 제자를 사칭한 부랑자의 짓이라고 판단했다.

목갈라나는 다음날부터 처녀의 집 주위에 숨어서 가짜 사로몬이 나타나기를 기다리기로 했다. 어떤 일이 있어도 자신이 손으로 범이을 붙잡을 계획이었다.

아침 일찍부터 해가 질 때까지 목갈라나는 밥도 굶어가며 범인을 기다렸다. 나흘째 석양 무렵이었다. 키가 훤칠하고 얼굴이 흰 승려가 처녀의 집으로 다가가더니 곧장 집 안으로 들어가는 것이었다. 승려의 행위는 매우 익숙했다. 붓다의 제자 중에는 그와 같은 사람이 없다고 목갈라나는 생각했다.

목갈라나는 흥분을 가라앉힌 다음 그 집으로 들어가 찾아온 뜻을 밝혔다. 젊은 승려는 처녀와 그 어머니를 상대로 다정하게 얘기하고 있었다. 승려는 목갈라나의 눈과 마주치자 뛸 듯이 놀랐다.

목갈라나는 처녀의 아버지께 저 승려가 맞느냐고 물었다. 주인 남자는 그렇다고 대답했다. 이들의 대화를 들은 젊은이는 갑자기 목갈라나 앞에 무릎을 꿇고 머리를 조아렸다. 그리고 사실을 털어놓으며 용서를 빌었다. 목갈라나는 자기 앞에 꿇어 엎드려 용서를 구하는 젊은이가 그런 악을 저지를 사람이라고는 믿어지지 않았다.

젊은이는 경위를 솔직히 털어놓았다. 이전부터 처녀를 사모했는데 기회가 생기지 않아서 한때는 죽으려고도 했다는 것이었다. 그러다가 붓다에 생각이 미쳤고, 붓다의 제자로 변신하면 처녀와 만날 수 있는 기회가 생길 것 같아 몰래 승복을 마련하고 삭발했다고 했다. 말하자면 거짓말의 시작은 붓다의 생각을 한 때문이라는 것이었다.

이렇게 하여 소원은 이루었으나 거짓이 탄로나는 날이면 처녀의 마음이 변할까봐 겁이 나서 지금까지 붓다의 제자 행세를 하고 있다고도 했다.

젊은이의 집은 산 하나 넘어 조그만 마을인데 목수 일로 대를 이은 가업이지만 싫어서, 처녀의 집에 장가들어 그 집 가업인 직물상을 하려고 했던 것이다.

목갈라나는 젊은이의 이야기를 듣고 더 참을 수가 없었다. 거짓말에는 뛰어난 놈으로, 치밀한 계획과 실행력이 목수를 하기에는 아까울 지경이었다.

그러나 자기의 잘못을 붓다의 책임으로 변명하는 것은 용서할 수 없었다.

"너는 붓다가 남의 딸을 편취하라고 부추겼다고 말하고 싶겠지만, 그것은 말도 안 되는 억지다. 붓다는 그런 것은 가르치지 않았다. 거짓말을 한 죄는 너도 알고 있겠지."

"예, 그렇습니다. 당신의 말씀대롭니다. 붓다님의 책임일 수는 없으며 꿈에도 그런 말은 하지 않았습니다."

"하지만 네 말은 붓다가 떠올라서 그런 거짓을 계획하게 됐다고 하지 않았느냐. 그건 곧 붓다가 원인이라는 말이 아니냐."

"저에게 붓다님은 구원의 신입니다. 붓다님의 생각이 나지 않았으면 지금은 죽어 있을 지도 모릅니다. 죽지 않고 살아서 이렇게 저 사람과 만나 이야기를 나눌 수 있으니…"

젊은이는 처녀를 가리키며 말을 끝냈다. 목갈라나는 벌어진 입을 다물지 못했다. 젊은이의 거짓말은 처녀를 소유하고 싶은 욕심 때문이었다. 젊은이의 눈빛을 보니 악인으로는 생각되지 않았다. 처녀의 부모가 이해한다면 모든 것은 원만히 수습될 일이었다. 단단히 혼내 주려고 별렀던 마음은 어디론가 사라지고, 처녀의 부모에게 젊은이를 사위로 삼으면 어떻겠느냐고 권유할 심정이 되어 있었다. 이렇게 해서 사건은 상처를 남기지 않고 해결되었다.

젊은이는 목갈라나가 판단한 대로 뒤에 큰 부자가 되어 붓다 승단을 짐심으로 돌봐주는 열렬한 후원자가 된 것이었다. 또한 목갈라나가 미치광이들의 습격으로 불행한 죽음을 맞이하자, 그도 뒤를 따르듯이 죽어갔다. 목갈라나의 명복을 빈다며 가족들을 물리치고 한 달이나 단식을 계속하여 죽음을 서둘렀던 것이다.

붓다 승단의 이름이 크게 떨치자 이런 가짜 사로몬들이 나타나 재가의 신자들을 현혹하는 일도 이따금 생겼다. 그래서 붓다의 제자들은 자기 수행에 노력하며 붓다의 이름을 더럽히는 일이 없도록 더욱 힘쓰는 것이었다.

승단에는 당초 마이트레야를 비롯 4인의 여성 외에는 거의 남자들이었다. 그런데 붓다가 카필라 성을 다녀온 뒤로 샤카(석가) 족들 사이에 여성의 출가도 인정하라는 소리가 급속히 높아졌다. 붓다는 일단 입을 다물고 있었다. 승단에 여자가 끼어들면 미혹의 정이 생길 위험이 있기 때문이다. 미혹을 방지하는 데는 미혹에 빠질 환경을 만들지 않아야 하는 것이다.

승단에 입문한 사람들은 집착의 요소가 되는 것은 모두 버린다는 전제로 살아 왔다. 바라문의 최종 수행은 일체의 집착을 단절하는 유행遊行에 있는데, 승단의 승려들도 탁발 행각에 모든 것을 걸고 있었다.

거기에 여성이 끼어들면 어떻게 되겠는가. 승단 사람들은 바라문의 사로몬들과는 달리 모두가 젊어서 여성이 미혹의 대상이 되지 않는다는 보장이 없었다.

붓다는 여성의 출가 문제를 못 들은 척 방관했는데, 오래지 않아 승단에도 부녀자가 입문하여 남녀 평등의 수행이 시작된다.

또한 붓다가 염려했던 풍기문란이 승단에서 발생하게 된다.

§비구니 승단

아난과 아니룻다와 킨필라, 그리고 우팔리의 출가는 카필라 사람들에게 큰 충격을 주었다. 단기간에 카필라에서 잇따라 출가자가 나오리라고는 아무도 예상하지 못했는데, 붓다의 매력은 연령과 성별의 구별 없이 사람들을 끓어당겼다.

암리트다나는 숫도다나의 궁전을 방문했다. 앞으로의 대책을 논의하기 위해서였다.

"어떻게 하면 좋겠습니까. 지금 성내는 붓다에 대한 흠모가 열병처럼 번지고 있습니다. 더욱이 맏아들이 아닌 젊은이들 사이에 붓다의 제자가 되려고 하는 사람이 많습니다. 집에 있어도 명상에 잠기는 일이 유행이며 속으로 출가를 바라고 있습니다. 이러다간 크샤트리아는 한 사람도 남지 않게 되고 전통에 빛나는 샤캬(석가)족은 멸망할 것입니다."

"…"

"믿었던 우다이까지 출가하고 말 정돕니다. 붓다의 설법을 한번 듣기만 하면 무슨 마술에 홀리기라도 한 듯 붓다에 빠져버립니다. 사실 저도 지난번 붓다의 말을 듣고는 그것을 부정할 아무 것도 발견하지 못했습니다. 며칠간은 넋이 빠진 듯한 기분이었으니까요.
붓다는 물론 위대하다고 생각합니다.

그러나 샤캬(석가)족 무사들이 모조리 사로몬이 돼 버린다면 카필라 성은 끝장입니다. 전통에 빛나는 샤캬(석가)족을 영원히 보전하려면 당장 크샤트리아들의 출가를 저지해야 될 것 같은데 왕의 생각은 어떠신지요."

　암리트다나는 심각한 표정으로 숫도다나왕을 응시했다.

　왕은 말없이 눈을 감고 깊은 생각에 잠긴 듯했다. 그의 마음도 암리트다나 못지않게 그 문제로 고민하고 있었다. 붓다를 따르라고 일족에게 권유한 것은 출가하라는 뜻은 아니었다. 어디까지나 붓다와 같은 마음이 되어 살아가라고 한 말이었다. 그런데 젊은 무사들이 출가를 바란다고 하니 문제가 아닐 수 없다.

　물론 생각해 보면 무사의 삶은 당장 내일의 생명조차 보장되어 있지 않다. 국경에는 항상 분쟁이 발생하여 한 달에도 몇 명씩 부상하거나 죽었다. 파세나디의 군사력이 배후에 있어서 전쟁이 일어나지 않고 있는 실정이었다. 그러나 남쪽의 적이 여원히 침공하지 않는다는 보장은 없었다.

　더욱이 붓다가 카필라를 다녀온 이후로 변경이 자주 시끄러워져 수비대를 계속 증강하는 처지였다. 그런 긴장 상태가 젊은이들의 출가를 부추기는 한 원인이 되기도 했다.

　이윽고 숫도다나왕은 눈을 뜨고 무겁게 입을 열었다.

　"변경의 상태는 요즘 어떤가. 큰 변화는 없는가."

　암리트다나는 뜻밖의 질문에 대답을 얼버무렸다.

"특별한 변화는 없는 듯합니다. 보고에 의하면 적군의 이동은 없고, 사소한 분쟁은 이쪽의 동태를 살피려는 의도인 것 같습니다."

"그러나 최근의 동태는 심상치가 않다. 국경을 침범하여 시끄럽게 굴지 않느냐. 전쟁이 되지는 말아야겠는데."

"그래서 변경에 수비대를 증강하고 있습니다. 예비 부대도 다시 편성하여 언제라도 출동할 태세를 갖추어 가고 있습니다."

"…"

"언제 적군이 침공해도 즉각 물리칠 만반의 준비가 돼 있습니다만, 어쨋든 젊은 무사들이 출가를 바라는 분위기는 곤란합니다. 무슨 대책이 있어야 되겠습니다."

"어디 젊은 남자들뿐인가. 여자들도 출가를 원한다잖아. 자식이 없는 중년층만이 아니라 젊은 여자들까지 출가를 원하는 모양이야. 프라자파티의 말에 의하면 궁중의 여관들 중에도 그런 사람이 많다는 거야."

"예. 그런 얘기는 나도 듣고 있습니다. 그러나 여자들의 문제는 걱정 않아도 될 것입니다. 붓다의 승단은 남자만

입문할 수 있는 모양입니다."

"그게 정말인가."

"그러나 지금 승단에는 여자도 있는 걸로 아는데."

"그것은 바라문 계층에서 귀의한 자들이고, 일반인들은 인정을 받지 못하는 듯합니다."

"종족은 달라도 여자는 여자이다. 바라문은 괜찮고 샤카(석가)족의 여자는 안 된다는 것은 우습잖은가. 붓다는 평등을 주장하고 있다. 이발쟁이 수드라 우팔리도 입문이 되는 터에 여자라고 받아주지 않을까… 곧 여자의 입문도 인정될 것이다."

"말씀을 듣고 보니 그렇게도 생각이 듭니다."

"프라자파티의 말로는 궁중에만도 출가를 바라는 여자들이 20여 명이나 되며 프라자파티 자신도 출가하고 싶다는 판국이다. 정말 골치 아픈 일이야."

"지금이라도 출가는 금지한다고 분부를 내리시는 게 어떨지요."

"…"

"그렇게라도 하지 않고는 장차 큰 문제가 될 것 같습니다."

"아니다. 그것은 곤란해."

"무엇 때문에 안 됩니까."

"나도 모르겠다. 모르니까 더 골치 아프지. 언제 죽을지도 모른 채로 후세를 위해서 살아간다는 게 무슨 의미가 있다는 건지 나도 모르겠어. 나도 일국의 왕만 아니라면 당장 출가해 버리고 싶은 기분이야. 내 심정을 알고 있겠지?"

"전혀 모르는 바는 아닙니다만, 그러나 너도나도 다 출가해 버리면 카필라는 어떻게 되는 깁니까. 샤캬(석가)족이 멸망해도 좋다는 것은 아니겠지요?"

"물론이다. 그렇다고 올바른 법(정법正法)을 꺾을 수는 없는 것. 출가를 강제로 막을 수야 없잖은가."

숫도다나 왕은 두 손으로 머리를 감싸고 천장을 바라보다가 눈을 감고는 또 침묵했다. 방은 공기가 시원했다. 두터운 벽과 공기가 잘 통하는 탓으로 바깥의 더위를 느끼지 못했다. 프라자파티가 들어왔다. 그녀가 침묵을 깨뜨렸다.

"왜 이렇게 고요합니까. 무슨 문제라도 생겼습니까?"

암리트다나는 의자에서 일어나 왕비에게 인사를 하고 다시 앉아 이렇게 말했다.

"다름이 아니고 샤캬(석가)족들의 출가 문제로 상의하던 중이었습니다.
왕비님은 여기에 대해 어떻게 생각하십니까?"

"나는 뭐 특별히 생각하지는 않습니다.
왕께서 뭐라고 하셨는지는 모르나, 희망하는 사람이 있다면 인정해 줘야 한다고 생각합니다."

암리트다나는 프라자파티의 말에 크게 놀랐다. 여자의 생각은 역시 얕고 단순하구나 싶었다. 지금 나라 형편과 변경의 분쟁을 알기나 하는지 의심스러웠다. 프라자파티는 웃으면서 말을 계속했다.

"그러나 대부분 가족과 자식들이 딸려 있습니다. 그들을 버리고 출가하는 사람이 있습니까? 물론 싯다르타 왕자는 그렇게 했습니다만, 그분의 경우는 좀 다릅니다. 뒤를 돌아보지 않아도 괜찮다고 판단했기 때문이지요.
아난과 아니룻다만 해도 가족들 걱정은 하지 않아도 되는 형편입니다. 앞으로 그런 사람 중에서 더 출가해도 큰 문제가 없을 겁니다."

"그렇다면 최근의 국경 분쟁은 어떻게 하시렵니까. 젊은 무사들이 전장을 떠나 출가해 버리면 카필라에는 노인과 부녀자들만 남게 됩니다."

"전쟁을 겁내어 출가하는 사람은 없습니다. 사로몬의 수행은 전쟁보다 더 힘든 일입니다. 정말 전쟁이 겁이 나서 도망치는 사람이 있다면 그 사람은 전장에 남아 있어도 아무 소용이 없습니다. 진실로 용감하고 믿음직한 사람이 카필라를 지키면 걱정 없습니다. 실제로 아니룻다의 형 나마는 국경 수비에 나서지 않았습니까? 아니룻다보다 나마가 실은 더 출가를 바랐던 것 같아요, 그러면서도 나라를 지키고 가족을 지키기 위해 출가를 포기한 것입니다. 가업을 잇기 싫고 전쟁이 두려워 도피책으로 출가를 선택하는 사람이 있다면 그런 사람은 카필라에 있어도 아무 소용이 없을 겁니다. 안 그래요?"

암리트다나는 대꾸할 말이 없었다. 전쟁을 두려워하는 무사는 출가도 못한다는 것은 옳은 말이다. 출가 생활이 고통과 엄격함은 붓다의 생활을 보면 훤히 알 수 있다. 누더기 같은 승복과 거친 음식, 끊임없는 수행과 설법, 전쟁보다 쉬운 일이 결코 아닌 것이다. 암리트다나는 프라자파티의 말을 음미하느라 팔짱을 끼고 눈을 감고 있었다.

이 때 둘의 대화를 듣고 있던 숫도다나가 의자에서 일어서며 말했다.

"프라자파티의 말이 옳다.

출가를 희망하는 사람을 막을 수는 없다.

싯다르타는 붓다로서 영예로운 샤캬(석가)족의 이름을 미래 영겁토록 남게 해줄 것이다.

붓다의 법은 온 세상 사람들의 마음을 감동시키고 마음 속에 등불을 밝혀 줄 것이다. 우리 모두는 그 법등이 꺼지지 않도록 좌우에서 원조해야 되는 것이다.

무사들이 모두 출가해 버리면 아예 전쟁을 할 수가 없으니 그것은 더욱 좋은 일이 아닌가. 그렇지, 프라자파티!"

"옳으신 말씀입니다. 제 생각 또한 그와 같습니다."

카필라 주위에 전쟁의 위험이 도사리고 있었지만 무사들의 출가 문제는 왕비의 명쾌한 논리로 일단락되고 말았다.

이런 가운데 성내는 삭발하고 출가하는 사람과 출가를 희망하는 사람이 계속 이어졌다.

머리칼을 자르고 입문하러 갔다가, 집에 있으면서도 사람으로서 의무를 다하고 법을 따라 생활하면 출가자와 동등하다는 붓다의 말을 듣고 되돌아온 크샤트리아도 더러 있었다.

왕은 무사를 귀향시킨 붓다의 처사에 감격하여 더욱 불법에 심취해 갔다.

한편 여자들의 출가 문제를 생각하던 붓다는 결국 자비와 평등이라는 점에서 남녀를 구별할 수 없다고 결정을 내려 진실한 구도자에 한해서 여자에게도 승단의 입문을 허락하기로 했다.

이 소식이 알려지자 카필라 성의 부녀자들은 좋아서 환성을 질렀다. 이리하여 사정이 허락되는 여인들은 자유롭게 붓다가 있는 니구로다로 향했다.

여자들은 대개 몇 사람씩 집단으로 입문하기 때문에 니구로다의 수행장은 갑자기 활기가 넘쳤다.

실연한 처녀나 수드라 출신의 여자도 입문했다. 여자들의 입문은 남자들보다 더 엄하지는 않았다. 당시의 사회는 남자보다 여자의 지위가 매우 낮았다.

붓다는 어디까지나 남녀평등 사상을 설해 온 터여서 출가·입문에서도 평등을 유지해 나갔다. 그래서 여자들은 붓다 승단에 참가함으로써 남자와 동등한 지위를 얻게 되었던 것이다.

다만 입문한 뒤 승단의 풍기를 문란케 하면 즉시 파문破門시키도록 했다. 따라서 수행 방법은 남자와 똑같이 하도록 했다.

단 여자에게 야숙野宿은 시키지 않았다.

비리문의 사로몬처럼 늙어서 부부가 함께 탁발 행각을 하는 것은 괜찮지만 붓다 승단의 비구니가 들이나 산에서 혼자 자는 것은 산적이나 동물의 습격을 받을 위험이 컸기 때문이다.

따라서 비구니의 숙박은 특별한 경우를 제외하곤 정사에서 하도록 했다.

수행도 남녀 별도의 장소에서 하도록 했으며, 우선은 마이트레야가 여자들의 지도를 맡았다.

여자의 일념은 매우 강렬하여 남자보다 더 빨리 영도靈道를 열고 과거세를 생각할 수 있게 되는 비구니가 많았다.

물론 여자 입문자들 중에는 악령에 사로잡혀 목적을 잃는 사람들도 있어서 카샤파·야사·아사지 등 깨달음이 높은 경지에 이른 수제자들의 일거리가 늘어나기도 했다. 즉 이들은 마이트레야의 보조자로서 비구니들의 지도를 맡았던 것이다.

이들 중에서 얼굴이 잘생긴 야사는 특히 비구니들에게 인기가 높았다. 그의 설법에 눈을 반짝이며 감격하는 비구니가 많았다. 야사의 지도를 받으려고 기를 쓰고 참석하는 사람도 있었는데 이들은 열심히 귀를 기울여 법을 깨우치기보다는 야사의 늠름한 모습을 바라보는 즐거움에 도취한 것 같았다.

비구니들의 이런 분위기에 마음이 흔들리는 젊은 비구들도 있게 마련이었다. 이러한 비구와 비구니들은 탁발 행각중에 몰래 만나서 자기들의 시간을 만들고 만나는 횟수가 거듭되다 보면 이성 간의 사랑이 싹터 마음을 불태우는 사람들도 생겼다.

붓다는 이러한 젊은 사로몬들의 동향을 알았지만 직설적으로 훈계하지는 않았다. 어차피 때가 되면 마음의 눈을 뜨고 정애의 허무함을 스스로 알게 될 것이기 때문이었다.

그러나 승단의 방침은 남녀의 교제가 수행에 방해가 되므로 가급적 피하도록 되어 있었다. 젊은 남녀가 터놓고 통해서는 곤란한 점이 많았던 것이다.

출가의 목적은 자기 자신을 알고, 조화된 마음을 사람들에게 전하는 데 있으므로 이 목적에 위배되는 행위는 용납되지 않았다. 여자들의 입문으로 이런 문제가 예상되긴 했지만 생각보다 빨리 분위기가 변해갔던 것이다.

그래서 붓다는 설법 중에 완곡히 훈계했다. 그러나 젊은이들은 설법이 끝나면 다시 이성을 그리워하게 되는 것이다.

당시의 사회생활이란 매우 단순하고 소박하여, 뉴스나 오락거리도 별로 없었다. 오락이래야 씨름, 활쏘기, 음주, 잔치 등이 고작이었다.

때문에 이성에의 관심은 예나 지금이나 강렬한 자극이었다. 사로몬에게 외계의 자극은 금물이지만 젊은 육체의 욕구는 어쩔 수 없는 것이었다. 한 젊은 비구는 이 문제로 고뇌하던 끝에 자신이 남성을 절단했는데 결국 그 길로 죽게 되고 말았다. 이 사건 직후에는 승단의 공기가 잠시 변했지만 어느 정도 시간이 지나자 다시 이성간의 그리움을 탐하는 것이었다.

붓다는 말했다.

"이성간의 문제로 마음이 흔들리는 사람은 집으로 돌아가도록 하라.

승단은 자기를 개발하고 남에게 법을 전하기 위해 있는 것이다.

이성의 문제로 승단의 분위기를 흐려서는 안 된다.

또 수행은 어디에 있든 가능한 것이다.

굳이 승단에 있어야만 수행이 가능한 것이 아니고 집에서도 얼마든지 할 수 있다.

 그리고 입문했다가 재가 신자로 돌아가는 것은 결코 수치가 아니다.

 사람마다 자기에게 알맞은 장소가 있는 것이다.

 승단에 있다고 반드시 득도하는 것도 아니다.

 승단은 수행하는 환경이 재가보다 낫긴 하지만, 많은 사람들의 보시 덕분에 수행하는 장소임을 잊어버리면 재가 신자보다 오히려 못하며 결코 마음을 열 수도 없을 것이다.

 그대들은 연생緣生의 굴레에 의해서 여기 모이게 된 것이다. 그 연생을 소홀히 하고 오관五官의 감각에 농락당하면 다시 고통의 전생轉生을 맞는 업業을 쌓을 뿐이다.

 지금밖에는 자기를 아는 기회가 없음을 깨달아야 한다.

 법은 바르게 행동하는 사람 속에 있는 것이다.

 모습이나 자태, 형식 속에 있는 게 아니다.

 평소의 마음가짐과 행위가 법에 들어맞느냐 않느냐가 문제이다.

 그대들은 법을 좇아 실천하는 사람들이 되어야 한다.

 바로 그것을 바라고 구해 오지 않았느냐.

 그런데 어느새 오관五官의 감각에 사로잡히고 육근에 농락당한다면 출가한 사람으로서 자격 상실인 것이다.

 감각의 문제로 육체를 잘라 버렸다 해도 마음을 바로 하지 않으면 헛일일 뿐이다.

 육체는 마음이 타는 배舟이며 그 육체 속에 육근六根이 있는 게 아니다.

육체를 연緣으로 마음이 육체와 얽히려고 집착하는 데서 육근六根이 생긴다.

즉 육근六根의 뿌리는 마음에 있는 것이다.

마음이 원인이지 육체의 탓이 아니다.

때문에 마음을 바로 하지 않으면 다시 육체에 얽히려는 집착에 빠지는 것이다.

그러므로 이 손, 이 발은 나쁘다고 해서는 안 된다.

그대들의 오체는 부모를 연緣으로 신불로부터 부여받은 것이다. 그리고 그것은 이 지상의 생활에 잘 어울리도록 되어 있는 것이다.

즉 조화되고 있는 것이다.

조화되고 있으니까 건강이 유지되는 것이다.

건강하지 못한 것은 마음이다.

마음도 본래는 건전한 것인데 지상의 생활에 익숙해지면서 자아가 싹트고 마음이 비뚤어진다. 비뚤어짐은 곧 육근六根이 되어 그대들의 희망과 행위로 니디니는 것이다.

바르게 보고, 바르게 말하며, 바르게 일하며, 바르게 생활하고, 바르게 도에 정진하고, 바르게 생각하며, 바르게 입정入定하는 팔정도八正道의 실천이야말로 내가 말하는 법이다.

팔정도八正道의 중심은 신불의 빛이 연결된 각자의 마음이다.

그 빛은 팔정도八正道에서 벗어나지 않은 길에 의해 나타난다.

이것이 법의 실천이다.
모든 것은 개개인을 위해서 있다.
그래서 그 기쁨과 자비를 타인에게 보급해 가는 것이다.
각자가 이렇게 할 때 이 지상에는 불국토佛國土가 이루어지는 것이다.
그러므로 불국토佛國土는 먼저 각자의 마음속에 구축해야만 하는 것이다.
지금 그대들의 수행은 마음속에 불국토佛國土를 짓는 한 과정, 즉 깨달음을 구하는 도정이다.
피안彼岸에 이르는 수행이 지금 그대들의 생활이며 목표다.
집에서 생활하는 사람보다 뒤떨어지는 행위가 있어서는 안될 것이다.
만약 승단의 생활을 견디지 못하여 집으로 돌아가고 싶은 사람은 조금도 염려하지 말고 말하여라.
언제라도 그렇게 해주겠다.
자기 자신을 속여서는 안 된다."

사로몬들 앞에서 붓다는 이렇게 결단을 내렸다. 붓다는 승단의 분위기가 다시 문란해지려는 시기를 택해 이런 훈계를 했다. 2천 명 가까운 제자들은 숙연해졌다. 가슴에 찔리는 것이 있는 자는 눈을 감고 붓다의 말을 재삼 음미했다. 카필라에서 온 비구니들도 엄숙한 붓다의 훈계를 듣고 바르게 살기를 다짐했다.

니구로다는 카필라가 아니었다. 전쟁터보다도 더 엄숙한 자기 도야의 장소인 것이다. 그런데 어느새 카필라의 생활로 돌아가 출가의 초발심을 잠시 잊어버리고 있었던 것이다.

   비구니들은 서로를 격려하며 잘 해보자고 손을 맞잡았다.

   붓다는 성자이면서도 역시 다정한 한 인간이었다.

   수행자들 중에 혹 질서를 문란케 하는 자는 있어도 결코 파문하지는 않았다.

   단 한 사람도 파문당하지 않았다.

   다만 그런 자는 스스로 승단을 떠나갔던 것이다.

제 8 장

위대한 열반

§제자들의 열반

붓다가 웨누와나(죽림정사)에 머물러 있을 때, 어느날 사리뿟다와 목갈라나가 붓다 앞에 나아가 무릎을 꿇으며 말했다.

"저희들은 붓다의 마지막 모습을 차마 볼 수 없습니다. 저희가 먼저 멸도滅度에 들겠습니다."

그 모습을 지켜보던 수행자가, 사리뿟다와 목갈라나가 왜 먼저 죽음을 맞이하려 하는지 붓다에게 물었다.

붓다는 수행자를 바라보며 사리뿟다와 목갈라나는 정도를 걸어 세상의 모든 번뇌를 끊어버렸고, 바른 생각을 실천으로 옮겼으며 이미 깨달음을 얻었다고 말했다.

그리고 그들은 전생에도 붓다와 수행을 했으며, 죽음을 먼저 맞이했다는 이야기를 곁들였다.

먼저 멸도에 들기로 한 목갈라나는 웨누와나(죽림정사)로부터 멀리 떨어진 산 속에 자리를 잡고 선정에 들었다.

붓다의 승단을 무너뜨리기 위해 기회를 노리던, 육체 고행을 하는 교단의 교주는 부랑자들을 시켜 붓다의 제자인 목갈라나를 죽이도록 명령했다.

혼자 떨어져서 수행하고 있는 목갈라나를 발견한 부랑자들은 빨리 해치우려고 했지만 그의 선량하고 인자한 모습을 보고는 머뭇거렸다. 그러나 잠시 주춤거리던 그들은 목갈라나에게 돌을 던졌다.

날아오는 돌에 맞으면서도 목갈라나는 자세를 흐트러뜨리지 않았다. 목갈라나의 머리와 몸은 피로 젖었다.

결국 그의 몸은 옆으로 고꾸라졌다. 이윽고 그는 돌무덤 속에 묻히고 말았다. 며칠이 지나서야 목갈라나의 죽음이 밝혀졌고 수행자들은 슬픔과 분노에 빠졌다.

목갈라나의 제자들이 스승의 원수를 갚아야 한다고 다짐하듯 말하자, 붓다는 그들을 바라보며 말했다.

"육체는 무상無常한 것이다.
 이 세상을 건너기 위한 배에 지나지 않는다.
 목갈라나는 처참하게 죽어갔지만 그의 영혼은 아름다움
 과 환희에 가득 찬 열반에 들었다."

목갈라나의 죽음에 격분한 아사세 왕[6]은 목갈라나를 죽인 사람들을 화형에 처했다.

목갈라나가 열반한 지 얼마 되지 않아 붓다는 마가다국을 지나 바이샬리로 떠났다.

그 곳에서 병에 걸린 붓다는 제자들이 흩어져 있는 지금 이대로 열반에 들어서는 안 된다고 생각했다.

붓다는 정사에서 나와 시원한 그늘에 앉아 바람에 흔들리는 나무를 바라보았다.

---

6) **아사세 왕**: 산스크리트어로 अजातशत्रु 아자타샤트루. "아"(부정)+"자타"(태어난)+"샤트루"(적)= "적을 모르는" 또는 "적 없이 태어난"이라는 의미. 빔비사라 왕의 아들.

급한 걸음으로 온 아난이 붓다에게 물었다.

"어제보다 얼굴이 훨씬 좋아 보입니다.
 붓다께서 병에 걸리자 저는 걱정과 두려움에 휩싸여 어찌할 바를 모르고 있었습니다.
 갑자기 열반에 드시면 어떡하나, 아직 아무런 분부나 가르침을 받지 않았는데, 하면서 말입니다."

"아난아,
나에게 무엇을 더 기대하고 있느냐.
나는 지금까지 여러 곳을 다니며 설법을 해왔다.
정법을 위해서라면 어떤 곳이든지 거절하지 않고 다녔다.
나는 여든 살이 넘었다.
나는 젊은 날에, 깨달음을 얻기 위해 정진했고, 깨달음을 얻은 후에는 정법을 알리기 위해 노력했다.
아난아,
자기 자신을 등불로 삼고 스스로를 의지해야 한다.
다른 깃이나 다른 사람에 의지해서는 안 된다.
마음 속에 법등을 밝히고 그것을 실행해야 한다."

붓다의 말이 끝나자 사리뿟다가 다가와 이별을 고했다.

"저는 이제 고향에 돌아가 열반에 들고자 합니다.
 저의 뜻을 거두어 주십시오."

붓다는 사리뿟다로 하여금 수행자들에게 마지막 설법을 하도록 했다. 이는 붓다가 떠난 뒤에 중생들이 다른 수행자의 말을 믿지 않을까 염려해서이고, 모든 제자들로 하여금 법을 알게 하기 위함이었으며, 사리뿟다에게 공덕을 표하기 위해서였다.

"저는 붓다를 만나기 오래 전부터 깨달음을 얻기 위해 여러 곳을 헤맸습니다. 바라문교의 선인仙人을 스승으로 가르침을 받으면서도 풀리지 않은 의문이 있었습니다. 저는 붓다의 가르침을 받아 깨달을 수 있었습니다. 붓다의 제자가 되어 많은 중생들에게 법을 알리는 일은 더할 수 없는 행복이었습니다. 이제 이 세상을 떠나야 할 때가 왔습니다. 육체를 버릴 때가 되었습니다."

사리뿟다는 붓다의 발에 이마를 대고 절을 올리고 일어나 정사를 떠났다.

그를 따르던 제자들 중 한 명만 데리고 그의 고향인 날란다 마을로 향했다.

그는 고향에 도착한지 얼마 되지 않아 조용히 죽음을 맞이했다.

§쿠시나가라를 향하여

차바라 사당에 있을 때였다. 붓다는 아난에게 말했다.

"등이 몹시 아프구나, 여기서 좀 쉬도록 하자."

아난은 말없이 붓다를 바라보았다.

붓다는 나무에 기대어 앉았다. 심한 고통을 느낀 붓다는 잠시 얼굴을 찡그렸다. 어디선가 붓다를 부르는 소리가 들렸다.

"붓다여, 당신은 아무런 욕심이 없습니다. 그러니 이제 열반에 드십시오. 어서 빨리 열반에 드십시오."

붓다는 악마의 목소리임을 알고 마음 속으로 다짐했다.

'나는 그때가 언제인지 알고 있다.
아무리 권해도 지금은 열반에 들 수 없다. 3개월 뒤에 사라쌍수沙羅雙樹 사이에서 열반에 들 것이다.'

악마는 붓다의 마음을 읽고 기뻐하며 사라졌다. 붓다는 곧 제자들을 모아두고 설법했다.

"이 세상의 모든 것은 무상無常하다.
게으름을 피우지 말고 수행에 정진해야 한다.
내가 이렇게 간곡히 말하는 것은 머지않아 열반에 들기 때문이다.
나는 3개월 후에 열반에 들 것이다."

순간 제자들은 술렁거렸다. 그 중에는 슬픔을 못 이겨 눈물을 흘리는 자도 있었다.

"슬퍼하지 마라.
모든 만물이 태어나면 반드시 죽게 마련이고 만남이 있으면 헤어짐도 있는 것이다.
누구도 피할 수 없는 일이다.
인간의 육체는 영원하지 않은 것이다.
너희는 정도正道에서 벗어나지 않게 생각하고 행동하여라. 잠시도 수행을 게을리하지 마라."

붓다는 피곤한 몸을 이끌며 열반의 땅으로 정해진 쿠시나가라를 향하여 서서히 발길을 옮겼다.

파바성에 도착하여 대장장이의 아들인 춘다의 공양을 받았다. 춘다는 선단나무에서 자란 버섯 요리를 대접했다. 춘다는 평소에 궁금해 하던 생각을 붓다에게 말했다.

"붓다님, 세상에는 몇 종류의 사로몬이 있는지요?"

붓다는 미소를 지어 보이더니 조용하게 말했다.

"네 종류의 수행자가 있는데, 첫 번째는 모든 집착에서 벗어나 자연과 인간을 바라보는 진실로 해탈한 수행자이고, 두 번째는 능히 도를 설할 수 있는 수행자인데, 이는 바른 길을 알고 모든 사람의 의혹을 풀어주는 자입니다. 세 번째는 도에 의하여 생활하는 수행자입니다. 정도正道

를 생활의 척도로 생각하고 행하고 있으나 무구한 경지에 이른 자는 아닙니다.
 마지막은 도를 더럽히는 수행자입니다. 겉모습은 착하고 거짓이 없는 것처럼 보이나, 속마음은 욕망에 불타고 더럽혀져서 허구로 가득 차 있고 성실하지 못한 수행자입니다.
 이 세상에는 겉모습은 아름다우나 마음은 추하고 악한 자가 많습니다.
 마음이 아름다운 자는 선을 알고 스스로를 다스릴 수 있어 악에서 멀어지고, 욕망과 분노, 집착을 갖지 않습니다."

말을 마친 후 붓다는 잠시 휴식을 취했다.

춘다의 집에 들른 후부터 붓다의 얼굴빛은 점점 어두워졌다. 아난은 춘다가 공양한 음식이 잘못된 것이라며 탓했지만, 붓다는 아난에게 공양을 받는 마음 또한 중요하다고 말했다.

붓다 일행은 다시 걸음을 옮겼다.

긴 여행 끝에 쿠시나가라 성에 다다랐다. 강을 따라 걷다가 붓다는 몸을 씻었다. 그리고 언덕에 올라 망고나무 숲으로 향했다. 붓다는 힘없이 서 있는 아난에게 담요를 네 겹으로 접어달라고 했다. 나무에 기대어 휴식을 취했다.

붓다는 아난에게 쿠시나가라의 사라쌍수沙羅雙樹로 가자고 이르고는 다시 길을 떠났다.

일행이 쿠시나가라에 가까이 이르렀을 때, 한 바라문을 만났다. 그는 붓다의 온화하고 평화스러운 모습을 보고 감탄하여 자신의 집에 머무시기를 간청했으나 붓다는 사양했다.

"그대의 공양은 이미 받은 것이나 마찬가지요."

이윽고 사라쌍수沙羅雙樹에 도착하여 아난은 붓다의 지시에 따라 자리를 폈다.

붓다는 북쪽으로 머리를 두고, 얼굴은 서쪽을 향했다. 그리고는 마치 사자와 같이 다리를 포개고 누우셨다.

아난은 붓다에게 말했다.

"이런 곳에서 열반에 드시는 것은 좋지 않을 것 같습니다. 귀의한 신자들이 많은 바이샬리국이나 큰 나라로 가셔서 열반에 드시는 것은 어떻습니까?"

"다 부질없는 생각이다."

"어서 가서 성 안에 있는 씨름꾼들에게 오늘 밤 내가 열반에 들 것이라고 전하여라."

아난은 눈물을 흘리면서 마을로 내려갔다. 아난이 일부러 찾아온 것을 본 씨름꾼들은 의아하게 생각하여 물었다.

"무슨 일이십니까?"

"오늘 밤에 붓다께서 열반에 드실 것입니다. 지금까지 가지고 있던 의문들을 풀고 가르침을 받도록 하십시오."

사람들은 아난의 말을 듣고 한탄하며 울었다.

"왜 이리도 빠르단 말인가!"

얼마의 시간이 지나 잠잠해지자 사람들은 가족과 함께 사라쌍수沙羅雙樹로 찾아왔다.

의문을 갖고 있던 사람들은 풀었고, 모두들 붓다의 가르침을 받고 돌아갔다.

§최후의 제자 시브리다

 붓다는 자연의 모습 속에 인간이 살아가면서 지켜야 할 도리가 있음을 중요시했다.

 붓다의 가르침은 팔정도八正道를 마음의 잣대로 삼아, 서로를 위하고 은혜를 베풀어야 마음의 평온을 얻어 자신의 조화는 물론, 다른 사람과 조화를 이룰 수 있다고 했다.

 또 전생윤회의 법을, 태어나면 늙고 병들어 죽는 육체를 예로 들어 설명하기도 했다.

 만생만물은 서로 돕고 도움을 받는 관계 속에 놓여 있으므로 늘 감사하는 마음으로 서로를 위하고 은혜를 베푸는 것이 중요하며, 동시에 자신의 처지에 맞는 봉사 활동을 해야 한다고 했다. 그리고 붓다 자신은 인류 사회를 위해 인간의 도리를 가르치는 것이라고 했다.

 붓다가 걸어온 45년간의 여정은 자비와 사랑의 빛이라고 말할 수 있다.

 그는 쉬지 않고 제자들과 중생들에게 설법했다.

 "인류는 모두 한 형제다.
 가난한 사람도 부유한 사람도, 신분이 높은 사람도 낮은 사람도 모두 붓다의 자녀이다.
 자신이 태어난 환경은 자기가 선택한 것이며, 스스로 선택한 그 환경을 통해서 진리를 깨달아야 한다."

붓다는 인과의 법칙을 설명하면서 제자들과 중생들을 깨달음의 길로 인도했다.

붓다의 나이가 여든한 살이 되어, 쿠시나가라에서 열반에 들 준비를 하며 비구들과 비구니들을 앞에 두고 마지막 설법을 하려고 할 때였다.

멀리서 늙은 수행자 한 사람이 붓다를 만나게 해달라며 떼를 쓰고 있었다. 붓다는 그 소리를 듣고 아난에게 말했다.

"나의 마지막 제자가 왔구나. 어서 이곳으로 모셔라."

그는 100세가 훨씬 넘은 바라문 수행자인 시브리다였다. 오랫동안 여러가지 수행을 쌓았지만, 풀리지 않는 의문이 있어서 붓다가 죽기 전에 만나 의문을 풀어야겠다는 생각으로 수척한 몸을 이끌고 먼 길을 여행했던 것이다.

시브리다는 스스로를 붓다라고 칭하는 많은 스승을 만났다. 그는 붓나 역시 가짜라고 생각된다면 이 곳을 조용히 떠나리라고 마음 속으로 생각하고 있었다.

붓다는 이미 시브리다의 마음을 읽고 있었다.

아난은 붓다가 열반에 들 시간이 가까워졌으므로 늙은 수행자의 부탁을 거절하고 싶었지만, 명령을 어길 수 없어 마지못해 붓다에게로 안내했다. 옆으로 몸을 누운 붓다의 머리맡에 앉자마자 사브리다는 입을 열었다.

"저는 올해 117세가 된 바라문 수행자인 시브리다입니다. 깨달음을 얻은 스승을 찾아 지금까지 인도를 헤매었습니다. 그러나 붓다를 자칭하는 분은 많았지만 수긍할 수 없었습니다. 진짜 수행자란 어떤 사람을 말하는지 알고 싶습니다."

시브리다는 두 손을 뻗고 땅 위에 머리를 숙이며, 숨이 차서 더듬거리며 붓다에게 간절히 청원했다.

"시브리다여! 잘 찾아왔다."

붓다의 목소리는 힘이 있었다.

"세상에는 스스로 붓다라고 칭하면서 말과 행동을 달리하는 사람이 많다.
 진짜 수행자란 생로병사의 고통에서 해탈하기 위해 중도中道의 잣대를 가지고 생활을 하는 자이며, 보름달처럼 밝고 둥근 마음을 잃지 않는 자를 말한다.
 중도中道의 잣대란 팔정도八正道를 말하는데, 이는 여덟 가지의 바르고 거룩한 길이다.
 이 길을 걷는 자는 한쪽으로 치우치지 않고 중도中道의 마음을 가지며 진정한 행복을 느끼면서 생활할 수 있다.
 팔정도八正道에는 욕심을 버리고 모든 만물을 객관적인 입장에서 바르게 보는 눈 [정견正見],
 그리고 모든 말과 행위, 만들어진 모든 것들은 생각에서 비롯되니 바르게 생각하는 것 [정사유正思惟]이 중요하다.
 말을 하는 것도 마찬가지다. 사소한 말 한 마디가 다른 사람을 이롭게 만들 수 있고, 해칠 수도 있는 것이다. 바르게 말하는 것[정어正語]은 자신을 바르게 나타내는 것이므로 중요하다.

일을 할 때도 바른 자세[정업正業]와 마음으로 임한다면 몸과 마음 모두 건강해질 것이다.

올바른 생활[정명正命]을 하는 것도 중요하다. 올바른 생각과 마음을 가지고 있어도 몸으로 실천하지 않으면 아무런 소용이 없다.

대인 관계에서 꼭 필요한 [정정진正精進]이 있는데 이는 부모나 형제, 친구, 이웃에게 인간의 도리를 다함으로써 자신을 올바르게 바라보고 바른 방향으로 자신을 이끄는 것이다.

그리고 [정념正念]이 있다. 인간이라면 누구나 지금보다 더 나은 미래를 꿈꾸게 마련이다. 희망이 없는 사람은 불행하다. 인간이 꿈꾸는 희망에도 조화가 필요한데, 올바른 희망은 다른 사람에게 도움을 주기도 하고 바른 길을 걷게 하고, 무절제한 욕심을 제어시키기도 한다. 인간은 서로 도우며 기쁨과 슬픔을 함께 하며 살아야 행복하다. 자신을 위한 염원도 조화에 초점을 맞추지 않으면 정도正道에서 벗어나게 되는 것이다.

마지막으로 [정정正定](마음이 바르게 집중된 안정된 상태)이 있는데, 정정正定의 근본은 반성에 있다. 시기, 질투, 노여움, 비난, 험담 등의 마음을 버리고 집착에서 벗어나기 위해서는 자신을 들여다보고 반성하는 것이 중요하다. 인간은 반성을 함으로써 자신의 마음과 육체가 조화로워지고 나아가서는 자신의 마음과 대우주의 마음과 일치가 이루어진다.

이 팔정도八正道를 일상 생활에 실천함으로써 마음의 가시가 없어지고 공포심에서 벗어나 평안한 인생을 보낼 수 있다.

고통은 사악한 마음과 잘못된 행동에서 비롯된다. 인간은 집착에서 벗어나지 않으면 올바르게 살아갈 수 없다.

정도正道의 생활을 실천하는 자가 진짜 수행자이다."

붓다는 평상시와 다름없는 어조로 시브리다에게 설법했다.

시브리다는 굵은 눈물을 흘리며 감사를 표했다.

"고맙습니다. 붓다의 말씀이 제 마음 속에 스며들어 기쁨이 깊숙한 곳에서 솟아오르고 있습니다. 고…맙…습…"

시브리다는 감격에 겨워 말을 끝맺지 못하고 눈물을 계속 흘렸다. 붓다는 시브리다가 팔정도八正道를 진심으로 이해하고 있는 것이 놀라웠다.

"저를 제자로 거두어 주십시오. 저는 붓다께서 열반에 드시는 것을 지켜볼 수가 없습니다. 제가 먼저 가서 붓다를 마중하고 싶습니다. 허락해 주십시오."

시브리다는 고개를 들어 붓다에게 간청했다. 자리를 지키고 있던 제자들도 시브리다가 마음의 문을 열고 깨달아가는 그 아름다운 모습을 보며 눈물을 흘렸다. 흐느끼는 소리는 파문이 일어나 조용한 숲 속으로 스며들어갔다.

붓다는 자비로운 목소리로 말했다.

"네 소원대로 하는 게 좋겠구나."

"고맙습니다."

시브리다는 몸을 일으켜 붓다 주위에 있던 제자들에게도 인사를 했다.

"저는 붓다의 제자가 되었습니다. 선배님들께 실례가 되는 일입니다만 붓다께서 열반에 드시기 전에 제가 먼저 왕생에 들까 합니다. 저는 이제 일체의 집착에서 벗어나 마음이 평안해졌습니다. 여러분의 활약을 진심으로 기원합니다. 그럼 먼저 실례하겠습니다."

마지막 생명의 빛이 흔들리는 말이었다.

말을 마치자마자 시브리나는 썩은 고목이 무너지듯 붓다 옆에서 대왕생을 하였다. 시브리다의 입적을 지켜본 붓다는 조용히 눈을 감고 지난 45년간의 정도 포교의 발자취를 뒤돌아보면서 괴로운 숨결 가운데서도 미소를 지으며 추억에 잠겼다.

§붓다의 열반

아난은 오랫동안 붓다의 가르침과 은혜를 받았지만 지금까지 깨달음을 얻지 못한 자신을 생각하니 우울해졌다. 붓다는 아난의 마음을 읽고 위로해 주었다.

"과거의 모든 붓다를 모시던 자들도 아난과 같았다.
미래의 붓다를 모실 자 또한 아난과 같을 것이다.
그들은 말을 듣고서야 뜻을 알았지만, 너는 눈만 보아도 뜻을 알고 있지 않느냐."

아난은 머리를 숙이고 붓다의 말을 마음에 새기며 들었다.

"내가 열반에 든 것을 보고 정법이 끊어지고 모든 것이 끝났다고 생각해서는 안 된다.
나는 많은 사람들에게 바른 길을 걷게 하기 위해 계율을 정하고 설법을 해왔다.
그리고 너희와 함께 생활해 왔다.
내가 열반에 든 후로도 너희는 서로를 함부로 대하지 말고 공경해야 한다.
잘못을 저질렀을 땐 용서를 빌고, 자신에게 용서를 비는 사람이 있다면 용서하여라."

라훌라는 밤길을 뛰어와 붓다 앞에 무릎을 꿇었다. 그는 아버지의 열반을 차마 볼 수 없어서 다른 곳으로 피해 있었던 것이다.

"라훌라야, 슬퍼하지 말아라.

너는 아들로서 해야 할 일을 다했다.
나도 아버지로서 네게 가르쳐야 할 것을 모두 가르쳤다.
모든 것은 무상無常한 것이다."

라훌라와 아난, 붓다의 곁에 있는 모든 수행자들은 약속이라도 한 듯 침묵을 지키고 있었다. 그때 붓다가 몸을 일으키고 있었다. 고통스러워하는 붓다의 모습과는 어울리지 않는 장중한 목소리가 흘러나왔다.

"너희는 오관五官의 유혹을 물리치고 모든 일에 사로잡히지 말며, 법을 마음과 행동의 지침으로 삼고 살아야 한다.
일체의 잡념에서 벗어나 마음과 행동을 늘 청정하게 하도록 하여라.
모든 괴로움은 마음에서 비롯된다.
그러므로 너희들은 마음을 잘 다스려야 한다.
교만한 마음을 버리고 자신이 잘못한 일은 아무리 사소한 것일지라도 뉘우쳐야 한다.
만약 너희를 해치는 사람이 있더라도 말이다.
그에 대한 나쁜 생각을 하고 나쁜 말을 하면 안 된다.
화는 더 큰 화를 불러일으키기 때문이다.
욕심이 적은 사람은 근심도 적다.
욕심이 많은 사람은 만족할 줄 모르는 사람이다.
재물이 아무리 많아도 만족할 줄 모르는 사람은 불행하고, 가난하더라도 만족하면서 사는 사람은 행복하다.
수행자들이여,

"잠시도 쉬지 말고 수행에 정진하여라.
깨달음을 얻고자 한다면 열심히 정진해야 한다.
한 방울의 물이 계속 떨어지면 바위에 구멍을 내는 것처럼 너희도 꾸준히 정진하면 깨달음을 얻을 것이다.
나는 아픈 사람을 치료하는 의사와 같다.
약을 먹는 것은 환자의 마음에 달려 있다.
나는 단지 길을 가리킬 뿐이다.
길을 가는 것은 너희들의 마음이고 책임이다.
이제 나는 열반에 들 것이다."

붓다의 말이 끝나자 모든 수행자들은 숨을 죽이며 그 시간을 기다렸다. 그들은 침묵 속에서 각자 붓다의 가르침을 떠올리며 슬퍼했다. 얼마의 시간이 지나자 붓다는 다시 말을 이었다.

"슬퍼하지 말라.
모든 생명은 태어나서 죽는다.
내가 천 년을 산다 해도 언젠가는 죽을 것이다.
나의 육체는 사라지지만 영혼은 영원하다.
그러니 슬퍼하지 말아라.
나는 해야 할 일을 모두 다 했다.
육체는 언젠가는 버려야 하는 것이다.
가르침이 있는 곳에 내가 항상 있을 것이다."

다시 침묵이 흘렀다. 사람들은 무겁고, 단단한 침묵을 깨뜨리지 않았다.

그들의 마음 속에 붓다의 가르침이 웅장한 음악처럼 울려퍼졌다.
장엄한 침묵을 깨고 아난이 눈물을 흘리며 말했다.

"붓다께서 열반에 드신 후에 저희들은 어떻게 하면 좋겠습니까? 그리고 유해는 어떻게 처리하면 좋겠습니까?"

한참 후에 붓다가 입을 열었다.

"내가 한 설법은 너희들 마음에 영원히 남아 있을 것이다.
 이 법을 방황하는 중생에게 똑똑하게 전달하여 구제하지 않으면 안 된다.
 그것이 비구·비구니들이 할 일이다.
 비록 내 육체는 없어지지만, 마음은 항상 너희 곁에 있다.
 지금 태양은 서산을 넘어갔지만 내일이면 다시 동쪽에서 떠오른다.
 내 모습이 보이지 않게 되었다고 해서 외로워하거나 슬퍼해서는 안 된다.
 만약 외로위지면 내가 태어났던 룸비니를 생각하여라.
 최초로 깨달음을 얻은 우루벨라의 땅을 생각하라.
 내가 최초로 설법한 바라나시의 미가다야를 떠올리거나, 웨누와나(죽림정사)나 제타와나(기원정사)에서 같이 보낸 시절을 떠올리는 것도 좋겠구나.
 모든 태어나는 것은 죽는다.
 이를 슬퍼하거나 괴로워해서는 안 된다.
 내 유해는 재가 신도들이 처리할 것이다.

너희들은 정도正道를 모든 중생에게 설법하여 고통에서 벗어나 평온한 마음을 가질 수 있도록 하여라.

그것이 나에게 은혜를 갚는 길이다.

아누푸리야 숲에 천재지변이 일어났을 때 바위산이 갈라지고 큰비가 내려 바위산은 고샅 내川가 되었다. 짐승들은 갈 곳을 잃고 갈팡질팡하는 대소동이 벌어졌다. 그때 한 마리의 늙은 코끼리가 골짜기의 물난리를 보았다. 도피처를 못 찾아 갈팡질팡하는 짐승들의 모습을 본 그 늙은 코끼리는 자신의 여생이 얼마 남지 않은 것을 알고 스스로 그 육중한 몸을 바위산 골짜기에 던져 짐승들을 넓은 피안으로 건너가게 한 뒤 숨을 거두었다.

너희들도 허둥거려서는 안 된다.

나를 그 늙은 코끼리처럼 발판으로 삼아, 방황하는 중생을 용기와 지혜와 노력으로 미망의 땅에서 깨달음의 피안으로 인도하지 않으면 안 된다.

언젠가는 나의 법이 중국으로 건너가 자브토바의 켄토마니까지 퍼져 갈 것이다.

나는 그때 많은 제자들과 함께 다시 환생하여 이 법을 설할 것이다."

마이트레야는 붓다의 등을 어루만진 뒤 만치우리야 존자, 가챠나 존자, 우바리 존자, 수브티 존자에게 후에 다시 만날 것을 약속하고 돌아갔다.

아니룻다는 붓다의 선정 상태를 심안心眼으로 살펴보고 마침내

9선정에 들어 열반에 들었다는 것을 확인하고, 그 사실을 비구와 비구니들에게 알렸다.

"붓다께서는 열반에 드셨습니다."

사람들은 일제히 눈물을 흘리며 탄식했다. 슬픔을 못 이겨 뒹구는 사람들도 있었다. 슬픈 울음 소리는 고요를 깨고 밤새도록 숲을 흔들었다. 아니룻다는 슬픔에 빠진 그들을 위로했다. 그리고는 밤새도록 설법했다.

붓다가 열반한 사실이 벳다리에서 설법하고 있는 마하카샤파(대가섭)에게 전달되고, 이어서 웨누와나(죽림정사), 제타와나(기원정사), 쿠타가라살라(대림정사) 등에 차례대로 전달되었다.

아난은 다음 날 새벽이 되자 성으로 가서, 탄식하는 사람들을 타일러 전륜선왕의 장례와 같이 장례를 준비했다.

화장을 하기 위해 불을 붙였으나 불은 타지 않았다.

이는 마하카샤파(대가섭)가 붓다를 보기 위해 수행자들과 함께 열반에 드신 쿠시나가라로 오고 있었기 때문이다.

마하카샤파(대가섭)가 제자들과 함께 쿠시나가라에 도착한 것은 붓다가 돌아가신 지 일 주일 후였다.

쿠시나가라에 도착한 마하카샤파(대가섭)는 붓다를 뵙게 해달라고 아난에게 세 번 청했지만 모두 거절당했다.

마하카샤파(대가섭)는 향더미에 싸인 관이라도 만지기 위해 다가갔다. 붓다의 몸은 황금빛으로 변해 있었다.

마하캇사파(대가섭)는 절을 올린 후 관을 세 번 돌고서 게송을 읊었다. 그러자 향나무 더미에서 불이 일어났다.

붓다의 유해는 다비식을 올리고, 재는 재가 신도들에 의해서 처리되었다.

그 후 마하카샤파(대가섭)가 중심이 되어 아난은 법을, 우바리는 계율을 맡아서 포교에 온 힘을 다했다.

붓다가 입적한 지 90일 째 되는 날 웨누와나(죽림정사) 뒷산에 있는 동굴에서 첫 번째 집회가 열렸다.

마하카샤파(대가섭), 우바리, 수브티, 마하가챠나, 아사지, 만치우리야, 마이트레야, 아니룻다, 아난, 데사, 우파시카 등을 포함하여 집회에 모인 수행자들은 476명이었다.

일부 수행자들은 이미 소승 불교의 길을 택했다. 분열의 징조가 서서히 나타나고 있었지만, 제자들은 붓다가 45년 동안 설법한 붓다스트라(불교)를 암기하여 중생들을 지도했다.

마침내 아난도 아라한의 경지에 올라 붓다의 법과 가르침을 정리하는 경전을 만드는 결집의 구성원이 되었다.

지도자들은 여러 지방으로 흩어져 자브토바에서 만나자는 격려를 서로 주고받으며 정법을 유포해 갔다.

(마침)

* 아바로키티슈바라

산스크리트어 अवलोकीतेश्वर(아와로키테쉬와라), 아와로키타는 "관찰된, 살펴본" 쉬와라는 "소리", 즉 "소리를 살펴본다"라는 의미로, 쿠마라지바(구마라집)은 "관세음보살觀世音菩薩"로 번역하였다.

5세기 이후, 인도 내에서 어근 쉬와라(소리)가 이쉬와라(주재자, 지배자)로 바뀌면서 그 의미가 달라지게 된다. "아와로키테쉬와라"는 "세계를 관찰하고 주재하는 자", 또는 "굽어살피는 자재신"이라는 뜻을 가지게 된다.

이후 7세기에 현장법사가 '관자재보살觀自在菩薩'로 번역한 표현은, "아와로키테쉬와라"는 우주를 주재하는 신적 존재의 의미의 양상을 반영한 것이다.

** 반야바라밀다

산스크리트어 प्रज्ञापारमीता 프락냐파라미타 를 음역한 것으로, "깨달음으로 이끄는 지혜" 또는 "지혜의 완성"을 의미한다.

'반야'는 산스크리트어 प्रज्ञा(프락냐, 프라즈냐, 프라기아), 팔리어로는 '빤냐'. 일반적인 지식과는 구별되는 초월적인 지식·통찰의 지혜를 뜻하고, '파라미타'는 피안에 이른다는 뜻이다. 피안은 지혜가 충만한 의식의 광명 세계로 [반야심경]에시 이깃을 반야바라밀다심경般若波羅蜜多心經 으로 적고 있다.

석가 당시 인도에서는 벌꿀이 흔치않은 귀중품이었다. 꿀은 영양가가 높은 희귀한 식품이었으므로 붓다는 피안을 꿀에 비유하여 자양이 풍부한 곳이라고 당시의 중생의 근기에 맞춰 설법했다. 한문은 '미타'를 蜜多로 표기하고 있는데, 진의를 그대로 잘 나타낸 것이라 할 수 있다.

*** 배화교拜火教

후이후이교, 조로아스터교(Zoroastrianism), 마즈다교(Mazdaism) 라고도 한다, 페르시아(이란) 지역에서 발원한 종교로, 아베스타어로 '자라수슈트라'인데, 이게 그리스에서 전사라는 뜻의 '조로아스트레스'가 되었고, 그것이 라틴어를 거쳐 영어로 '조로아스터'가 되었다.

조로아스터교도가 하루에 5번 진행되는 의식에 신성히 쓰이는 성화를 보존하려고 한 것이, 불을 숭상한다 하여 배화교(拜火敎)로 알려져 있지만, 불은 아후라 마즈다(이란)=아그니(인도)의 순수함과 거짓을 태우고 어둠을 몰아내는 진리를 드러내는 상징으로 신의 현존을 느끼는 매개체이자 성스러운 빛의 표현이다.

리그베다(인도)와 고대 아베스탄어(이란)는 매우 유사한 언어로 문화적, 사회적, 종교적으로 두 집단이 인도-이란(Proto-Indo-Iranian) 공통 조상으로부터 분리된 지 얼마 지나지 않았음을 시사한다.

**** 담마dhamma(법법)

팔리어로는 '담마'이고 산스크리트어로 धर्म:다르마인데, 어근 "다르"는 "유지·지탱하다. 품다" 의 뜻이 있다. 불변하는 자연의 질서, 우주의 법칙, 진리, 길, 도 등을 의미한다. 한자로는 법법이라고 쓰인다.

"주요 용어"

- **고타마 싯다르타 석가모니** 산스크리트어 सिद्धार्थ गौतम शाक्यमुनी (싯다르타 가우타마 샤카무니)를 한자로 음역한 것으로, 고타마가 성씨이며 싯다르타가 이름이고, 석가모니는 샤캬족(석가)의 성자라는 뜻.

- **그라리오** 예수 그리스도의 분신分身의 이름

- **니르바나** 산스크리트어 निर्वाण. 니르(밖으로, 멀리) 바나(불다, 분출) 로 두 단어가 합쳐져, '불어나간, 꺼진'의 뜻. 즉 탐욕, 분노, 어리석음이 꺼진 상태로 고통에서 벗어난 것을 의미한다. 보통, 해탈 혹은 열반으로 번역한다.

- **마하프라자파티** 산스크리트어 महाप्रजापती गौतमी(마하프라자파티 가우타미) 팔리어로는 마하파자파티.

- **목갈라나** 산스크리트어: मौद्गल्यायन마우두갈야야나, 팔리어로는 목갈라나. 한자어로 목건련 혹은 목련이라고 한다. 또 십대제자의 한 명으로서 필두였으므로, 마하(大)를 붙여 마하목건련, 대목건련 등으로도 기록된다

- **보디사트와** 산스크리트어 बोधीसत्त्व(보디사트와) '보디'는 깨닫다라는 뜻이고 '사뜨와'는 존재의 뜻이디, 팔리이로는 '보디시띠'이며, 보살은 '보디사따'를 한자어로 음사한 것임.

- **비상非想** 유상(有想), 즉 생각이 있는 상태를 버려 '생각이 없는' 상태.

- **비비상非非想** 무상(無想), 즉 완전히 생각이 없는 상태까지는 아니지만, 세밀한 생각은 남아있는 상태

- **비상비비상처非想非非想處** '생각이 있는 것도 아니고, 생각이 없는 것도 아닌' 상태

- **사리뿟다** 산스크리트어로는 शारिपुत्र샤리푸트라, 팔리어로는 사리뿟따. 어머니 이름은 "사리"이다. 산스크리트어 "पुत्र푸트라"는 아들이다. 사리불(舍利弗)은 사리푸트라를 음역한 이름이고, 사리자(舍利子)는 '사리의 아들'이라는 뜻을 번역한 이름이다. 그의 원 이름은 우빠띠샤, 팔리어로는 우빠띳사.

- **선정** 선정은 아홉 단계로 구분된다. 제 1은 반성이다. 반성이 철저하여 마음의 때가 벗기면, 제 2, 제 3단계로 진행된다. 만일 반성을 생략하고 무념무상의 상태를 계속하면 마의 침범을 당한다. 수호령과 대화할 수 있는 선정은 제 4의 단계다. 물론 사람에 따라 4단계의 선정도 그 내용이 다르다. 대화가 가능하였다는 것만으로 제 4의 단계에 진행하였다고 단정해서는 안 된다. 석가의 선정은 제 9선정이라고 하여 대우주와 일체가 된 선정이다.

- **신리神理** 이 단어는 사전에 없다. 그 진의眞意는 절대의 라는 뜻. 진리도 좋지만 진眞은 위僞의 대칭으로 상대적인 의미이다. 대우주를 움직이는 의사는 인간의 상대계를 초월한 부동의 큰 것이다. 이런 의미에서 신神의 섭리攝理, 신리神理가 되었다.

- **신성神性** 불성佛性이라고도 한다. 인간다움은 불성을 지닌 것이며 성선性善이야말로 인간의 참모습으로, 자신에게 거짓말을 할 수 없는 것이 인간이다. 예부터 성악, 성선설의 주장이 있었는데, 아무리 무도한 악한도 양심이라는 것이 있어서, 그 양심으로 자신을 바라볼 수 있다는 것은 아무도 부정 못한다. 자신에게 거짓말을 할 수 없는 것이 인간의 본성으로 선善이며, 선善은 사랑으로 채워진다.

- **아몬** 아가샤 이후에 나타나 신리神理를 설법했다. 예수 그리스도의 전신의 이름.

- **아축여래** 산스크리트어 अक्षोभ्य (악쇼브야). 동방에 선쾌정토(善快淨土)를 세우고 설법하는 붓다

- **오관육근五官六根** 눈眼·귀耳·코鼻·혀舌·몸身을 오관이라고 하고, 여기에 의意를 보태면 육근이 된다. 육근은 진실을 왜곡시키는 원인으로 악의 뿌리가 되기도 한다.

- **요자나** 오늘날의 거리로 환산하면 36키로미터에서 40키로미터 정도, 당시의 사람들이 하루 보행하는 거리를 나타낸 단위.

- **웨누와나** 산스크리트어 वेणुवन, 'वेणु(웨누)'는 '대나무', 'वन(와나)'는 '숲'을 의미한다. 한자어로 의역해 '죽림정사竹林精舍'라고도 한다.

- **지관止觀** 멈추어 서서 본다. 천태종의 창시자인 천태지의가 마하지관, 소지관을 써서 남긴 것이 오늘날에 전해진 것이다. 멈추어서서 본다는 것은 자신의 과거를 돌아보고 반성하는 것, 일상의 마음과 생활행위에 잘못이 있는지, 있었다면 원인이 어디에 있는가를 찾아내고 두 번 다시 같은 잘못을 되풀이하지 않는 것이 지관이요 반성이다. 기독교의 회개 혹은 참회와 같은 뜻이다.

- **카필라 성** 작은 요새 성인데 한국의 일개 도道보다도 훨씬 작았다.

- **크샤트리아** 전통적으로 인도 사회의 정치와 무력을 담당하고 있으며 때문에 과거에는 왕족과 관료·무사 계급이 크샤트리아에 속했다.

- **피파라** 보리수를 말한다.

인간석가 3 위대한 신리   Human Buddha 3

글쓴이   고교신차 高橋信次

옮긴이   김해석 金海錫

편 역   김윤이 金尹伊

발행일   1판   / 1996년 5월 24일 / 미리내
         개정판   / 2025년 11월 28일 / 엘

ⓒ본서는 1996년 미리내 출판사에서 출간된 《인간석가》의 개정판입니다.

펴낸곳

이메일   yuneeyeliz@gmail.com

ISBN   979-11-991744-4-3

가 격   18,000원

책정보

엘
EL
좋은 디자인 출판사

EL

엘의 도서

인간석가 1 - 위대한 지혜
인간석가 2 - 위대한 인연
인간석가 3 - 위대한 신리
/ 고교신차 / 김해석 역 / 김윤이 편/

마음의 발견
/ 고교신차 / 김해석 역 / 김윤이 편/ 2025년 12월 출간

마음의 원점
/ 고교신차 / 김해석 역 / 김윤이 편/ 2025년 12월 출간

티벳탄 레퀴엠
/ 글렌물린 / 김윤이 번역/ 2025년 12월 출간